"十四五"职业教育国家规划教材

高速铁路动车组
辅助设备维护与检修
（第2版）

主　编○时　蕾　石高山
副主编○佘建勇　卢桂云
主　审○吴昌荣

西南交通大学出版社
·成　都·

内容简介

本书是高等职业教育高速铁道技术专业校企合作系列教材之一。针对高等职业院校技能型人才培养的特点，以高速铁路动车组运用检修的各项任务、项目过程为导向，培养学生面向岗位的实际工作能力。全书内容分为 5 个项目，分别为：动车组辅助供电系统维护与检修、动车组空调及换气系统维护与检修、动车组车门系统维护与检修、动车组给排水及卫生系统维护与检修、动车组车内其他电气设备维护与检修。本书集动车组理论知识和检修知识于一体，适合高速铁路、城际客运专线、城市轨道交通等企业从事动车组车辆、城市轨道交通车辆运用、检修及管理工作的人员或者铁路高职院校学生参考使用。

图书在版编目（CIP）数据

高速铁路动车组辅助设备维护与检修 / 时蕾，石高山主编. —2 版. —成都：西南交通大学出版社，2022.4（2024.7 重印）

ISBN 978-7-5643-8631-3

Ⅰ. ①高… Ⅱ. ①时… ②石… Ⅲ. ①高速动车－辅助系统－车辆检修－高等职业教育－教材 Ⅳ. ①U269.6

中国版本图书馆 CIP 数据核字（2022）第 046144 号

Gaosu Tielu Dongchezu Fuzhu Shebei Weihu yu Jianxiu

高速铁路动车组辅助设备维护与检修

（第 2 版）

主编 / 时 蕾 石高山

责任编辑 / 王 旻

封面设计 / 何东琳设计工作室

西南交通大学出版社出版发行

（四川省成都市金牛区二环路北一段 111 号西南交通大学创新大厦 21 楼 610031）

发行部电话：028-87600564 028-87600533

网址：http://www.xnjdcbs.com

印刷：成都蓉军广告印务有限责任公司

成品尺寸 185 mm × 260 mm

印张 15.75 字数 392 千

版次 2018 年 7 月第 1 版 2022 年 4 月第 2 版 印次 2024 年 7 月第 5 次

书号 ISBN 978-7-5643-8631-3

定价 48.00 元

课件咨询电话：028-87600533

第 2 版前言

《高速铁路动车组辅助设备维护与检修》一书出版以来已经 3 年有余，为保证教材内容与现场新技术、新工艺、新发展同步，我们对教材内容进行了更新再版。

再版教材保持了原书的基本构架，在内容上根据 CRH380A（L）、CRH380B（L）等主型车的新规范、新工艺对高速动车组辅助供电系统、动车组空调系统、动车组车门系统、动车组车内设备、动车组给排水及卫生系统等多个知识模块进行了修改和完善。按照高速动车组现场工作的实际需求，增加了思政课堂，增强学生的职业责任感，培养其遵纪守法、爱岗敬业、诚实守信的职业品格。增加了数字信息化资源，重要知识点配有二维码，学习时采取“讲到既能看到，看到就能做到”的编排结构，做到目标明确，重点突出、语言规范、图文并茂。有利于促进学生的求知欲和学习主动性，将知识点与能力点有机结合，注重培养学生的应用能力和解决现场实际问题的能力。

本教材再版过程中，得到了中国铁路郑州局集团有限公司和郑州动车段的大力支持，郑州局领导对编写工作给予了具体的指导和帮助。动车段职教科、技术科的技术员及工程师参与了审稿工作，在此一并表示感谢。

全书由郑州铁路职业技术学院时蕾和中国铁路郑州局集团有限公司总工程师石高山主编，中国铁路郑州局集团有限公司车辆处副处长吴昌荣主审。参加编写的还有郑州铁路职业技术学院卢桂云、余建勇、王洋、班希翼。编写分工如下：时蕾编写项目一、项目三任务二；卢桂云编写项目二任务一；王洋编写项目二任务二、任务三；石高山编写项目三任务一；余建勇编写项目四；班希翼编写项目五。

由于高速铁路发展较快，以及编者水平所限，书中难免有遗漏和不妥之处，恳请读者批评指正。

编 者

2021 年 11 月

/第 1 版前言/

2012 年 12 月 26 日，随着京石、石武段的开通运营，我国最长的京广客运专线全线贯通。到 2020 年，我国规划新建高速铁路里程将达到 15 万千米，其中高速铁路 3 万千米，覆盖 80%以上的城市；2030 年，基本实现内外互联互通、区际多路畅通、省会高铁连通、地市快速通达、县城基本覆盖。未来我国将形成“八纵八横”的高速铁路网络，中国将成为名副其实的高速铁路大国。

具体到动车组运用检修任务，需要大量的机电设备检修和维护专业技术人员，而现有各铁路局动车段、动车所所需技术维修人员，基本来自大中专毕业生和在岗职工的转岗培训，为了认真贯彻落实高速铁路主要行车工种岗位准入制度的相关要求，确保为高铁运营及安全持续稳定提供坚实可靠的人才保障，快速提升企业在职人员和职业学院学生的实际运用和检修的专业水平，在消化吸收郑州铁路局动车段及相关厂家提供的动车组技术资料的基础上，从实际需要出发，我们编写了《高速铁路动车组辅助设备维护与检修》。

本教材内容涉及高速动车组辅助供电系统、动车组空调系统、动车组车门系统、动车组车内设备、动车组给排水及卫生系统等多个专业的基础知识，并且根据动车组专项修作业标准介绍了相关内容维护检修的作业步骤、作业要求等实作内容。

本教材在编写过程中，得到了郑州铁路职业技术学院和中国铁路郑州局集团有限公司郑州动车段的大力支持，郑州动车段的领导对编写工作给予了具体的指导和帮助。职教科、技术科的技术员及工程师参与了审稿工作，在此一并表示感谢。

全书由郑州铁路职业技术学院时蕾和中国铁路郑州局集团有限公司郑州动车段段长石高山主编，郑州动车段副段长吴昌荣主审。参加编写的还有郑州铁路职业技术学院卢桂云、余建勇、班希翼。编写分工如下：时蕾编写项目一、项目三任务二；卢桂云编写项目二；石高山编写项目三任务一；余建勇编写项目四；班希翼编写项目五。

由于作者水平所限，加之时间仓促，难免有疏漏和不当之处，恳请读者批评指正。

编 者

2018 年 5 月

数字资源列表

项　目	名　称	资源类型	页　码
项目一：动车组辅助供电系统维护与检修	动车组辅助供电系统概述	微课	2
	CRH380A 型动车组辅助供电制式	微课	6
	CRH380A 型动车组辅助供电系统供电回路	微课	9
	CRH380B 型动车组辅助供电分配方式	微课	18
	CRH380B 型动车组辅助变流器原理分析	微课	20
	蓄电池与充电机	微课	32
项目二：动车组空调及换气系统维护与检修	动车组空调及换气系统概述及设备布局	微课	52
	动车组空调制冷原理	微课	55
	CRH380A 型动车组通风系统	微课	62
	CRH380A 型动车组空调系统的运行控制	微课	72
	CRH380B 型动车组通风系统	微课	93
	CRH380B 型动车组空调系统的运行控制	微课	99
项目三：动车组车门系统维护与检修	动车组车门系统概述	微课	108
	CRH380A 型动车组客室侧拉门结构及功能	微课	109
	CRH380A 型动车组客室侧拉门气控系统	微课	111
	CRH380A 型动车组客室内端门	微课	114

续表

项　目	名　称	资源类型	页　码
项目三：动车组车门系统维护与检修	CRH380B 型动车组客室塞拉门结构	微课	122
	CRH380B 型动车组客室塞拉门功能	微课	123
	CRH380B 型动车组客室塞拉门气控系统	微课	125
	CRH380B 型动车组客室塞拉门电控系统	微课	125
项目四：动车组给排水及卫生系统维护与检修	动车组给排水及卫生系统概述	微课	136
	CRH380A 型动车组给水系统是如何供水的?	微课	138
	揭秘 CRH380A 型动车组卫生系统	微课	151
	CRH380B 型动车组给水系统	微课	161
	CRH380B 型动车组集便系统	微课	172
项目五：动车组车内其他电气设备维护与检修	高速动车组随车备品知多少？	微课	186
	CRH380B 型动车组电热开水炉	微课	215
	CRH380A 型动车组旅客信息系统	微课	224
	CHR380B 型动车组旅客信息系统	微课	230
	如何操作 CRH380B 型动车组旅客信息广播系统	微课	231
	火灾安全卫士——烟火报警系统（CRH380A 型动车组）	微课	235

/目　录/

项目一　动车组辅助供电系统维护与检修

【思政课堂】

工匠精神是铁路永葆生机的基石

服务细一点，再细一点；精度高一点、再高一点……

新时代的工匠精神，就是要塑造一种职业精神，即从职业道德、职业能力、职业品质等各方面充分体现；激发工匠精神，就要厚植工匠生长的土壤，才能使铁路永葆生机和活力。

党的十九大明确强调加强铁路等基础设施网络建设，提出交通强国，赋予了新时代铁路人新使命。“敬业乐群”“忠于职守”的传统美德，需要每名职工坚持一事当前，敢于负责、勇挑重担、奋力开拓。“新时代是奋斗者的时代”，唯有铁路人立足本职，珍惜并热爱自己的工作，干一行爱一行，方可在工作中寻找最大的快乐，打开中国铁路发展新局面。

“天下大事，必作于细”。铁路在百年的发展变迁中，之所以基业长青，得益于“高质高效、精细精益”。新时代铁路人只有抢抓机遇、认准目标、执着坚守，通过深入研究市场规律，灵活调整经营策略，才能全面推进铁路运输供给侧结构性改革。“技近乎道”，一个人对所从事的事业充满热爱乃至敬畏，就会把平凡的工作当成一种修行，久久为功，就会在前行中让“初心”绽放光芒。

从茫茫沙海到漫漫戈壁，从皑皑雪原到巍巍青山，在中华大地上，"八纵八横"铁路网渐趋清晰，高铁成网，为人们出行带来便利，发展的背后是数以万计铁路人默默坚守、无私奉献，舍小家为大家的专注付出。心无旁骛，严格遵守工作标准，把每个步骤、每个环节都按要求做到位，才是对“敬畏尽责、万无一失”安全价值追求的最好诠释。

守护列车安全的“数据侠”刘博、编组场里“无敌解钩手”陈林、给中国高铁装上“智慧大脑”的陈志强……无论是年度的“最美铁路人”，还是岗位上立足本职守初心的刘晓云、能“隔空问诊”的排障专家……唯有在企业内部厚植工匠成长和发展的摇篮，把“匠心”融入每个工作环节，才能成为企业永葆生机的基石。立足平凡岗位，坚持科技助力、细节入手和精准服务，紧扣吻合客户需求、改善设施环境、改进服务态度的目标，运用移动互联网技术、大数据分析等手段，通过引进、消化、吸收、再创新，中国铁路必将走出一条创新发展的新通途。

【项目描述】

通过本项目学习，使学生熟知动车组辅助供电系统的基本知识；同时掌握动车组辅助供电系统的工作过程，能描绘动车组辅助电源装置的组成及供电过程，并熟悉动车组辅助供电系统的一、二级检修维护。

学习过程中要求学生树立安全生产和质量意识，培养学生的团队协作能力。

【知识目标】

（1）熟知动车组辅助供电系统的基础知识；

（2）掌握动车组辅助供电系统的组成及工作过程。

【能力目标】

（1）能自主学习辅助供电相关的基础知识；

（2）能描绘CRH380A、CRH380B动车组辅助电源装置的供电过程；

（3）能熟知CRH380A、CRH380B动车组辅助供电装置的一、二级检修维护。

任务一　动车组辅助供电系统概述

【任务描述】

（1）掌握动车组辅助供电系统的组成及分类；

（2）了解动车组辅助供电系统的特点。

动车组辅助供电系统概述

【背景知识】

随着高速铁路技术在我国的迅速发展，250 km/h速度级及以上的动力分散交流传动电动车组已成为铁路旅客运输的主要装备。高速动车组技术是各型复杂技术的集合体，动车组的辅助供电系统作为其中的重要组成部分，除了像传统机车那样担负牵引电机的辅助作用，还担负起了车内乘客安全和乘坐环境维持系统的用电。为了保证动车组能够长时间正常运行，列车需要稳定、高效的辅助系统为各种辅助设备提供电源，这些设备包括空气压缩机、冷却通风机、油泵/水泵电机、空气调节系统、采暖设备、照明设备、旅客服务设备及应急通风装置等。另外，辅助供电系统还具备应急供电功能。因此，辅助供电系统的优劣，不仅仅关系到旅客乘坐的舒适性，更直接关系到动车组能否正常行驶。

一、动车组辅助电气系统

动车组辅助电气系统包括辅助供电系统和配电系统。

辅助供电系统是指除为牵引动力系统之外的所有需要用电力的负载设备提供电能的系统，包括辅助供电系统和蓄电池系统。辅助供电系统的电力主要来自牵引供电电网，经列车顶部的受电弓进入列车主变压器原边绕组，主变压器的次级绕组专设有为辅助系统供电的辅助绕组，当电力不能来自牵引供电电网时，采用外接电源或者蓄电池供电。

辅助供电系统的负载设备包括：空气压缩机、牵引系统冷却通风机、油泵/水泵电机、空调系统、采暖、给水及卫生设施、照明、TCMS 系统、旅客信息系统、广播、ATP 等电务车载系统等。

蓄电池系统还需为列车控制系统提供不间断安全电源，所以辅助供电系统是与牵引动力系统同等重要的系统。

动车组配电系统的作用是将供电装置、用电设备以及控制保护设备连成一个完整的电气系统，并将电能予以输送和分配。

二、动车组辅助供电系统的组成

目前，我国动车组辅助供电系统主要有两种形式：

（1）主辅分离独立绕组供电。牵引变压器设置辅助绕组，为辅助电源装置提供输入电源。

（2）主辅一体共用绕组供电。辅助电源装置的输入电源来自牵引变流器的中间电源。

1．辅助供电系统的组成及分类

辅助供电系统包括交流电源和直流电源。辅助供电系统的结构和具体电源制式由负载特点决定。目前，国内动车组辅助供电系统的交流电源制式主要有：单相 AC 400 V/50 Hz；三相 AC 380 V/50 Hz；三相 AC 440 V/60 Hz；单相 AC 220 V/50 Hz；单相 AC 230 V/60 Hz；单相 AC 100 V/50 Hz。直流控制电源制式有 DC 110 V、DC 100 V 和 DC 24 V。各电源制式负载见表 1.1。动车组辅助供电系统一般由牵引变压器辅助绕组（仅限主辅分离独立绕组供电）、辅助变流器、地面电源插座、蓄电池、充电机等组成。辅助变流器由输入滤波器、斩波器、逆变器、输出滤波器和控制单元组成。

表 1.1　动车组辅助供电系统负载表

车型	辅助系统形式	电压制式	负载设备
CRH1/CRH380D	主辅一体	三相 AC 380 V/50 Hz	空调设备、空气压缩机、牵引电机通风机、牵引变压器风机、牵引变流器通风机、开水炉、餐车设备
		单相 AC 220 V/50 Hz	插座
		DC 110 V	照明、TCMS、ATP/LKJ 电务车载系统

续表

车型	辅助系统形式	电压制式	负载设备
CRH2/CRH380A	主辅分离	单相 AC 400 V/50 Hz	空调设备、开水炉
		三相 AC 380 V/50 Hz	空气压缩机、牵引电机通风机、牵引变压器风机、牵引变流器通风机、辅助电源装置风机、牵引变压器油泵、餐车设备
		单相 AC 220 V/50 Hz	客室插座、餐车设备
		单相 AC 100 V/50 Hz	空调控制、目的地显示器、上水系统水泵、管路电伴热等
		DC 110 V	列车无线、列车网络系统、ATP/LKJ 电务车载系统
CRH3/CRH380B	主辅一体	三相 AC 440 V/60 Hz	空调设备、空气压缩机、牵引电机通风机、牵引变压器风机、牵引变流器通风机、开水炉、牵引变压器油泵
		单相 AC 230 V/60 Hz	电伴热、部分餐车设备
		DC 110 V	照明、列车无线、网络系统、ATP/LKJ 电务车载系统
CRH5	主辅一体	三相 AC 380 V/50 Hz	空调设备、空气压缩机、牵引电机通风机、牵引变压器通风机、开水炉
		单相 AC 220 V/50 Hz	电伴热
		DC 24 V	照明、列车无线、网络系统、ATP/LKJ 电务车载系统

2．辅助供电系统的特点

目前，国内动车组辅助供电系统有由牵引变压器辅助绕组独立供电（即独立绕组供电）和共用牵引供电绕组由牵引变流器中间直流回路供电（即共用绕组供电）两种形式。

采用独立绕组供电方式的辅助供电系统需设置为辅助系统供电的变压器辅助绕组和辅助电源装置。由于辅助电源装置的输入电源来自牵引变压器，所以动车组进入分相区后，辅助供电系统交流电源将中断供电，直流电源由蓄电池提供。

采用共用绕组供电方式的辅助供电系统其牵引变压器不需设置辅助绕组，牵引变流器中间直流回路为辅助变流器提供电源。为了保证在通过分相区过程中向辅助系统持续供电，必须维持对中间直流环节的供电。当列车通过分相区时，只要列车的速度大于设定值（取决于动车组再生制动的能力），动车组牵引系统的工作模式将由牵引模式立即转换成再生制动工作模式。在再生制动模式下，牵引变流器将能量反向传输到 DC 直流电容器给中间直流环节供电。由于辅助变流器是通过直流环节直接取电的，所以只要在无电区牵引变流器保持供电，就可实现过分相区时辅助电气系统交流电源及直流电源不断电；同时，在每次通过无电区后，牵引变流器不需要重新激活。

辅助电气系统通常具有以下特点：

（1）辅助电气系统通过供电母线为各车负载供电。

（2）辅助电气系统负载种类多，辅助系统通常设置有多种供电制式。

（3）辅助电气系统采用冗余设计，保证系统工作的可靠性。

【任务自检】

1. 试说明动车组辅助电气系统的组成。
2. 动车组辅助供电系统的电源制式有哪些？
3. 动车组辅助供电系统的负载设备有哪些？
4. 分析动车组辅助供电系统的特点。

任务二　动车组辅助供电系统维护与检修

【任务描述】

（1）熟知动车组辅助供电系统的组成及工作原理；

（2）分析比较 CRH380A、CRH380B 型动车组辅助供电系统的工作过程；

（3）能够说出 CRH380A、CRH380B 型动车组辅助供电系统专项修的作业步骤要点。

【背景知识】

动车组辅助供电系统为动车组上除牵引动力系统之外的所有用电设备提供电力，是动车组技术的重要组成部分。国内外各型动车组的辅助供电系统各有特色。这里我们以 CRH380A、CRH380B 型动车组为例讲解动车组辅助供电系统的构成、功能、工作原理、供电回路及检修要点。

一、辅助供电系统原理

动车组通过受电弓将接触网单相 AC 25 kV 高压电输入牵引变压器，经过次级绕组降压为辅助变流器（独立绕组方式）供电，或经牵引变流器中间直流回路给辅助变流器供电（共用绕组方式）。辅助变流器输出多种电压制式，通过供电母线为动车组各车设备供电。根据工作原理可以将辅助供电系统分为两类：独立绕组供电模式和共用绕组供电模式。下面对这两种类型的辅助供电系统工作原理分别加以说明。

1. 独立绕组供电模式

这类辅助供电系统由牵引变压器辅助绕组、辅助电源装置、辅助整流器、扩展供电用接触器、辅助回路过流检测互感器、辅助回路接地检测继电器、外接电源连接器和蓄电池组成。

由牵引变压器辅助绕组为辅助变流器提供电源，具有代表性的为 CRH2/CRH380A 系列动车组。AC 25 kV 的高压电经牵引变压器降压变成单相 AC 400 V，单相 AC 400 V 为列车空调装置、换气装置和辅助电源装置提供电源。辅助电源装置经过整流、逆变、滤波和降压后输出 5 种电压制式，为列车中低压设备供电。辅助供电系统由多个供电单元组成，采用干线供电方式，各车负载挂在不同电压制式母线上。图 1.1 为 CRH380A 型动车组辅助供电系统工作原理示意图。

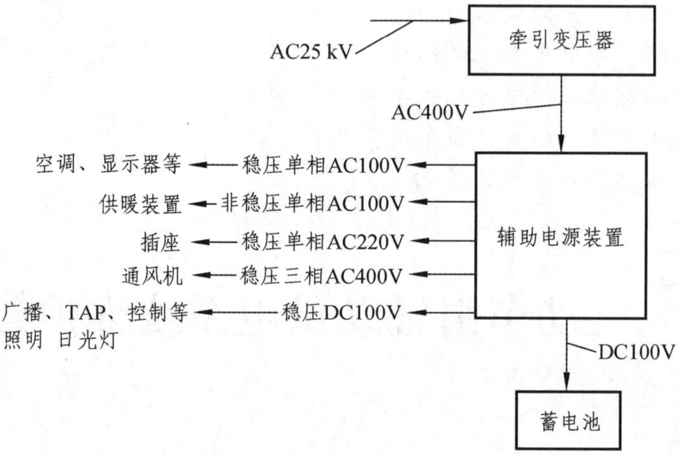

图 1.1 CRH380A 型动车组辅助供电系统工作原理图

2. 共用绕组供电模式

该辅助供电系统，由牵引变流器中间直流环节提供电源，具有代表性的有 CRH1/CRH380D 系列动车组、CRH3/CRH380B 系列动车组和 CRH5 系列动车组。在 CRH3/CRH380B 系列动车组中，AC 25 kV 高压电经牵引变压器降压后输入牵引变流器，辅助变流器将牵引变流器的中间直流电压 DC 3 000 V 变换成为三相 AC 440 V/60 Hz，向列车交流干线并联供电，车载电源箱内装有小变压器，将三相 AC 440 V/60 Hz 中的 2 相线电压降压为 230 V/60 Hz 单相交流电，向本车的供热等交流负载供电。图 1.2 为 CRH380B 型动车组辅助供电系统工作原理示意图。

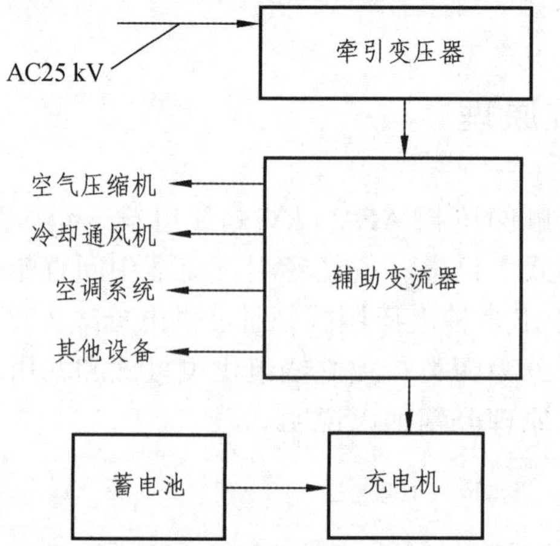

图 1.2 CRH380B 型动车组辅助供电系统工作原理图

二、CRH380A 型动车组辅助供电系统

CRH380A 型动车组为时速 350 km 速度级动力分散交流传动动车组，由

CRH380A 型动车组辅助供电制式

中车青岛四方机车车辆股份有限公司生产。该车型以 CRH2C 时速 300 km 速度级动车组为基础，通过速度提升和优化设计，完成自主研制。CRH380A 型动车组由 6 辆动车、2 辆拖车共 8 辆车构成编组，编组配置如图 1.3 所示。

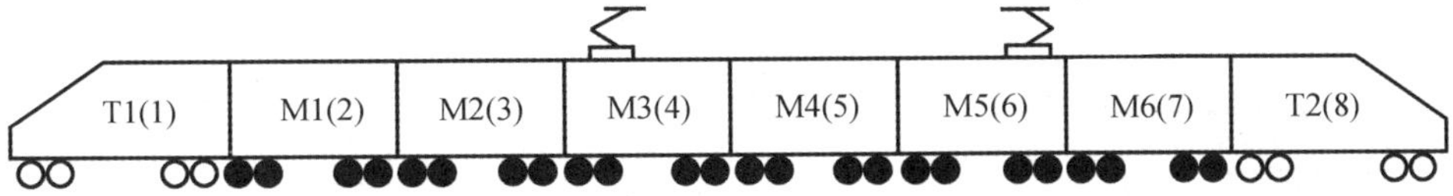

图 1.3　CRH380A 型动车组编组

（一）辅助供电分配方式

CRH380A 型动车组辅助供电系统采用干线供电方式，电源系统贯穿全列车，每列车设置 3 台辅助电源装置（APU），分别安装在 1、5、8 号车车下。1、8 号车的辅助电源装置分别向 1 ~ 4 号车和 5 ~ 8 号车的牵引变流器通风机（4、5 号车除外）、牵引变压器通风机（4 号车除外）、电动空气压缩机等负载提供三相交流电源，向列车信息控制装置、制动装置、车门装置、烟火报警装置等负载提供直流电源，向辅助制动装置、上水装置等负载提供单相交流电源。5 号车辅助电源装置（APU3）向 4 号车的牵引变流器通风机、牵引电机通风机和牵引变压器通风机提供三相交流电源，同时也向 5 号车的牵引变流器通风机和牵引电机通风机提供三相交流电源。当 1、8 号车的其中一台辅助电源装置发生故障时，列车可通过另外一台辅助电源装置进行 BKK 扩展供电；当 5 号车的辅助电源装置（APU3）发生故障时，可由 8 号车的 APU 向 APU3 进行 BKK2 扩展供电。

动车组设置 6 组蓄电池，满足应急情况下紧急通风、列车无线通信及其他直流负载用电需求。

动车组辅助电气系统设置 2 台辅助整流器，为列车提供 DC 100 V 电源，同时对蓄电池进行浮充电。

当接触网无电时，可通过列车外接电源插座，为列车提供单相 AC 400 V 电压，此时列车空调和辅助电源装置可正常工作，如图 1.4 所示。

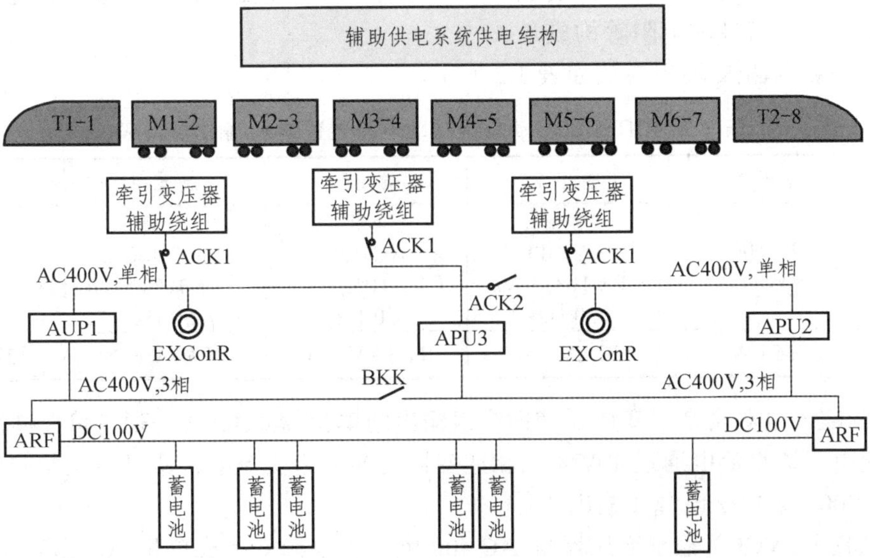

图 1.4　CRH380A 型动车组辅助供电分配方式

（二）辅助电源系统组成

CRH380A 型动车组辅助电源系统主要由牵引变压器辅助绕组、辅助电源装置（APU)、辅助整流器（ARf)、蓄电池等组成，如图 1.5 所示。

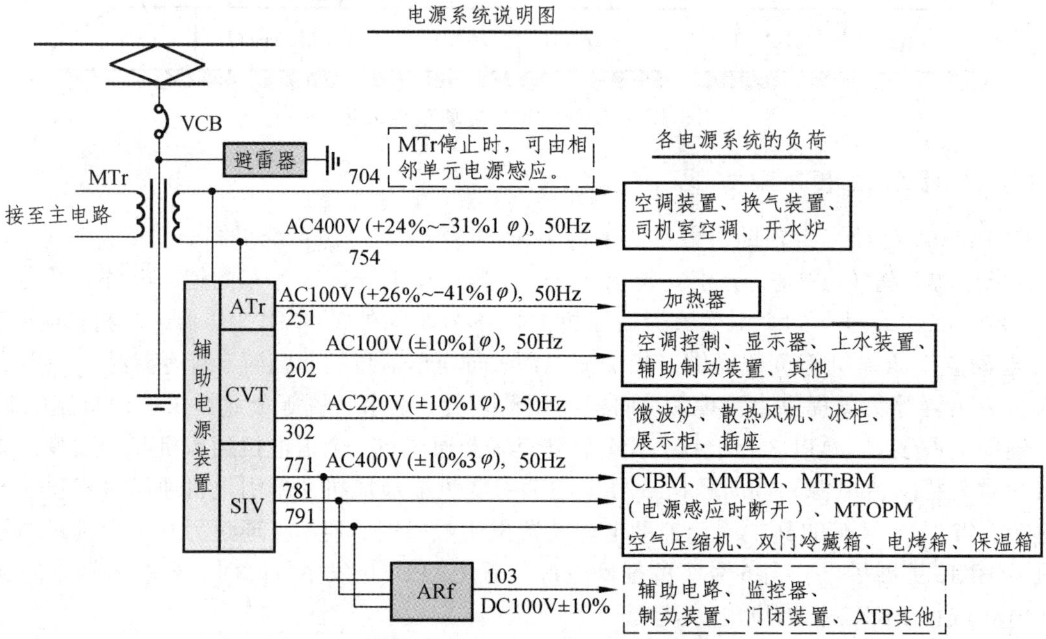

图 1.5 CRH380A 型动车组辅助供电系统

辅助电源装置（APU）由输入辅助整流器、PWM 三相输出逆变器、逆变器输出变压器、CVCF 输出变压器、辅助变压器等构成。其中输入整流器部分使用大电流、高电压器件，实现了小型、轻量化。逆变器单元使用可高速开关的 IGBT，通过高频 PWM 控制，实现了滤波电抗器的小型、轻量化。辅助整流装置采用自冷式，由整流变压器、整流二极管单元、用于补偿输出电压下降特性的电阻等构成。

辅助电源装置输入/输出参数如表 1.2 所示。

表 1.2 CRH380A 动车组辅助电源装置输入/输出参数表

输入	输出 1	输出 2	输出 3	输出 4	输出 5
单相 AC 400 V	DC 100 （1 ± 10%）V	单相 AC 100 （1 ± 10%）V/ 50 Hz	单相 AC 220 （1 ± 10%）V/ 50 Hz	三相 AC 400 （1 ± 10%）V/ 50 Hz	单相 AC 59 ~ 126 V/ 50 Hz
	116 kW	12 kV · A	11.3 kV · A	123 kV · A	22 kV · A

APU 的输入电源是牵引变压器辅助绕组输出的单相 AC 400 V，通过可控硅混合电桥变换成为直流电。该直流电通过 PWM 三相逆变器变换成为交流电，通过逆变器输出变压器提供三相 AC 400 V/50 Hz 电源（输出 4）。

稳压稳频（CVCF）输出变压器将 AC 400 V 三相电源变换成单相 AC 100 V、AC 220 V 的稳压电源（输出 2 和输出 3）。

辅助整流器柜由整流器变压器、辅助整流器构成。辅助整流器柜中的整流器变压器将APU的400 V三相电压变压后，通过三相全波整流器，输出DC 100 V（输出1）。

辅助电源装置中的辅助变压器将牵引变压器辅助绕组的 AC 400 V 变换成另一单相AC 100 V电源（输出5）。

各种电源主要作用如下：

1. 非稳定单相 AC 100 V 系统（251 线）

该系统由辅助变压器（ATr）仅将牵引变压器辅助绕组的 AC 400 V 电压直接降压至AC 100 V，为车上各类加热器供电，主要包含有司机室前窗玻璃加热、车下水箱和污物箱防寒伴热线加热、撒砂砂箱加热等。

2. 稳定单相 AC 100 V 系统（202 线）

该系统为部分设备控制和显示器供电，主要包含有空调控制器、换气装置控制、给水装置、辅助制动装置、车外车厢号显示器和目的地显示器等。

3. 稳定单相 AC 220 V 系统（302 线）

该系统使用辅助电源装置与 AC 400 V 实现隔离，并且降压和稳压。提供饮水机、吧台设备、茶炉、各车插座电源。

4. 稳定三相 AC 400 V 系统（771、781、791 线）

该系统为牵引系统相关的辅助设备供电，主要包含有牵引变压器油泵、牵引变压器冷却风机、牵引变流器冷却风机、牵引电机冷却风机、主空气压缩机等。

5. 稳定 DC 100 V 系统（102、103、115、118 线）

该系统为车辆的控制电路、旅客信息系统及绝大多数辅助用电设备供电，包括信息控制装置、制动装置、关门装置、广播装置、客室照明、标志灯、刮雨器、逆变电源、应急通风装置、蓄电池等。

辅助电源系统设有故障保护功能，主要保护检测项目有：输入过电流、变流器过压、变流器过流、变流器过载、输出过压、输出低电压、检测接地、输出短路等。在列车信息控制系统和辅助电源装置之间设置自诊断功能接口，由列车信息控制系统实施。

动车组设有容量充足的蓄电池组，供紧急时使用。应急用电量（含应急照明、列车无线装置、广播装置、尾灯及应急通风）最少可持续 2 h。运行过程中，蓄电池组可在运行中充电。

车体侧面装有连接外部电源的插座（AC 400 V、单相、50 Hz）。车辆检修场所设置有外部电源，可供辅助电路的工作。

CRH380A 型动车组辅助供电系统供电回路

（三）辅助电源系统供电回路

辅助电源供电回路包括交流供电回路和直流供电回路。

1．交流供电回路

交流电源系统中各种电源、车辆各用电设备的汇总见表 1.3。

表 1.3　交流电源系统各种电源、车辆各用电设备汇总表

电源系统	电　源	电　压	车　辆	负　荷
704、754 线	牵引变压器辅助绕组	单相 400 V/50 Hz	各车	空调装置、换气装置、电开水炉
			各车	辅助电源装置（APU）司机室空调
771、781、791 线	T1-1，M4-5，T2-8 APU-SIV	三相 400（1±10%）V/50 Hz	M2-2，M3-4，M2-6	变压器油循环泵（MTOPM）变压器电动送风机（MTrBM）
			M 车	牵引变流器电动送风机（CIBM）牵引电机电动送风机（MMBM）
			M2-3，M6-7	空气压缩机
			M4-5	厨房设备
			T1-1，T2-8	辅助整流器（ARf）
302 线	T1-1，T2-8 APU-ARf-CVT	单相 220（1±10%）V/50 Hz	M4-5	厨房设备、吧台设备
			各车	插座
202 线	T1-1，T2-8 APU-ARf-CVT	单相 100（1±10%）V/50 Hz	各车	空调控制、显示设定器
			各车	给水装置
			T1-1，T2-8	辅助制动
251 线	T1-1，T2-8 APU-ATr	单相 59～126 V/50 Hz	各车	电加热器，温水器

从表 1.3 中可以看出：

（1）704、754 电源母线（非稳压单相 AC 400 V/50 Hz）由 2、4、6 车牵引变压器的 3 次绕组从 701、751 通过 ACK1 到 704、754 线，全列贯通，挂有空调装置、换气装置、开水炉。

（2）771、781、791 线（稳压三相 AC 400 V）由单相非稳压的 704、754 线经过辅助电源 APU 静态逆变器后所得到，整流逆变为三相稳压 AC 400 V 的电，贯穿全列。线上挂有牵引变压器油泵、牵引变流器风机、牵引电机风机、牵引变压器风机空压机。

（3）302 线（稳压单相 220 V）：挂有微波炉、消毒柜、展示柜、双门冷藏箱、备用插座、散热风机。1～5 车为一个单元，5～8 车为一个单元。

（4）202 线（稳压单相 AC 100 V）：771、781、791 线经过 ARf 辅助整流器 CVT 变为 202 线，挂有空调控制、显示器、上水装置等，1～5 车为一个单元，5～8 车为一个单元。

（5）251 线是从辅助电源箱的辅助变压器 ATr 输出的单相非稳压的 AC 100 V/50 Hz 电源母线，向整列车的电加热设备提供电源。

2. 直流供电回路

直流电源系统主要通过蓄电池和辅助电源装置来实现对动车组各设备的控制和供电，系统中各种电源、车辆用电设备的汇总见表 1.4。

表 1.4　直流电源系统各种电源、车辆用电设备汇总表

电源系统	电源	电压	车辆	负荷
102 线	M1-2，M3-4，M6-7 蓄电池（Bat），103 线（BatK1，ON 时）	DC 90～120 V	T1-1，T2-8	运转控制（含受电弓升弓、VCB 控制）
			各车	辅助空气压缩机 蓄电池
103 线	T1-1，T2-8 ARf	DC 100（1±10%）V	各车	辅助电路、监控装置、制动装置、关车门装置
			M 车	牵引变流器控制
			T1-1，T2-8	ATP
			T2-8	列车无线用 专用蓄电池
103B 线	102 线 （RrLpCgK，ON 时） 103 线 （RrLpCgK，OFF 时）	DC 100（1±10%）V	各车	广播、预备灯
			各车	污物处理装置
			各车	自动广播
			T1-1，T2-8	标志灯、摘挂装置、刮雨器装置
115 线	103 线 （BatK2 ON 时）	DC 100（1±10%）V	各　车	空调控制、自动门装置、客室照明、客室（空调）电动送风机
118A 线	专用蓄电池 103 线	DC 100（1±10%）V	T1-1，T2-8	列车无线装置

从表 1.4 中可以看出：

（1）102 线系统从 M1-2、M3-5、M6-7 号车蓄电池组输出电源，为列车运转控制、辅助空气压缩机提供电源，当完成受电弓升弓时，VCB 闭合，辅助电源装置启动之后，接通蓄电池接触器 BatK1 与 103 线连接，蓄电池从辅助整流器 ARf 得到充电。当电压检测电路检测到蓄电池电压异常下降时，断开蓄电池接触器 BatK1，停止蓄电池向负载供电。102 线以单元为单位进行贯通，非全列贯通（1、2 车为一个单元，3、4 车为一个单元，5、6 车为一个单元，7、8 车为一个单元）。

（2）103 线系统在整列车中贯通，在动车组启动初期，受电弓没有升起，APU 没有启动，通过闭合蓄电池接触器 BatK1 与 102 线电源系统连接，从蓄电池获得 DC 90 V 电压。动车组上电完毕，闭合辅助整流器接触器 ArfK，103 线从辅助整流器获得 DC 100 V 电源。

（3）103B 线系统主要为车上应急设备提供 DC 100 V 的电源。供电分为两路：一路正常投入主控的情况下，由 103 线通过 RrLpCgK 常闭触点给 103B 线供电；另一路在应急情况下，通过应急灯切换开关将 102 线的电直接给 103B 线。应急设备主要包括：广播装置、应急灯、污物处理、应急通风、其他等。

（4）115 线系统经由蓄电池接触器 BatK2 闭合与 103 线接通，给空调控制、自动门、影视系统等提供电源。

（5）118A 线系统给 1、8 号车的列车无线装置供电，正常情况下，经由无线电蓄电池切换接触器 TWEmCgK 的常闭触点从 103 线系统获得 DC 100 V 电源。当接触网停电时，无线电蓄电池切换接触器 TWEmCgK 常闭触点断开，常开触点闭合，从无线电蓄电池 TWBat 供电。无线电蓄电池 TWBat 经由 103 线充电，在母线与蓄电池之间有一个功率二极管，避免反充。

（6）蓄电池接触器（BatK1）：以制动设定器 BV（运转～非常）闭合（即 BV 离开拔取位）对 105 线进行控制加压，发出使 BatK1 投入的指令。（105 线加压→BVR1 励磁→BVR1 接点关闭→Batk1 励磁）

（7）蓄电池接触器（BatK2）：使 103 线和 115 线连接（给 115 线负载供电）。

（8）应急灯切换开关（RrLpCgS）：通过按下应急灯切换开关 RrLpCgS，对应急灯投入指令 170 线加压，RrLpCgK 被励磁，103B 线被加压，应急灯亮灯。

（四）辅助电源装置

辅助电源装置由辅助电源箱 APU 和辅助整流器 ARf 组成，由牵引变压器 3 次侧绕组输出的非稳定单相 AC 400 V 供电。

1. 辅助电源箱 APU

辅助电源箱 APU 将非稳定单相 AC 400 V 经整流逆变后转换成稳定三相 AC 400 V，分别给辅助风机、空压机、辅助整流器 ARf 供电，APU 内置的辅助变压器 ATr 将非稳定单相 AC 400 V 转换成非稳定单相 AC 100 V，为电伴热负载供电，其外观如图 1.6 所示。

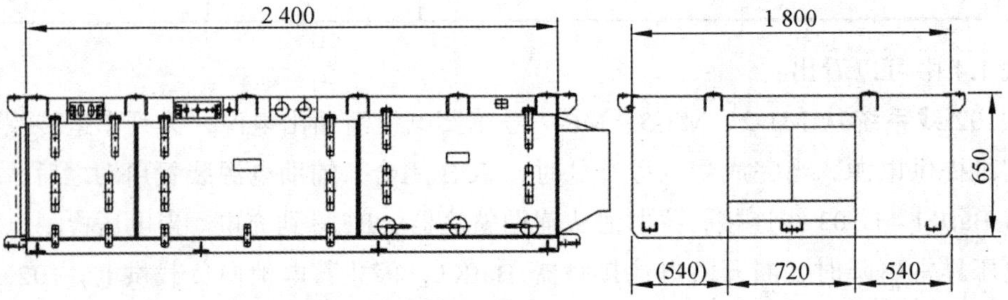

图 1.6　辅助电源箱 APU 外观图

（1）辅助电源箱 APU1/APU2。

辅助电源箱 APU1/APU2 安装在 1 车、8 车车下，主要由输入变压器（TR1）、输入滤波电容器（ACFC）、输入滤波电抗器（ACL1）、变频器、逆变器、输出滤波电抗器（ACL2）、输出滤波电容器（ACC）、辅助变压器（ATr）等构成，如图 1.7 所示。

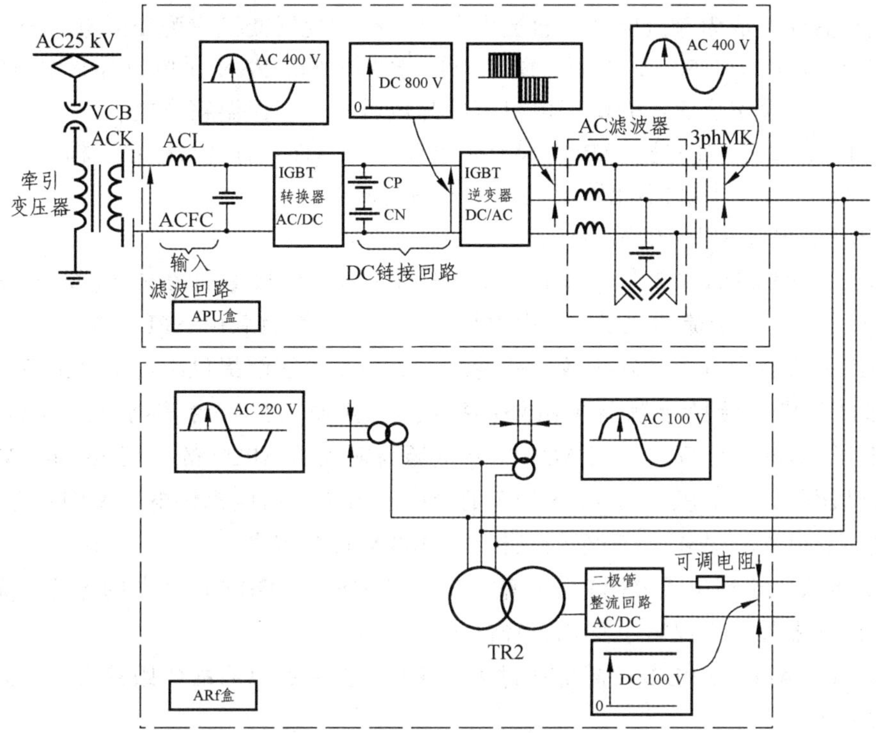

图 1.7　辅助电源装置构成框图

APU1/APU2 的输入电源为牵引变压器 3 次绕组（辅助绕组）输出的 AC 400 V 单相 50 Hz，通过 IGBT 变频器变换成了直流电压，这个直流输出通过 IGBT 逆变器变换成 AC 400 V、三相 50 Hz 的定压电源，向编组内提供。而且，AC 100 V/50 Hz、AC 220 V/50 Hz 的定压电源是由三相 AC 400 V 稳定电压电源通过辅助变压器（TR3、TR4）进行变压而来的。辅助变压器（ATr）是将牵引变压器 3 次绕组（辅助绕组）输出进行变压后输出 AC 100 V（非稳定电压）50 Hz。

APU 各环节的主要作用是：

① 输入滤波回路：输入滤波回路降低从电网输入到脉冲整流器及逆变器的高频电流。

② IGBT 脉冲整流器：脉冲整流器将牵引变压器输入的单相交流电压变换成恒定直流电压。控制方式采用脉冲宽调制方式。

③ DC 中间回路：滤波电容器将稳定的直流电压供给后段的逆变器。APU 停止时，滤波电容的放电由 DCHK 和 DCHKR 完成。

④ IGBT 逆变器：逆变器将直流电压变换成为恒频恒压（CVCF）的三相交流电压。

⑤ 输出 LC 滤波回路：LC 滤波回路降低逆变器输出电压中由于切换所产生的高频电压，使其输出畸变很小的正弦波。

⑥ 输出接触器：输出接触器 3phMK 担负接通和切断负荷的作用。

（2）辅助电源箱 APU3。

辅助电源装置 APU3 安装在 5 车车下，主要由输入充电电路（K2、R1）、单相输入变压器（T1）、单相输入脉冲整流器、三相输出逆变器、正弦波滤波器（FLT1）、输出接触器（K4）以及转换接触器（BKK2）等构成。APU3 的输入电源是牵引变压器 3 次绕组输出的 AC 400 V，通过单相整流器变换成为直流电。该直流电通过三相逆变器变换成为交流电，经正弦滤波器输出稳定三相 AC 400 V 50 Hz 电源。除了向自身冷却风机 FAN 供电以外，主要向 4 车、5 车的牵引变压器、牵引变流器和牵引电机等冷却风机和餐车保温箱供电。

与 APU1/APU2 不同的是，APU3 没有辅助变压器 ATr，输出的稳定三相 AC 400 V 电源系统也不向 ARf 供电，因此不能输出其他形式的电源。

（3）APU1/APU2/APU3 的特点。

① 冗余性。APU1/APU2 在 1 编组的 2 台中有 1 台发生故障的情况下，除 4、5 号车变压器油泵、变压器风机、变流器风机、牵引电机风机外的辅助负载由 APU2 或 APU1 提供电源。ARf 在 1 编组的 2 台中有 1 台发生故障的情况下，另 1 台能够提供编组的全部负载的容量。APU3 内部自带供电转换接触器（由外部控制），并输入另一台辅助电源 APU2 的三相 AC 400 V 电压。APU3 自身的三相 AC 400 V 电源与输入的 APU2 的三相 AC 400 V 电源互相联锁，正常情况下，由 APU3 给 4、5 号车的牵引动力单元通风机供电，APU3 发生故障时，自动转换到由 APU2 提供 4、5 号车的三相 AC 400 V 负载容量。

② 电路方式。单相桥式 IGBT 脉冲整流器 + 三相桥式 IGBT 逆变器的方式，通过使用大电流、耐高压元器件，来谋求小型化、轻量化。

③ 控制部。APU1/APU2 控制部通过采用 DDC 控制，具有故障跟踪机能，以期达到保养方面的省力化。

APU3 整流器采用四象限脉冲整流技术，具有网侧功率因数高、适应网压变化范围广、蓄能部件体积小、输出直流电压稳定的优点。逆变器采用三相桥式电压型结构及 SVPWM 脉宽调制技术，在输入电压、负荷变动时供给稳定的三相交流电压。在故障时记录状态及波形，可以读出故障数据。

2. 辅助整流器箱（ARf）

辅助整流器 ARf 将 APU 输出的稳定三相 AC 400 V 通过整流、变压分别转换成 DC 100 V、稳定单相 AC 220 V 和稳定单相 AC 100 V 电压。DC 100 V 电源给蓄电池、车厢照明、广播影视系统及控制系统等供电。稳定单相 AC 220 V 向厨房设备等负载供电，稳定单相 AC 100 V 向设备控制、显示器及电加热等负载供电，其外观如图 1.8 所示。

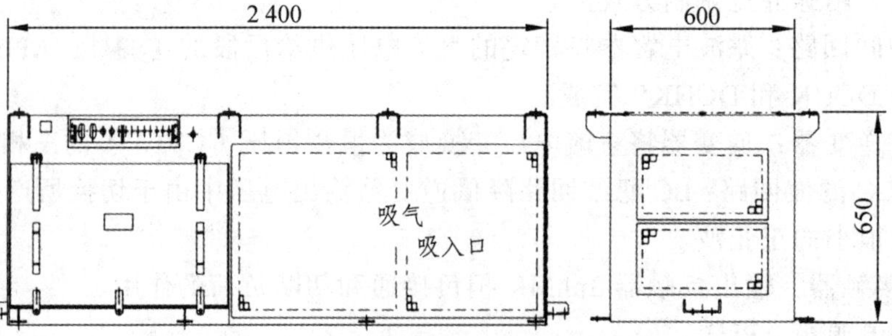

图 1.8　辅助整流器箱 ARf 外观图

辅助整流器箱 ARf 安装在 1 车、8 车车下，由整流器用变压器（TR2）、辅助整流器（Rf）、2 个辅助变压器（TR3、TR4）等构成。它以辅助电源箱输出的稳定三相 AC 400 V 电源作为输入电源，经过辅助整流变压器 TR2 和三相桥式整流模块后，通过 101 线输出稳定 DC 100 V 电源系统。

变压器 TR3 将稳定三相 AC 400 V 电源中 771 线与 781 线间的电压直接变压后通过 202 线输出稳定 AC 100 V 电源系统。

变压器 TR4 将稳定三相 AC 400 V 电源中 781 线与 791 线间的电压直接变压后通过 302 线输出稳定 AC 220 V 电源系统，如图 1.9 所示。

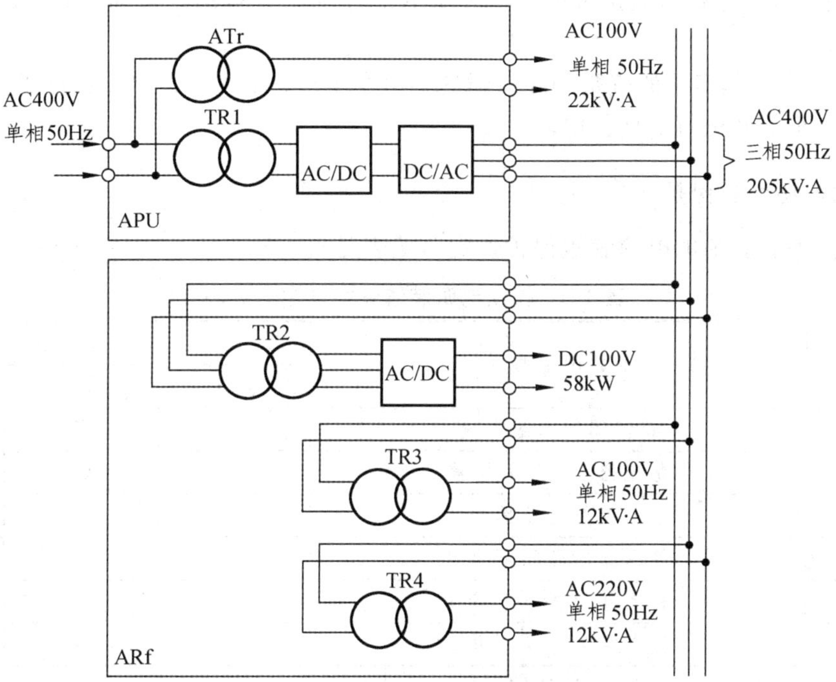

图 1.9　辅助整流器箱工作原理图

3. BKK、ACK 扩展供电

在列车运行过程中，有时会发生辅助电源装置或牵引变压器故障而导致列车辅助供电系统不能正常工作，车上各用电设备不能正常使用的情况，影响旅客乘坐列车的舒适性。

为了更好地解决以上存在的问题，辅助供电系统针对辅助电源装置故障和牵引变压器故障设计了 BKK 和 ACK 扩展供电两种模式，最大限度地恢复车上辅助用电设备的供电。

（1）BKK 扩展供电。

列车在运行过程中，当车上的 APU 发生重大故障而无法正常工作时，根据需要采用 BKK 扩展供电的方式连通正常单元与故障单元的 771、781、791 线，从而使其带动的负载可以正常工作。

当设置在 1 车和 8 车的辅助电源箱 APU1/APU2，其中 1 台发生故障时，设在 M3-4 车的 BKK 投入，由此将 771、781、791 线的电压从正常单元输送到异常单元。

当设置在 5 车的辅助电源装置（APU3）发生故障时，设置在 APU3 内部的 BKK2 投入，由 8 车的 APU2 给 APU3 实施扩展供电。

总的来说，BKK 扩展供电有以下两种情况：

① APU1 和 APU2，当其中一个故障时，由另一个正常单元向故障单元通过 BKK 进行扩展供电。

② APU1 和 APU2 均正常工作，APU3 发生故障时，由 8 车的 APU2 通过 BKK2 给 APU3 实施扩展供电。

（2）ACK 扩展供电。

列车在运行过程中，当车上的牵引变压器发生重大故障而无法正常工作时，根据需要采用 ACK 扩展供电的方式连通正常单元与故障单元的 704、754 线，从而使其带动的负载可以正常工作。

ACK 扩展供电其实指的就是切除故障的牵引变压器，使 ACK2 常开触点闭合，并且只能够在 2 车和 6 车之间进行扩展供电。

4. 辅助电源装置保护

（1）保护列表。辅助电源装置保护设定一览表见表 1.5。

表 1.5　辅助电源装置保护设定一览表

序　号	故障名称	故障类别		
		重 1	重 2	轻
1	整流器输入过电流		○	
2	整流器用 IGBT 异常		○	
3	输入接触器不闭合 1			○
4	输入接触器不闭合 2			○
5	输入接触器不断开 1		○	
6	输入接触器不断开 2		○	
7	温度异常	○		
8	逆变器用 IGBT 异常		○	
9	AC 输出过压			○
10	AC 输出低电压			○
11	AC 输出短路			○
12	控制电源异常			○
13	逆变器输入过压			○
14	逆变器输出过电流			○
15	输入异常	○		
16	AC 输出过电流	○		
17	AC 输出电压异常	○		
18	接地检测	○		
19	输出接触器不闭合			○
20	输出接触器不断开	○		
21	放电接触器不闭合			○
22	放电接触器不断开	○		

（2）保护种类。APU 的保护根据有无再启动分为轻故障和重故障两大类。

① 轻故障。

动作	APU 停止后自动重新启动。 监视发生轻故障后 60 s 以内是否发生第二次轻故障，不发生的情况下，则中止监视，继续进行通常的动作
详细	参照保护设定一览表（表 1.5）

② 重故障。轻故障在 60 s 以内发生两次的情况下则作为重故障处理。

动作	APU 停止后不自动重新启动，需要手动再启动。但是在以下情况时，不接受车上复位，需通过 APU 控制电路板上的复位按钮复位或者把控制电源断开 3 s 以上再投入复位。 • 整流器输入过电流 • 整流器用 IGBT 异常 • 逆变器用 IGBT 异常 • 输入接触器故障 1 • 输入接触器故障 2
详细	参照保护设定一览表（表 1.5）

三、CRH380B 型动车组辅助供电系统

CRH380B 型动车组是由唐山轨道客车有限责任公司和长春轨道客车股份有限公司在 CRH3C 型动车组基础上，自主研发的 CRH380 系列高速动车组之一。CRH380B 型动车组为 8 辆编组，采用 4M + 4T 动力分散式的动力配置，如图 1.10 所示。一列动车组分为两个牵引单元，01/02/03/04、05/06/07/08 车各组成一个牵引单元，每个牵引单元各有两个动车两个拖车。

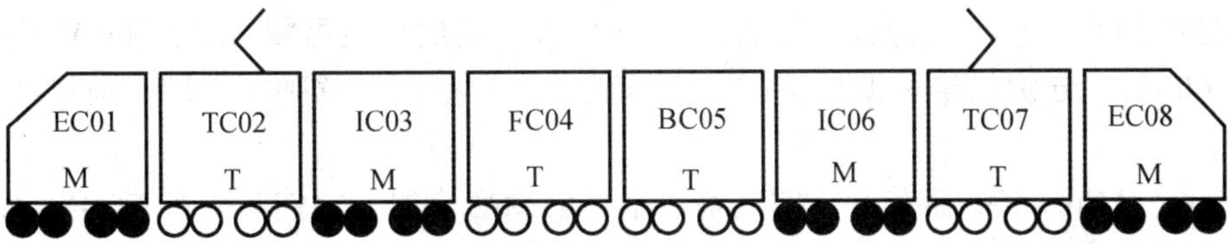

图 1.10　CRH380B 型动车组编组

CRH380B 共有 5 种车型，分别为：EC01、TC02、IC03、FC04、BC05、IC06、TC07、EC08。EC01、EC08 为动车，带牵引变流器及其冷却系统、牵引电机和齿轮装置。TC02、TC07 为拖车，带有受电弓、主变压器、单辅助变流器、辅助空气压缩机。IC03、IC06 为动车，带牵引变流器及其冷却系统、牵引电机和齿轮装置、空气压缩机。FC04 为拖车，带有制动电阻、充电机、蓄电池、双辅助变流器。BC05 为拖车，带有吧台、制动电阻、充电机、蓄电池、双辅助变流器。

（一）辅助供电分配方式

CRH380B 型动车组辅助供电系统由辅助变流器、蓄电池、充电机、单相逆变器、辅助变压器等组成。每列车设有 4 台辅助变流器，2 台充电机和蓄电池。CRH380B 型动车组采用干线供电方式，由分散布置在若干车辆的各辅助电源设备向干线供电。交流供电采用三相 AC 440 V/60 Hz 制式，直流供电采用 DC 110 V 制式，如图 1.11 所示。

CRH380B 型动车组辅助供电分配方式

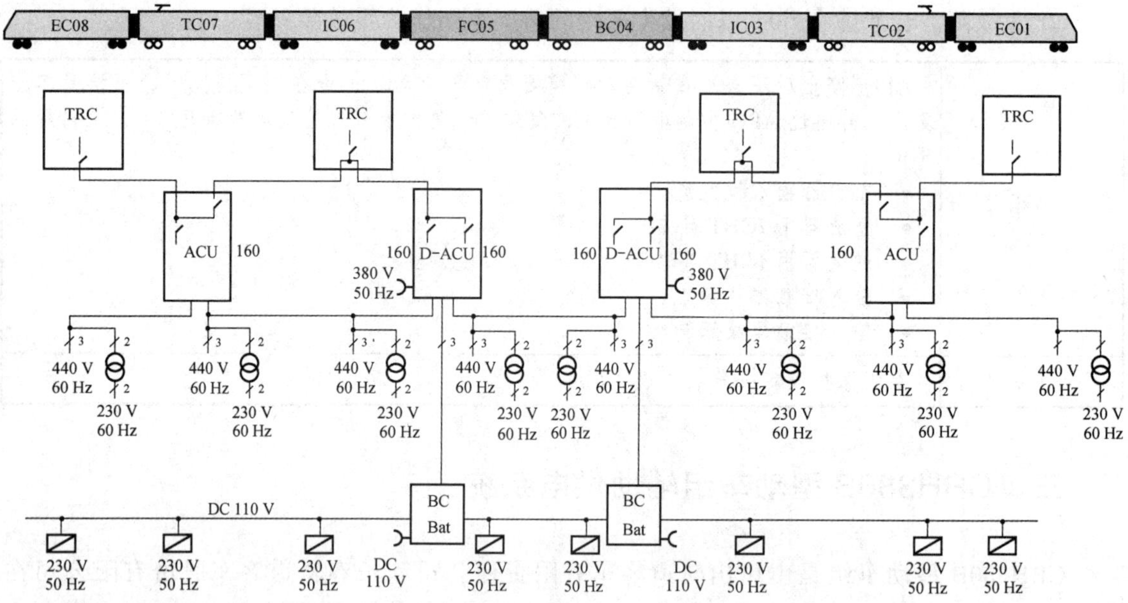

TRC-牵引变流器；　ACU-辅助变流器；　D-ACU-双辅助变流器；　BC-电池充电机；　Bat-蓄电池

图 1.11　CRH380B 型动车组辅助供电分配方式

CRH380B 型动车组每节动车上都配备一台牵引变流器，辅助供电系统的输入电压取自牵引变流器的中间直流环节，标称电压为 DC 3 000 V。辅助变流器将 DC 3 000 V 变换成三相 AC 440 V/60 Hz，分别供给辅助风机、主空压机、客室空调、驾驶室空调、前风挡加热、电池充电机。

在 TC02、TC07 变压器车上分别配备一个单辅助变流器，它们与头车 EC01、EC08 的牵引变流器中间电路相连。在中间车 BC04、FC05 上分别配备了一个双辅助变流器，它们分别与中间车 IC03、IC06 的牵引变流器内的中间电路相连。在双辅助变流器和单辅助变流器的输入端都与一根电缆相连接，这样可以实现从一个持续有效的牵引变流器同时给辅助变流器供电（这种情况是考虑两个牵引变流器中一个失效时）。所有的辅助变流器都通过供电总线排向 8 辆车同时输出三相 AC 440 V/60 Hz 电源。在正常情况下，列车供电总线排贯通整列车。如果供电总线排出现故障，可以通过打开辅助变流器中的连接开关来隔离部分的单个区间的供电。

在中间车 BC04、FC05 分别配备了一组蓄电池和一个充电机，电池充电机通过 440 V/60 Hz 总线获得供电，充电机给蓄电池充电，同时给 DC 110 V 系统以及与之连接各种负载设备供电。

在每节车里各有一个逆变器从 DC 110 V 系统中获取电能，输出单相 AC 230 V/50 Hz 给旅客插座等供电。车与车之间相互独立。

一个单相 AC 230 V/60 Hz 供电网络给列车一些低功率的加热设备供电，这个供电由三相 AC 440 V/60 Hz 供电的变压器产生。

（二）辅助供电系统的特点

1．辅助供电系统冗余设计

（1）三相 AC 440 V/60 Hz 供电冗余。

当一个单辅助变流器或一个牵引变流器故障时，交流供电母线由其余的辅助变流器供电。当双辅助变流器中的一个辅助变流器故障时，另一个单辅助变流器能够继续工作。当一个单辅助变流器或一个牵引变流器故障时，不会减少供电。当两个单辅助变流器故障或一个双辅助变流器故障时，只减少与旅客舒适性相关的负载（空调或部分取暖）。

（2）DC 110 V 供电冗余。

每个牵引单元的一部分负载由 BN1（电池常规供电 1）供电，另一部分负载由 BN2（电池常规供电 2）供电，当一个充电机故障时，另一个充电机完全负责向所有的直流负载供电。还有一部分特别重要的负载如应急照明、列车广播、无线电等采用 BD（电池直接供电）供电。直流供电分配见表 1.6。

表 1.6　直流供电分配表

充电机位置	牵引单元 1			牵引单元 2		
	BD	BN1	BN2	BD	BN1	BN2
餐车充电机	●	●				●
一等车充电机			●	●	●	

注：

- “直连电池”为“BD”母线供电（持久供电），例如，用于
  - 接通电池主接触器电源
  - 旅客信息系统的紧急操作
  - 列车无线电紧急操作
- “常规电池”为“BN1”母线供电（通过主电池接触器切换），例如，用于
  - 中央控制单元 CCU 1
  - 左主要照明和紧急照明 CE1
  - 辅助变流器单元控制
- “常规电池”为“BN2”母线供电（通过主电池接触器开通），例如，用于
  - 中央控制单元 CCU 2
  - 右主照明紧急照明 CE2

2．辅助供电系统保护

（1）三相 AC 440 V/60 Hz 供电。

通过有效供电控制来确保最大可用供电输出，当检测辅助变流器的最大输出电流超过额定输出电流时，将减少空调系统或采暖系统的输出。

按照接入负载最大功率 800 kV · A，接入负载平均功率为 500 kV · A 计算，供电功率管理如下：

① 一个单辅助变流器故障：功率不限制；

② 两个单辅助变流器或一个双辅助变流器故障：供主采暖输出功率减少到 1/2，空调系统输出功率减少到 1/2。

（2）DC 110 V 供电。

当充电机故障时，为保证重要负载的供电，需要切除部分负载。直流关断时间表如表 1.7 所示。

表 1.7　直流关断时间表

序号	电池充电器故障后的时间范围/min	说明	使用中的负载
1	0～4	穿过分相段，短时断电	所有直流负载
2	5～30	较长时间断电	• 紧急通风（减少新鲜空气） • 紧急灯（紧急照明及外部照明的紧急尾灯信号） • 重要的控制装置 • 司机人机界面（HMI），列车乘务员人机界面（HMI） • 广播扬声器
3	31～90	较长时间断电	• 紧急通风（减少新鲜空气） • 紧急灯 • 广播扬声器
4	91～120	永久性断电（由司机切换电池为“断开”以及切换紧急系统为“接通”）	• 紧急灯 • 广播扬声器

（三）辅助变流器

辅助变流器为 CRH380B 辅助供电系统的核心电源设备，安装在车下的设备舱中。辅助变流器箱体中有功率半导体、开关装置、保险丝、控制系统部件、冷却系统部件以及感应元件。辅助变流器采用强迫风冷的冷却系统。

CRH380B 型动车组辅助变流器原理分析

辅助变流器分为单辅助变流器（ACU）和双辅助变流器（D-ACU），单辅助变流器安装在变压器车（TC02/TC07）车下，双辅助变流器安装在二等车（FC05）和餐车（BC04）车下。每个双辅助变流器由两个单辅助变流器组成。

1. 辅助变流器的特点及技术参数

辅助变流器的脉宽调制逆变器采用最先进的 IGBT 技术，脉宽调制逆变器采用（PWMI）工作原理，高频开关使输入及输出电流的谐波最小。

辅助变流器的输入端与牵引中间电路连接。

辅助变流器由其中央控制系统控制和判断，同时脉宽调制逆变器的控制系统对上述功能也有辅助作用，控制系统除配备判断端口和服务端口外，还有车辆总线（MVB）接口。

单辅助变流器由下列零部件组成，包括输入电路，输入电流、电压测量装置，脉宽调制变换器 PWMI，配备整合型正弦滤波器的 60 Hz 输出变压器，输出接触器和熔丝，配有 RS232 判断接口的主控制器（SibcoS-M2500 控制器），保护和监测设备，风扇，EMC 滤波器，接地故障检测。

单、双辅助变流器技术参数分别见表 1.8 和表 1.9。

表 1.8　单辅助变流器的技术参数

最大尺寸（长×宽×高）	1 886 mm×2 978 mm×699.5 mm
安装点的数量	4
质量	约 1 450 kg
箱体通风处防护等级	IP 21 IEC 60529
箱体不通风处防护等级	IP 54 IEC 60529
制冷方式	强制风冷
输入	
标称电压	DC 2 700～3 600 V
输入滤波器	EMC 滤波器
输出	
输出频率	（60±1）Hz
额定输出电压	3 AC 440 V
相对额定电压的动态输出电压公差	±25%
静态输出电压公差	±5%
输出电压的最大升幅	< 10 V/μs
失真系数	<10%
输出滤波器	EMC 滤波器/正弦滤波器
额定输出功率	160 kV·A
允许的最大输出电流 持续 10 ms 持续 10 s 持续	 700 A 334 A 209 A
输出接触器	三极式（由内部控制器触发）
辅助控制	
额定电压	DC 110 V
电压范围	－30%～＋25%

表 1.9　双辅助变流器的技术参数

最大尺寸（长×宽×高）	3 485 mm×2 978 mm×699.5 mm
安装点的数量	4
质量	约 2 700 kg
箱体通风处防护等级	IP 21 IEC 60529
箱体不通风处防护等级	IP 54 IEC 60529
制冷方式	强制风冷
牵引变流器中间输入	
标称电压	DC 2 700～3 600 V
输入滤波器	EMC 滤波器
外部电源 3AC 380 V 50 Hz 输入	
标称电压	3 AC 380 V/50 Hz
功率	约 200 kW（最大 300 A）
输出	
输出功率	（60±1）Hz
额定输出电压	3 AC 440 V
相对额定电压的动态输出电压公差	±25%
静态输出电压公差	±5%
输出电压的最大升幅	＜10 V/μs
失真系数	＜10%
输出滤波器	EMC 滤波器/正弦过滤器
额定输出功率	2×160 kV·A
允许的最大输出电流 持续 10 ms 持续 10 s 持续	 700 A 334 A 209 A
输出接触器	三极式（由内部控制器触发）
辅助控制	
额定电压	DC 110 V
电压范围	－30%～＋25%

注：标称电压静态公差按照 EN 50160 要求。

2. 辅助变流器的结构

辅助变流器安装在车辆的地板下面，所有电气元件置于钢制外壳中，通过 4 个支撑座弹性连接到车体边梁上。单辅助变流器包括开关和保护部件、各种监控设备和电源模块，单辅助变流器主要部件的位置如图 1.12 所示。

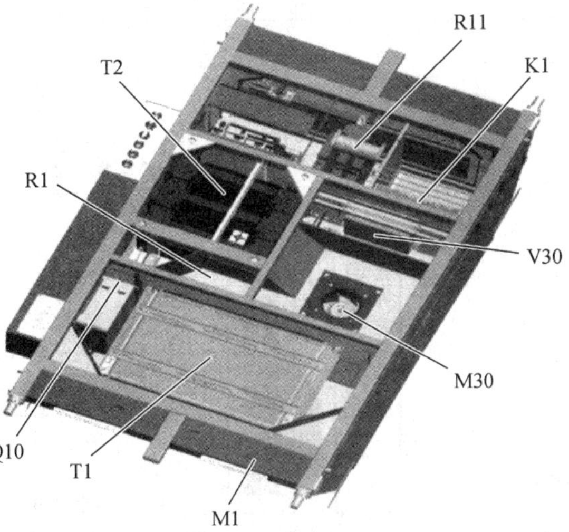

Kl—Sibcos—M2500 主控制器；M1—内置风扇；M30—主风扇；Q10—耦合断路器；R1—滤波扼流圈；R11—预充电电阻；T1—脉冲调宽逆变器；T2—变压器；V30—电容。

图 1.12　单辅助变流器主要部件的位置

单辅助变流器外部接口的位置如图 1.13 所示。

X1—DC 3 000 V 输入；X10、X12—3AC 440 V/60 Hz 输出；X4—控制输入和输出；X5—MVB 总线和接口；X6—服务接口。

图 1.13　单辅助变流器外部接口示意图

3. 辅助变流器电路原理及控制技术

单辅助变流器基本原理示意图如图 1.14 所示。

单辅助变流器直接连接到牵引变流器的中间电路上，标称电压为 DC 3 000 V。

操作单辅助变流器需要满足下列条件：

（1）单辅助变流器从列车控制系统收到了触发信号。

（2）输入电压在有效电压范围内。

如果满足了接通条件，则 DC 输入电压经由滤波电容器、主接触器和预充电接触器供给 PWMI 模块。脉冲调宽逆变器模块（PWMI）接通并启动。如果脉冲调宽逆变器的输出电压处于规定范围内，则输出接触器关闭。单辅助变流器的控制器则向控制器发出信息，表明 3AC 输出已经准备好。

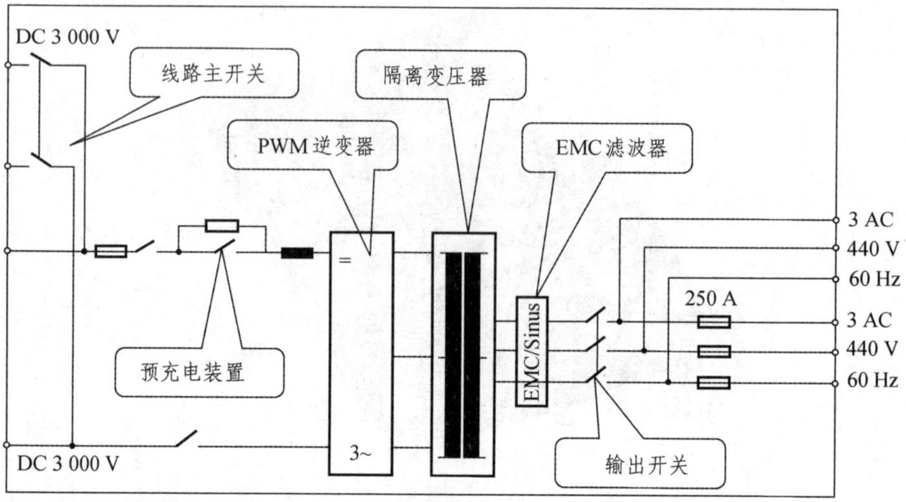

图 1.14 单辅助变流器的基本原理图

AC 440 V 输出则经由变压器、EMC 滤波器以及输出熔断器进行供电。

单辅助变流器包括下列主要部件：

（1）输入部分。

输入部分包括滤波电容器、输入熔断器、主接触器、预充电装置、滤波电感、输入电压和电流传感器。

预充电装置的功能是限制辅助变流器的浪涌电流。它包括一个预充电电阻、一个预充电接触器和多个主接触器。辅助变流器启动时，预充电接触器关闭，DC 连接电容器通过预充电电阻充电。DC 连接电压达到一定水平时，主接触器关闭，辅助变流器无电阻工作。安装滤波电感的目的在于平稳由 IGBT 的开关操作引起的输入电流的波动，吸收线路上的冲击电压，从而防止对辅助变流器造成损坏。输入滤波电感与 DC 连接一起保持输入电流中的谐波含量处于非常低的水平。

（2）脉冲调宽逆变器。

逆变器模块包括一个受控三相桥，该桥式逆变电路将来自牵引变流器的 DC 3 000 V 电压逆变为三相脉冲调宽（PWM）3AC 440 V/60 Hz 输出电压，如图 1.15 所示。由于采用并联输出，脉冲调宽逆变器以恒定频率模式工作。

DC 3 000 V 输入电压直接取自于牵引变流器的中间电路。脉冲调制逆变器包括一个散热器，上面安装有 IGBT、二极管、DC 连接电容器和驱动板。该模块上没有控制器。主控制器单独安装在外壳上。使用一台变压器进行电隔离，并将逆变器高压 PWM 脉冲电压滤波、降压为 3AC 440 V 电压。

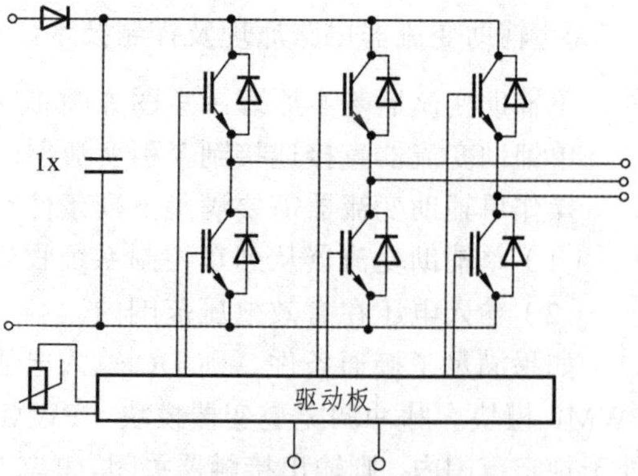

图 1.15 脉冲调宽逆变器框图

（3）主控制器。

Sibcos—M2500 控制器为主控制器和模块控制器的组合。它负责全面系统控制、与上级控制通信以及不同类型功率变流器的控制和调节（比如脉冲调宽逆变器）。Sibcos—M2500 控制器配备 16 条 IGBT 控制通道、14 条 IGBT 反馈输入以及 8 条数字输入和 4 条数字输出。此外，该控制器还配备了用于变压器连接的模拟电源输入和电压输入。

（4）冷却系统。

单辅助变流器采用强制风冷。进气口和排风口如图 1.16 所示。

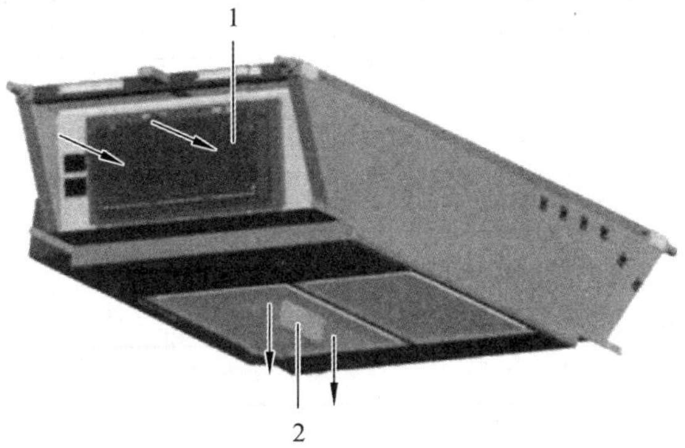

1—进气口；2—排风口。

图 1.16　进气口和排风口

空气由安装在外壳前部的两个滤清器进入，然后被引导进入电源模块的散热片，主风扇将冷风吹到中间的隔室，冷风通过变压器，最后通过位于底部的两个排风口排出。

主风扇由主控制器 Sibcos—M2500 根据温度进行控制，各模块将散热器的温度反馈给控制器，控制器对温度进行监控，并依据温度情况直接打开或关闭主风扇。

与单辅助变流器相比较，双辅助变流器包含两组预充电装置、逆变器、滤波装置，输出 3 路 440 V/60 Hz 三相交流电。并且双辅助变流器安装有 380 V/50 Hz 外部供电插座，双辅助变流器的原理框图如图 1.17 所示。

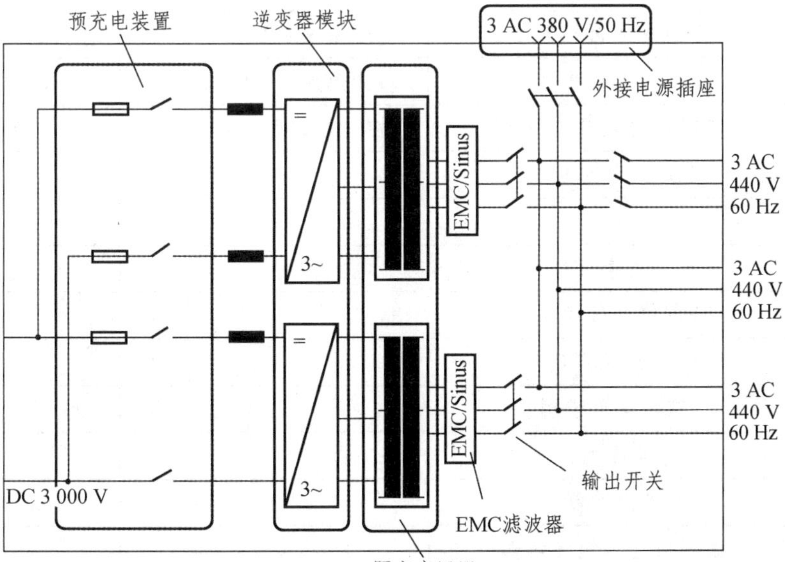

图 1.17　双辅助变流器的原理图

（四）辅助用电设备

1. 交流负载设备

交流负载设备见表1.10。

表1.10　交流负载设备

电压	3AC 440 V/60 Hz	230 V/60 Hz	230 V/50 Hz
负载	客室空调	厨房的一些负载	交流插座
	驾驶室空调	水系统加热	
	主空气压缩机	撒砂管加热	
	主变压器的冷却系统	车钩加热	
	牵引变流器冷却系统		
	前风挡加热		
	辅助变流器冷却单元		
	充电机		

2. 直流负载设备

直流负载设备见表1.11。

表1.11　直流负载设备

供电模式	BN1	BN2	BD
负载	中央控制单元CCU1	中央控制单元CCU2	应急照明
	KLIP站（冗余1）	KLIP站（冗余2）	旅客信息系统
	MVB转发器—电源线A	MVB转发器	驾驶员/乘务员MMI
	牵引变流器控制1	牵引变流器控制2	紧急尾灯信号
	空调控制系统	紧急照明（组2）	制动防滑保护
	控制柜通风机（左）	控制柜通风机（右）	列车无线通信
	前风挡加热控制		
	主照明		
	阅读灯		
	应急照明（组1）		
	司机室顶灯		
	辅助变流控制		
	充电机控制		
	车门控制		
	旅客信息系统显示器		
	卫生设备用水系统控制		

续表

供电模式	BN1	BN2	BD
负载	撒砂管加热器控制		
	辅助空气压缩机控制		
	轮缘润滑		
	制动（阀）		
	制动控制单元		
	列车控制单元		
	火警		
	驾驶室的显示器		
	列车广播		
	外部照明		
	安全环		
	厨房控制		
	受电弓/主开关/控制		

【任务实施】

一、CRH380A 型动车组辅助电源装置检查及清洁作业

修程：二级修
周期：3 万千米/30 天
作业人员：2 名地勤机械师
作业时间：30 分钟/辆（01、05、00 车）
供电条件：无电 + 有电作业

（一）安全防护及注意事项

（1）作业人员应按规定穿戴劳保用品。
（2）作业时防止磕碰伤。
（3）作业过程中作业工具、材料及配件定置摆放。
（4）不得触摸接线端子。
（5）禁止触摸发热部件。

（二）作业准备

（1）工具清单。棘轮扳手、小棘轮扳手、力矩扳手、六角套筒（10 mm、13 mm、16 mm 各一个）、高压风管、主控钥匙、毛刷、地垫、头灯、接线排。

（2）物料清单。化油器清洁剂、干净白布、油漆笔。

（三）作业程序及标准

1. 工前准备

（1）人员准备。2名作业人员（1、2号）按规定穿戴劳保防护用品（工作服、劳保鞋、安全帽）。

（2）工具、物料状态确认。

① 1号清点配送作业工具，并检查力矩扳手校验周期不超期，扭力大小符合规定。

② 2号清点配送物料。

（3）作业手续办理。

① 工长确认作业车组号及股道正确，受电弓已降下，接触网已断电，接地杆已挂，止轮器已设置，放电完毕后到现场值班室领取无电作业牌，办理无电作业手续。

② 工长通知1号可以开始无电作业。

2. 辅助电源装置检查及清洁

（1）打开底板、裙板。

① 1号用棘轮扳手、六角套筒（10 mm）逐个逆时针旋转拆除辅助电源箱相应位置的底板螺栓，将螺栓放入配件盒内，并拆下底板在地面定置摆放。

② 2号使用棘轮扳手、六角套筒（16 mm）逆时针旋转拆下裙板固定螺栓，并将拆下的螺栓放入物料盒内，将拆下的裙板定置摆放在地面。

（2）箱体外观检查。2号检查箱体外观及安装状态，确认箱体外观状态良好，悬挂部件状态良好，固定螺栓防松标记清晰、无松动。

（3）滤网及柜门清洁。1号拆卸下辅助电源装置滤网及单元模块5个柜门［使用棘轮扳手、六角套筒（13 mm）拆除单元模块柜门固定螺栓，各柜门M8螺栓共13条］，对其进行灰尘清理，确认辅助电源线外观状态无异常，无碰磨，密封泥无脱落，密封良好。

（4）散热器清洁。2号在冷却风道入口位置，用高压风清除散热器风道内的灰尘，在风机出风口处用防尘罩罩住。清理完成后用手电检查散热器片已清理干净，无杂物。

（5）接触器及控制模块检查。2号打开相应配电柜，检查辅助电源装置接触器及控制模块外观状态良好，安装紧固，接线端子无松动、变色，接插件插接到位、无松脱。

（6）检查辅助电源装置柜门。1号检查辅助电源装置柜门，确认柜门无变形，密封胶条无脱落、老化，密封良好，紧固到位。

（7）柜门和滤网安装。1号用力矩扳手、六角套筒（10 mm）顺时针旋转，力矩为4.6～5.8 N·m，安装各柜门和滤网螺栓，安装完后用标记笔涂打防松标记。

3. 安装裙底板

1号将裙底板安装到位，用力矩扳手、六角套筒（16 mm）顺时针旋转，按照螺栓为M6×20，力矩为25 N·m的力矩进行紧固，紧固后用油漆笔涂打防松标记。

4. 申请送电

（1）1号在无电检查结束后，同工长联系“无电作业结束申请有电作业”。

（2）工长确认作业车组号及股道正确，止轮器已设置，送电完毕后到现场值班室领取有电作业牌，办理有电作业手续。

（3）工长通知1号可以开始有电作业。

5. 通电检查

2号在车侧设备位置处检查设备工作状态，确认风机运转正常，风机无异音。

6. 完工确认

1、2号共同确认裙底板固定螺栓紧固，各标记齐全，清晰。

7. 整理工具物料

将工具和物料整理齐全，确认作业区周边卫生干净无杂物。

8. 办理销号手续

通知工长作业结束。

二、CRH380B型动车组辅助变流器的检查及清洁作业

修程：二级修
周期：10万千米/90天
作业人员：2名地勤机械师
作业时间：45分钟/辆（02、07车）
供电条件：无电作业

（一）安全防护及注意事项

（1）作业人员应按规定穿戴劳保用品。

（2）无电作业前应确认动车组受电弓已降下，接触网已断电，接地杆已挂，停放制动已施加。

（3）作业时防止磕碰伤。

（4）动车组放电接地。

（5）作业过程中作业工具、材料及配件定置摆放。

（6）作业人员必须由具备相关资质。

（7）断电后，储能电容器需放电5 min，方可作业。

（二）作业准备

（1）工具清单。手电筒、四角钥匙、内六角扳手、力矩扳手、软毛刷、高压风管、材料存放盒、标记笔。

（2）物料清单。磷酸酯类清洁剂、乐泰7063除锈剂、色带、无纺布。

（三）作业程序及标准

1．工前准备

（1）人员准备。2 名作业人员（1、2 号）按规定穿戴劳保防护用品（工作服、防护鞋、安全帽）。

（2）工具、物料状态确认。

① 1 号作业者清点配送的工具，检查扭矩扳手校验不超期，扭矩扳手力矩范围符合标准；检查万用表校验不超期，测量范围符合标准。

② 2 号作业者清点配送的物料。

（3）作业准备。

① 工长确认作业车组号及股道正确，受电弓已降下，接触网已断电，接地杆已挂，止轮器已设置，放电完毕后到现场值班室领取无电作业牌，办理无电作业手续。

② 工长通知 1 号可以开始无电作业。

2．单辅助变流器接地放电

（1）确认动车组已断蓄电池，在两端司机室故障开关柜上蓄电池开关上挂置“禁动牌”，警示其他项目作业人员，以免误动。

（2）检查车辆的电气控制柜，断开单辅助变流器的空开 31-F01。

（3）在裙板下沿处贴挂色带；用四角钥匙打开设备对应位置处的裙板。

（4）用四角钥匙打开另一侧的裙板，用内六角棍打开维护盖板，找到球形接地电极 E1、E2 和 E3；利用合适的接地短路工具将球形接地电极 E1、E2 和 E3 短路，使辅助变流器的直流传输线接地并短路。

注意：首先将 E3 连接到接地/短路装置，然后再连接 E1 和 E2。

确认让模块中的储能电容器放电 5 min 以上。

3．单辅助变流器清洁及检查

（1）单辅助变流器清洁。

① 用软毛刷清洁单辅助变流器表面的杂物（如灰尘、柳絮、纸屑等），清洁进气口滤网按照《QDD-CRH380B-I2-04-00-001 单辅助变流器检查》要求进行。

② 清扫完毕后，将磷酸酯类清洁剂喷涂在箱体表面，用无纺布均匀擦拭，清洁铰链和盖板上的警示标志。

（2）悬吊部件检查。

① 箱体支撑框架外观状态良好，无变形、裂纹、开焊、锈迹等。

② 车体两侧底架边梁金属橡胶衬托外观状态良好，无变形、裂纹、扭曲等；螺栓、螺母紧固，防松标记清晰，无错位（如有必要，按照相关规定的扭矩将螺丝连接拧紧）。

（3）箱体检查。

① 箱体电气装置盖板外观状态良好，无变形、裂纹、倾斜、关闭不严等；盖板锁状态良好，无断裂、缺失等，作用良好，旋转无卡滞、异音等；警示标识及铭牌齐全、完整，无翘起、脱落等，缺损的标签必须更换；盖板四周密封条完整，与箱体压紧良好，无缺失、破损、

脱出等，破损的密封条必须进行更换。

② 盖板下部折页外观状态良好，无变形、裂纹等，安装螺栓齐全、紧固，防松标记清晰，无错位（如有必要，按照规定的扭矩将螺丝连接拧紧）；密封条外观状态良好，无老化、龟裂、破损、脱落等；破损的密封条必须进行更换。

③ 侧面电缆及连接器外观状态良好，电缆保护层齐全无破损，捆扎牢固，本体无老化、龟裂、烧痕等；与连接器连接紧固，卡箍状态良好，防松标记清晰，无错位。

④ 接地线外观状态良好，无老化、断股、松动、烧痕等；安装螺栓紧固，防松标记清晰，无错位（如有必要，按照相关规定的扭矩将螺丝连接拧紧）。

⑤ 检查电缆接入口线插及电缆线外观状态良好，无松动、脱出、烧痕等。

⑥ 进气口侧外观状态良好，无变形、裂纹、倾斜、关闭不严等；盖板锁状态良好，无断裂、缺失等，作用良好，旋转无卡滞、异音等；警示标识及铭牌齐全、完整，无翘起、脱落等，缺损的标签必须更换；盖板四周密封条完整，与箱体压紧良好，无缺失、破损、脱出等，破损的密封条必须更换。

⑦ 进气口格栅外观状态良好，无变形、裂纹、破损等；螺栓、螺丝齐全、紧固，无松动、脱出、缺失等，防松标记清晰，无错位（如有必要，按照相关规定的扭矩将螺丝连接拧紧）。

4. 恢复作业

（1）拆下接地线，关上维护盖板。

（2）锁闭打开的裙板，用 26 N·m 力矩扳手对裙板锁进行紧固，确认锁闭牢固、到位。清理作业现场。

（3）将断开的单辅助变流器的空开 31-F01 复位。取下两端司机室故障控制面板蓄电池开关上的“禁动牌”。

5. 完工确认

作业完毕后，应做到“完工、料净、场地清”。

6. 整理工具物料

1 号、2 号将工具和物料整理齐全，作业区周边卫生干净无杂物。

7. 办理销号手续

1 号通知工长作业结束。

【任务自检】

1. 简述动车组辅助供电系统的原理及分类。
2. 试分析 CRH380A、CRH380B 型动车组辅助供电分配方式。
3. 试分析 CRH380A 型动车组辅助供电系统的交流供电、直流供电回路。
4. 简述 CRH380A 型动车组辅助电源系统的组成及供电类型。
5. 简述 CRH380A 型动车组辅助电源装置（APU）的工作原理。
6. 说明 CRH380B 型动车组辅助变流器的组成及作用。

任务三　蓄电池维护与检修

【任务描述】

（1）熟知动车组蓄电池的工作原理、结构及供电情况；

（2）能够按照动车组专项修的作业步骤完成蓄电池的检修工作。

【背景知识】

蓄电池与充电机

一、蓄电池概述

（一）蓄电池的用途与分类

1. 蓄电池的用途

电池是将化学能变为电能的工具。由于电池是用化学转换方法得到电能，所以又叫化学电池。常用的化学电源有原电池和蓄电池，如手电筒用的干电池等属于原电池，酸性蓄电池和碱性蓄电池等属于蓄电池。

原电池是利用化学能转变为电能的一种不可逆电池，当化学变化的活性物质（即有效物质）全部作用完后，它的寿命便告终了，所以又称为一次电池。

蓄电池顾名思义就是将电能储存起来，使用时再把化学能转化成电能放出来，变换的过程是可逆的。就电能作用来说，当蓄电池已完全放电或部分放电后，两电极表面形成了新的化合物，这时如果用适当的反向电流通入蓄电池，可以使已形成的新化合物还原成原来的活性物质，又可供下次放电之用。这种用反向电流输入蓄电池的做法，叫作充电；电池供给电池外电路使用，叫作放电。换句话说，放电就是将化学能转变为电能，供外电路使用；充电就是将电能转变为化学能储存起来。蓄电池的充电和放电过程，可以重复循环多次，所以蓄电池又称为二次电池。

放电时电流所流出的电极称为正极或阳极，以“+”号表示；电流经过外电路之后，返回电池的电极称为负极或阴极，以“−”号表示。

2. 蓄电池的分类

根据电极和电解液所用物质的不同，蓄电池一般分为酸性和碱性蓄电池。

酸性电池的电解液是浓度为 27%～37%的硫酸（H_2SO_4）水溶液，即稀硫酸，硫酸是酸性化合物。酸性蓄电池正极板的活性物质是二氧化铅（PbO_2），负极板的活性物质是绒状铅（Pb），所以酸性蓄电池又叫作铅蓄电池。

碱性蓄电池的电解液是浓度为20%的氢氧化钾（KOH）水溶液，氢氧化钾是碱性化合物。在碱性蓄电池中，用氢氧化镍[$Ni(OH)_3$]做正电极，用铁（Fe）做负极板的叫作铁镍蓄电池；

用镉（Cd）做负极板的叫作镉镍蓄电池。用银（Ag）做正极板，用锌（Zn）做负极板的，叫作锌银蓄电池。

根据工作状态的放电电流，蓄电池分为供电电池和起动电池：供电电池一般以额定放电率下的放电电流提供电能；起动电池以短时间内的大电流提供电流。

动车组主要采用碱性蓄电池，因此在简略介绍铅酸蓄电池的基础上，我们重点介绍碱性蓄电池。

3．蓄电池的基本名词

（1）额定容量。蓄电池从额定电压放电到终止电压所提供的电能，一般用 A·h 表示。

A·h = 放电电流（A）× 放电时间（h）

（2）放电率。蓄电池在一定电流下，放电所能持续的时间称放电率。

1 小时率以下为高放电率，用字母“G”表示；1 ~ 5 小时率（包括 1 小时）为中放电率，用字母“Z”表示；5 小时率以上（包括 5 小时率）为低放电率，不用字母表示。

如 TG350 型蓄电池的额定容量为 350 A·h，在 10 h 放电率下，放电电流为 35 A，容量为 350 A·h；在 6 h 放电率下，放电电流为 52.5 A，容量为 315 A·h；在 3 h 放电率下，放电电流为 85.7 A，容量为 252 A·h。

（3）放电最终电压。蓄电池应停止放电，进行充电的电压为最终电压。TG 型蓄电池一般为 1.75 V。

（4）影响蓄电池容量的因素。蓄电池是通过化学反应产生电能，因此，电池容量取决于电极里所含活性物质的量。一般情况下：

① 放电电流越大，电池容量越小。放电过程产生的化合物如硫酸铅形成速度过快，影响电解液向极板内层渗透，使极板活性物质利用率降低。

② 电解液温度越低，电池容量越小。随着温度的降低，电解液黏度增加，影响化学反应的效率。

③ 连续放电比间歇放电容量小。连续放电使得电解液向极板内扩散不充分。

（二）铅酸蓄电池工作原理

1．工作原理

铅酸蓄电池从问世到如今，一直是使用最广泛的化学电源。蓄电池大体上分 3 种：

（1）固定型防酸铅酸蓄电池（普通型）。这种电池存在着许多缺点，如电池体积大，电解液易溅出伤人和损物，而且充电过程中不断产生氢气和氧气，在气体析出过程中伴随着酸雾的产生，常使防酸帽堵塞，极易发生安全事故，并且充电过程中能耗大，充电手续繁杂，维护操作困难。所以这种电池将逐步被淘汰。

由于固定型防酸铅酸蓄电池使用硫酸电解液，运输过程中会有酸液流出，充电时会有酸雾析出来，对环境和设备造成损害，人们就试图将电解液“固定”起来，将电池“密封”起来，于是使用胶体电解液的铅酸蓄电池应运而生。

初期的胶体铅蓄电池使用的胶体电解液是由水玻璃制成的，然后直接加到干态铅蓄电池中。这样虽然达到了“固定”电解液或减少酸雾析出的目的，但却使电池的容量较原来使用自由电解液时的电池容量要低 20%左右，因而没有被人们所接受。

几乎在研制胶体电池的同时，采用玻璃纤维隔膜的阴极吸收式密封铅蓄电池也诞生了，它不但使铅蓄电池消除了酸雾，而且还表现出内阻小、大电流放电特性好的优点。因而在国民经济中，尤其是在原来使用固定型铅蓄电池的场合，得到了迅速的推广和应用。

（2）阀控式密封铅蓄电池。由于它的产生，替代了以往的普通型铅酸蓄电池，它具有维护中不需要添加蒸馏水和测量电解液的密度、温度，维护方便，能量密度高，基本无酸雾逸出，可任意放置等优点，所以被广泛采用。它的工作原理是：

铅酸蓄电池在充电过程中 $PbSO_4$ 接近全部转化为 PbO_2 和 Pb，当电压达到一定值时，正极板析出氧气，负极板析出氢气。充电后期，随着电极电压的升高，水被电解，气体析出会发生。当端电压升高到 2.5 V/只时，氢氧按化学式计量比例析出。在 2.5 V/只以前，氧气析出的比例较大。这种电池的密封就是利用阴极吸收再化合的原理，使正极板析出的氧气迅速达到负极板生成氧化铅，氧化铅再与硫酸发生反应，生成硫酸铅和水。化学反应式：

$$2Pb + O_2 + 2H_2SO_4 \ = \!= \!= \ 2PbSO_4 + 2H_2O$$

$$PbSO_4 + 2H + 2e \ = \!= \!= \ Pb + H_2SO_4$$

它之所以叫阀控电池，是因为它的安全阀有以下作用：

① 使电池保持一定的内压以提高密闭反应效率。

② 在电池内部压力正常的条件下，防止外界空气进入电池。

③ 当产生过量气体时，阀门打开，防止发生爆炸。

④ 防止电解液蒸发，避免电池干枯。

但这种电池绝不是免维护电池，每年要以实际负荷做一次核对性容量实验，一般放出额定容量的 30%～40%。

（3）富液式胶体电池。它是把电解质进行糊化、胶化，以便电池能以各种方式放置而正常运行，无电解液溢出。由于这种电池性能指标较好，所以日常维护以测电池的电压为主，来发现各电池间电压是否均匀和有没有落后电池。

不论是采用玻璃纤维隔膜的阀控式密封铅蓄电池（以下简称 AGM 密封铅蓄电池）还是采用胶体电解液的阀控式密封铅蓄电池（以下简称胶体密封铅蓄电池），它们都是利用阴极吸收原理使电池得以密封的。

电池充电时，正极会析出氧气，负极会析出氢气。正极析氧是在正极充电量达到 70%时就开始了。析出的氧气到达负极，跟负极起下述反应，达到阴极吸收的目的。

$$2Pb + O_2 \ = \!= \!= \ 2PbO$$

$$2PbO + 2H_2SO_4 \ = \!= \!= \ 2PbSO_4 + 2H_2O$$

负极析氢则要在充电到 90%时开始，再加上氧在负极上的还原作用及负极本身氢过电位的提高，从而避免了大量析氢反应。

对 AGM 密封铅蓄电池而言，AGM 隔膜中虽然保持了电池的大部分电解液，但必须使 10%的隔膜孔隙中不进入电解液。正极生成的氧就是通过这部分孔隙达到负极而被负极吸收的。

对胶体密封铅蓄电池而言，电池内的硅凝胶是以 SiO 质点作为骨架构成的三维多孔网状结构，它将电解液包藏在里边。电池灌注的硅溶胶变成凝胶后，骨架要进一步收缩，使凝胶出现裂缝贯穿于正负极板之间，给正极析出的氧提供了到达负极的通道。

2. 使用方法

（1）充电。

① 初充电：初充电用于新电池，目的是恢复其容量，充电电流小于 $0.25C_{20}$A。

② 电池在安装后，要求进行必要的补充电。充电方法：以 $0.25C_{20}$A 初充电流，限压 2.40 ~ 2.45 V/cell（12 V 系列）、2.35 ~ 2.40 V/cell（12 V 系列）进行充电，在充电末期 4 h 内，电流无明显的变化，认为电流已完全充电。当环境温度超过（25 ± 5）°C 时，要进行温度补偿，温度补偿系数为每摄氏度 0.003 V。即当温度每升高 1 °C，充电电压向下调整 0.003 V。

③ 浮充电：浮充电是将蓄电池组与整流设备并接在负载回路上，由整流设备供负载工作并向蓄电池保持微小的充电电流。浮充电压的设定（25 °C）：以 2.25 ~ 2.30 V/cell 进行设定。

④ 均衡和循环使用电压的设定（25 °C）：以 2.40 ~ 2.45 V/cell 进行设定。

（2）放电。

① 放电实验：放电实验的目的是检验新电池初充电的容量。试验步骤一般是在初充电完成 30 min 后，接上负载，按照 10 h 放电率对应的放电电流进行放电，计算电池电压由 2.04 V 下降到 1.75 V 的放电时间。根据放电时间和放电电流计算电池容量，当计算容量大于 70%标准容量时，电池可以装车运用。

② 准放电：准放电是在蓄电池修理前进行的放电，目的是使得极板表面生成一层硫酸铅薄膜，防止极板被空气氧化。放电步骤是，按照 10 h 或者 6 h 放电率对应的放电电流进行放电，使电池端电压降到 1.95 V。

③ 过放电：过放电是指电池电压低于 1.75 V，电解液密度小于 1.20 时仍然放电的现象。这是由于极板物质全部变成坚硬的硫酸铅，会造成充电困难，电池容量显著下降，也称为极板硫化。

④ 电池的定期保养：为了保证电池系统的最佳可靠性，推荐用户每半年或每年检查电池组系统。检查的项目包括：电池组系统的充电电压，单只电池的浮充电压，均衡充电电压，电池间连接的松紧度，电池充电设备的运行状况。

（三）镉镍蓄电池工作原理与使用

碱性蓄电池具有体积小、机械强度高、工作电压平稳、可以大电流放电、使用寿命长和易于携带等特点，可用作移动的通信设备、仪器仪表、自动控制等电子设备的直流电源，也可作为反压电池使用。碱性蓄电池与同容量的铅蓄电池比较，购置成本较高。

碱性蓄电池由于极板活性物质的材料不同，分为铁镍蓄电池、镉镍蓄电池、锌银蓄电池等系列。各种系列碱性蓄电池的构造、原理和特性略有差异，本文着重介绍镉镍蓄电池。

1. 碱性蓄电池的型号

我国碱性蓄电池的型号采用汉语拼音字母和阿拉伯数字。一般由以下几个部分组成：

（1）如为单体（每只）蓄电池，其型号仅由系列（构成正负极板的材料代号）和容量组成。

例 1：TN500 碱性蓄电池，“T”是负极板材料铁的代号（取其汉语拼音第一个字母，下同），“N”是正极板材料镍的代号，500 表示其容量为 500 A·h。

例 2：XYZ5 碱性蓄电池，“X”是负极板材料锌的代号，“Y”是正极板材料银的代号，“Z”代表放电率，5 表示其容量为 5 A·h。

例 3：GNYG40 m 碱性蓄电池，第一个“G”是负极板材料镉的代号，“N”是正极板材料镍的代号；“Y”代表圆形密封结构，第四个字母“G”代表高放电率，“40 m”表示其容量为 40 毫安时（mA·h）。

蓄电池结构为密封的圆形、扇形、方矩形，分别用字母“Y”“B”“F”表示；蓄电池结构为全密封的则在上述字母的右下角附加“1”字，即以“Y_1”“B_1”“F_1”表示；沿长度排列的字母“C”表示；沿宽度排列的字母用“K”表示；电池组外壳是活动盖的用字母“H”表示；方形开口的不用字母表示。

（2）几个单体蓄电池串联组成蓄电池组时，由其型号前面再加上第一部分串联个数组成。

例 4：2XYG200 碱性蓄电池组，“2”代表 2 个电池串联，“X”是负极板材料锌的代号，“Y”是正极板材料银的代号，“G”代表高放电率，200 表示其容量为 200 A·h。

例 5：10GNH60 碱性蓄电池组，“10”代表 10 个电池串联，“G”是负极板材料镉的代号，“N”是正极板材料镍的代号，“H”代表蓄电池组外壳是活动盖，60 表示其容量为 60 A·h。

2. 镉镍蓄电池结构

镉镍蓄电池如按极板结构可分为有极板盒式和无极板盒式，如按外形结构可分为开口式和密封式蓄电池。

（1）镉镍有极板盒蓄电池。

镉镍有极板盒蓄电池正极由氧化镍粉、石墨粉组成，石墨主要是用来增强导电性，不参加化学反应。负极由氧化镉粉和氧化铁粉组成。掺入氧化铁粉的目的是使氧化镉粉具有较高的扩散性，防止结块，并增加极板的容量。正、负极上的这些活性物质分别包在穿孔钢带中，加压成形后成为正、负极板。以焊接方式焊成极群装入镀镍铁质电槽或聚乙烯电槽内，并以耐碱的硬橡胶绝缘棍或穿孔的聚氯乙烯瓦楞板隔开正负极板，然后焊底或焊盖成型。

为了排灌电解液，在蓄电池外盖上有一注液口，注液口拧以密闭式的气塞，该气塞能使蓄电池内部气体排出，而防止外部气体进入，并能保证当蓄电池短时翻转时不流出电解液。

小容量的镉镍蓄电池的正极与电槽（外壳）相连，较大容量的镉镍蓄电池的电槽都不带极性，即正极不与电槽（外壳）相连。根据不同的电压要求，可将单体电池串联组合在一起，成为组合蓄电池。

（2）镉镍无极板盒蓄电池。

镉镍无极板盒蓄电池中采用的极板有烧结式、压成式两种，可组装成烧结式、压成式和半烧结式 3 种镉镍无极板盒蓄电池。

烧结式蓄电池正负极板是以烧结的多孔性的镍基板为骨架，在多孔镍骨架的空隙里填充氢氧化亚镍为正极板，填充氢氧化镉为负极板。

压成式蓄电池的正极以氢氧化亚镍和石墨粉为正极活性物质，以海绵镉粉和氧化镉粉为负极活性物质。正负极活性物质中以镀镍钢网为骨架，在专用模具中加压成型，成为正、负极板。

半烧结式蓄电池的极板其中一个极为烧结式，另一个极为压成式。

上述 3 种蓄电池中的正负极板以隔膜隔开组成极群放入塑料电槽里，然后高频焊盖成型，制成镉镍无极板盒单体蓄电池。在蓄电池的外盖上有一与镉镍有极盒蓄电池相同的注液口和气塞，可以排灌电解液，防止外部气体进入，保证内部气体的排出。

（3）镉镍密封蓄电池。

多数镉镍密封蓄电池的正、负极板结构与镉镍无极板盒蓄电池相同。以隔膜把正负极板隔开组成极群，放入镀镍铁质圆筒中，加入电解液后，再把外壳和外盖以卷加封口方式密封成镉镍密封单体蓄电池。另有压成式密封电池其极板用镍网包扎，在特别模具中加压成型，经化成后，正负极板采用维尼龙纸与卡普伦面为隔膜，垫栅作为接触片装入镀镍钢壳中，壳盖卷边封口密封成单体电池。这些电池在使用前不必灌注电解液，并且在任何方向放置不漏电解液。

3．工作原理

镉镍蓄电池极板的活性物质在充电后，正极板为氢氧化镍［$Ni(OH)_3$］，负极板为金属镉（Cd）；而放电终止时，正极板转化为氢氧化亚镍［$Ni(OH)_2$］，负极板转化为氢氧化镉［$Cd(OH)_2$］。电解液多选用氢氧化钾（KOH）溶液。蓄电池充电时电能变为化学能储存起来，放电时将化学能变为电能而输出，两电极所发生的电化学反应是可逆的。在充放电过程中总的化学反应式如下：

$$\underset{负极}{Cd}+\underset{电解液}{2KOH}+\underset{正极}{2Ni(OH)_3}\underset{充电}{\overset{放电}{\rightleftharpoons}}\underset{负极}{Cd(OH)_2}+\underset{电解液}{2KOH}+\underset{正极}{2Ni(OH)_2}$$

从上述化学反应式可以看到，电解液只作为电流的传导体，其浓度不发生变化；因此对于镉镍电池不能依据电解液的密度来判断电池充放电的程度，唯一可靠的办法就是根据电压的变化来判断充放电的程度。

4．镉镍蓄电池的使用

（1）新蓄电池安装前的检查与连接。

① 蓄电池外壳应无裂纹、损伤、漏液等现象。

② 电池的正负极性必须正确，壳内部件应齐全无损伤，有孔气塞通气性能应良好。

③ 连接条、螺栓及螺母应齐全，并无锈蚀。

④ 带电解液的蓄电池，其液面高度应在两液面线之间，防漏运输螺栓应无松动、脱落。

⑤ 测量电池的干燥电压，开箱取出蓄电池，先不注入电解液，直接测量极柱间的电压。

⑥ 蓄电池排列上架：小心仔细地将未注入电解液的蓄电池按顺序入座放置架上，电池间距离由连接片的尺寸来定。蓄电池底部不需加垫任何东西，需电池排列好以后，用连接片严格按相邻电池正负极相接一起串联起来，连接片和螺母上涂上凡士林作为保护层。完成电池组内部接线后，再进行充电器和蓄电池间的连接，先接充电器柜一侧，再接蓄电池极柱侧。

（2）电解液的配制和蓄电池注液。

① 电解液属性：蓄电池的电解液一般是氢氧化钾和氢氧化锂的水溶液，因此配制电解液时，容器应选用干净的塑料或钢制容器，不可使用铜、铝或镀锌容器。

② 电解液配制的技术参数：根据随电池配备的电解质使用说明书，电解液的配制必须用蒸馏水或去离子水（脱盐水）。如果使用普通水，即使是饮用水（因为含有杂质），电池经过长时间的运行，电解液将会被污染，并会影响电池的使用寿命。

③ 电解液的配制。

- 将适量的水注入大塑料桶中。
- 把氢氧化锂（粉状）加入水中，用木棒轻轻搅拌，使之混合，直到其完全溶解时为止。
- 小心将氢氧化钾（颗粒状）加入溶液中，轻轻搅拌，直到溶解为止。
- 在配制电解液（物理变化）的过程中，会产生大量的热量致使溶液的温度升高。为使电解液的技术参数达到要求，在用比重计测量电解液的密度前，应先将电解液冷却至室温（20～25 °C），当达到室温时，测量其密度，并通过增加电解质或脱盐水调整电解液的密度，直到达到要求时为止。

④ 灌注电解液。

在给蓄电池注入电解液前，应用万用表测量每个电池的干燥电压和总电压，并记录在表格里。

当电解液冷却静置一段时间，电解液中无悬浮颗粒时，便可以将电解液注入蓄电池中。打开所有蓄电池的出气孔，去掉运输时加的密封盖，用吸管、漏斗、塑料舀子等器具将电解液慢慢加入蓄电池中。注意，电解液面应达到最高和最低水平标注线中间附近。最后，根据要求，在蓄电池电解液的表面注入大约 5 mm 厚的蓄电池电解液专用油（Cell Oil）。

蓄电池电解液注液完毕后，用干布将电池表面（包括极板）擦干净。在充电之前，应先将注液后的蓄电池静置 1～2 h，静置期间，应注意观察电解液的液面，如果液面低于最低液面线，则需要再注入电解液达到液面要求。

（3）蓄电池充放电试验。

① 实验前的准备工作。

- 备齐充放电记录表格，做好记录工作。
- 检查蓄电池接线正确，电池上无任何杂物，电池的电解液液位合适，接线正确，接线柱、连接板、连接螺栓紧固。打开所有电池的排气孔。
- 放电电阻的准备：利用旧的空汽油桶制作一个水电阻作为吸收电池放电电能的负载，利用桶壁作为水电阻的一极，另一极用一块 8 mm 厚的铁板，铁板的宽度和高度视铁桶的大小和操作空间大小而定。铁板悬挂在铁桶上，用固定的铁桶上方支架上的倒链来调节铁板插入铁桶水中的深度，达到调节水电阻阻值的目的。
- 充电器柜的各项试验都已经完成，各项数据均满足技术要求。

② 充电试验。

- 充电前测量并记录蓄电池组的总电压及单电池的电压、电解液的密度和温度。
- 电解液温度在 35 °C 以下，即可对电池进行充电试验。
- 按照电池规定的充电电流进行，记录充电开始时间。

• 经常监视充电电流指示，尤其是开始的 10 min 左右。发现电流变化，应及时调整，维持充电电流恒定。

• 充电过程中，每隔 1 h 对每个电池电压和电解液的密度、温度进行测量，应及时做好实验记录。随着充电，电池电压逐渐升高，充电电流要下降，应及时调整，维持电流恒定。

• 充电中如测量发现电解液的温度超过 45 °C，必须停止充电，待温度降到 35 °C 以下，再恢复充电（要记录暂停时间）。

• 充电结束后，单个电池的电压应在 1.55 V 左右。

③ 放电试验。

a. 放电回路敷设与接线。

充电结束 1 h 后，可以开始对电池进行放电试验，放电回路如图 1.18 所示，为方便测量电流和电压，可以用两块万用表（数字），一块用于测量电池电压（弯曲的曲线表示表笔的连接），另一块表通过测量分流器两端的直流电压（mV 级），进而换算成放电回路流过的电流值。分流器端电压为 1 mV 时流过的电流值等于 100 ÷ 75 = 1.33（A/mV），当放电线路电流为 11.2 A 时，分流器的端电压为 11.2 ÷ 1.33 = 8.4（mV）。于是，放电的过程可以通过监视两块万用表的读数来对水电阻的阻值加以调整。

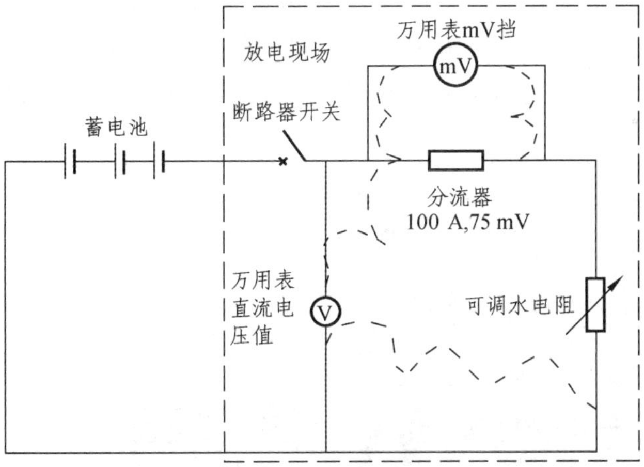

图 1.18　放电试验电路

注意：对放电回路接线时，应先接放电现场的线路，再接电池侧的端子。

b. 放电过程。

• 检查接线无误后合上在放电现场的断路器开关，开始放电。

• 注意分流器毫伏电压测试表的读数，尽快通过倒链上下移动水电阻的铁板极，使电流迅速稳定在 11.2 A（即 8.4 mV）。随着放电的进行，电池电压的降低（从另一块万用表的读数可以观察到），应及时调整水电阻，维持电流恒定。注意记录放电前电池的电压和电解液的温度。

• 放电每隔 1 h 记录一次数据。

• 放电 5 h 时，停止放电，检测并记录电池的电压及温度。如果在 5 h 之前，电池电压在 1 V 左右，应立即停止放电，说明电池充电未达到额定容量，需要重新进行充放电试验，直到满足放电要求为止。

• 放电结束后，测量单电池电压，应在 1 V 及以上才算合格。

• 若经过多次充放电循环，但电池容量仍不合格，则要调换备用的单元电池，再进行充放电循环，直到合格为止。

（4）安全注意事项。

① 由于电解液是苛性碱，为防止烧伤皮肤，在灌注电解液时，应戴橡胶手套，穿长袖衣服，戴保护眼镜。现场应备有清水，一旦电解液溅到皮肤或衣服上时，立即用水冲洗。

② 充放电的过程中，蓄电池会放出易燃气体，故严禁吸烟和其他明火，并将衣服上的静电通过接地放掉，防止产生火花。

③ 放电电阻周围须有防触电措施。

④ 将手表及身体上的金属物品放好，防止与电池端子接触。

二、CRH380A 型动车组蓄电池

时速 350 km 的 CRH380A 型动车组装配 6 组容量为 100 A · h 的 6M100B 型碱性蓄电池，分别为控制、应急通风和列车无线供电。2、7 号车各装有一组蓄电池，3、5 号车各装有两组蓄电池。具备能够使应急通风工作 90 min，应急照明、广播装置、应急显示及通信装置工作 2 h 以上的容量。蓄电池组在运行时通过线路充电。蓄电池单元部件如图 1.19 所示。

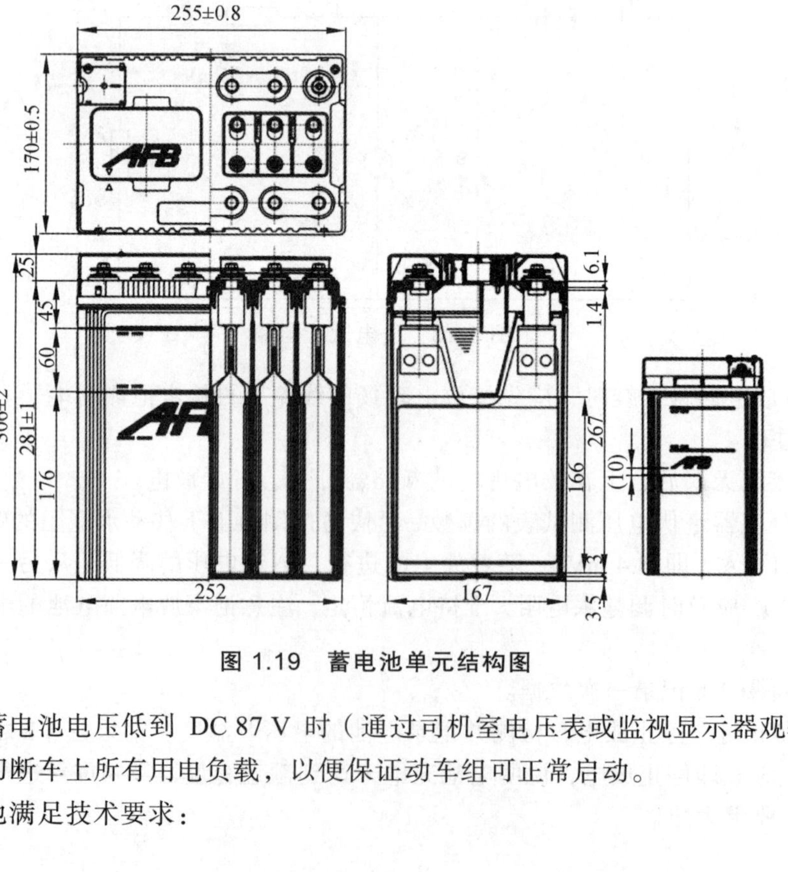

图 1.19　蓄电池单元结构图

注意：在蓄电池电压低到 DC 87 V 时（通过司机室电压表或监视显示器观察），必须立即给其充电或切断车上所有用电负载，以便保证动车组可正常启动。

碱性蓄电池满足技术要求：

（1）碱性蓄电池能进行深度放电。碱性蓄电池的实际放电率能达到设计容量的 100%，而且对蓄电池的使用寿命没有影响。

（2）碱性蓄电池低温放电性能较好。在 – 40 °C 时 $0.1C_{10}$（A）的情况下，碱电池则可放到额定容量的 50%以上。

（3）碱性蓄电池的实际设计容量。100 A · h 碱性蓄电池的实际设计生产容量是 110 A · h（有 10%左右的富余容量），完全能够满足时速 350 km 动车组的实际最大负载容量要求。

（一）基本结构

蓄电池是将公称电压 7.2 V 的单位电池（整块蓄电池）用连接导电体串行连接的构造。单位电池由 6 节构成（由正极板、负极板、分离器、整块电解槽及电槽盖、液口栓盖、电池套、电解液、极柱、垫圈和螺栓构成），变电能为化学能之后，在内部储备。使用时供给直流电流。

（1）正极板。正极板是将镍粉末用高温烧结为多孔性的导电板，以氢氧化镍作为活性物质。

（2）负极板。负极板以氢氧化镉作为活性物质，是用加强筋制造的膏涂敷多孔性的导电板。

（3）分离器。分离器将正极板与负极板隔离，而且防止短路。分离器用耐碱性合成树脂纤维与合成树脂薄膜组成多层构造。

（4）整块电池槽以及盖子。整块电池槽及盖子用质量良好的合成树脂制成，通过热焊接合。

（5）液口栓盖。安装液口栓盖，将充电时产生的瓦斯排出，而且防止异物从外边掺进。充液时，将排气筒插入电槽盖的液口栓盖，3 节同时可达到规定液面。

（6）蓄电池套。蓄电池套保护蓄电池接头部与通电部，避免有附着尘埃覆盖在上面。

（7）电解液。电解液是以氢氧化钾为主体的水溶液，其标准密度是 1.15 ~ 1.30（20 °C）。

（8）各节之间连接板。用铜上镀镍的连接板，将节与节相互连接，并用螺栓，碟形弹簧将连接板固定。

（9）其他配件。蓄电池极柱、螺栓、垫圈和碟形弹簧是镀镍的钢铁制品或不锈钢制品。

（二）技术规格及特性

CRH380A 型动车组用蓄电池的技术规格如表 1.12 所示。

（三）维护使用及保养

1. 使用说明

正常情况下，动车组的辅助电源系统负责为蓄电池充电，充电电压为 DC 100 V，波动范围为 100 ×（1 ± 10%）V。

2. 定期保养

（1）确认充电电压。要确认蓄电池端子的充电电压为 98 ~ 104 V。

（2）确认电池电压。电池开路电压在放电最终电压 78.75 V 以下的时候充电。并且充电后未达到上述电压时，要检查确认充电电压。

表 1.12　碱性蓄电池规格

序号	项目		列车无线系统用蓄电池额定参数	控制系统、应急通风系统用蓄电池额定参数	控制系统、应急通风系统用蓄电池额定参数
1	电池型号		AFB 6M60A	AFB 6M80B	AFB 6M100B
2	公称电压		86.4 V	86.4 V	86.4 V
3	公称容量		60 A · h	80 A · h	100 A · h
4	标准充电		6 A×15 h	8 A×15 h	20 A×8 h
5	最大放电电流		100 A	160 A	200 A
6	周围环境温度		−25 ~ +45 °C	−25 ~ +45 °C	−25 ~ +45 °C
7	公称容量	放电电流	12 A	16 A	20 A
		放电时间	>300 min	>300 min	>300 min
		放电终止电压	72 V（1、0/节）	72 V（1、0/节）	72 V（1、0/节）

（3）更换蓄电池。蓄电池的容量变为初期容量的 50%时需要更换（环境温度为 25 °C 以下的情况下）。

（4）蓄电池的外观。确认蓄电池箱、蓄电池本体的裂开变形等损伤，是否漏液，蓄电池端子或连接线端子是否腐蚀、生锈，确认连接线的安装螺钉是否松弛。

（5）清扫蓄电池。蓄电池端子间有容易造成短路的灰尘时要进行清扫，用挤干水的布来清扫，干布或掸子会发生静电所以不要使用。

（6）对浮充使用的电池，为了及时了解电池的运行状态，使电池正常工作，必须定期对电池检查和维护。每月或者半年一次检查项目详见表 1.13。

表 1.13　月检项目

检查项目	方法	标准值	异常情况及处理
整组电池的浮充电压	用 0.5 级电压表检测电池	单体浮充电压×电池单体数	把电压调整到标准值
每路电池的浮充电流	用电流表检测	0.5 ~ 3 mA/（A · h）	超出范围请检查充电总压，各单体电池充电电压和各连接处有无接触不良并调整

（7）单体电池浮充电压异常。

- 当个别电池端电压与全组平均电压之差异大于 ± 0.2 V/cell，认为电池浮充电压异常。
- 浮充电压异常时检查电池间是否有较大温差，若有应避免个别电池暴露在有较大温差的环境下。
- 浮充电压异常也可能由于负载变化频繁，且幅度较大，充电机不能及时自动调整，可提高浮充电压 0.02 V/cell，1 个月后再检查一次，如电池电压仍低，在负载能接受的前提下，再提高浮充电压 0.02 V/cell，1 个月后，如电压仍低则进行恢复充电。

（8）蓄电池在工作中放电后，应立即对其进行充电，若不充电放置时间过长，则会造成容量损失，对循环使用的电池荷电放置 6 ~ 7 个月应进行恢复充电。

（9）蓄电池在运行中，应经常检查其充电设备，不能使电池长期处于过充或欠充状态，否则会对电池寿命、容量造成损失。

（10）蓄电池在运行中，严禁过放电，蓄电池每单体放电电压不得放到 1.0 V 以下。

（11）不要单独增加或减少蓄电池组中某几个电池负荷，这将造成单体电池间容量的不均匀性和充电的不均匀性。

（12）每年检查一次连接导体是否牢固，松动的连接导体必须及时拧紧。

3. 异常时的处理

（1）电解液泄漏，电槽、盖子破坏，请与厂家联系，进行更换，漏电是造成火灾和触电的原因。

（2）蓄电池在发热的情况下，请不要继续使用，与厂家联系。同时请将充电状态停止，或进行换气处理。

（3）电槽因高温产生的变形、连接部损坏或冒烟雾、出异味不正常的情况下，请切断电源并与厂家联系。如继续使用会引起火灾或触电事故。

（4）连接线类芯线露出或断线等情况下应进行更换。

（5）蓄电池引发火灾的情况下，请不要用水灭火。消火时请使用粉末（ABC）消火器，用水消火会造成火势的扩大。

（6）电解液洒漏时因硼酸为中和状态，请用水冲洗。

三、CRH380B 型动车组蓄电池

CRH380B 型动车组上配备 2 组镍镉蓄电池，其标称电压为直流 110 V。当列车在无网压时，蓄电池系统能够使列车内部照明、外部照明、紧急通风、车载安全设备、广播、通信系统等辅助设备在停车计划规定的时间内保持运行。

（一）基本结构

CRH380B 型动车组用蓄电池组由 2 个电池座盘组成，每个电池座盘上装有 84 节串联的 FNC 1502 HR*型单体电池，标称电压达 100.8 V，两组蓄电池共 168 节并联对外供电。蓄电池外形如图 1.20 所示。

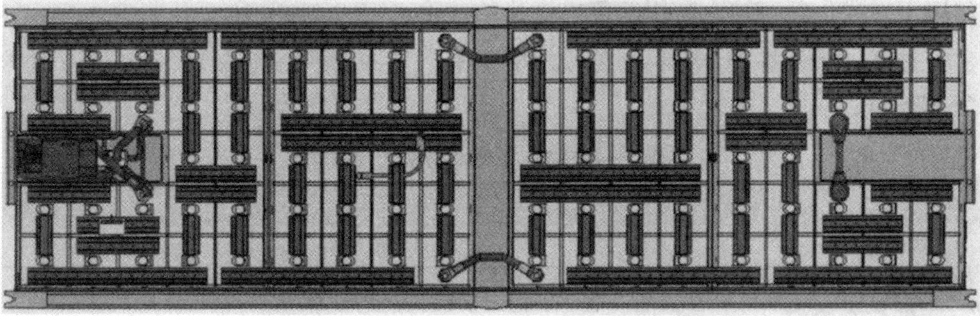

图 1.20　CRH380B 型动车组蓄电池外形图

（二）主要技术参数

蓄电池技术参数见表 1.14。

表 1.14　蓄电池技术参数

单体电池	型号	FNC 1502 HR*
	标称电压	1.2 V
	标称容量	160 A·h
	电解液密度	1.19 kg/L
	外形尺寸（长×宽×高）	115 mm×122 mm×309 mm
	质量	7.05 kg
	电解液体积	1.05 L
	水储量	0.50 L
蓄电池组	标称电压	100.8 V
	标称容量	2×160 A·h
	外形尺寸（长×宽×高）	712 mm×712 mm×350 mm
	质量	738×(1±5%) kg
	温度传感器	NTC 10 kΩ

（三）维护说明

1. 安全说明

（1）严禁烟火。短路闪光、烟火等，勿靠近蓄电池。这些是造成爆炸的诱因。

（2）不允许使用未经绝缘处理的金属工具（如扭矩扳手、螺丝钳），请用绝缘带绝缘处理。注意防止触电：保护检查时，请戴橡皮手套等！接触蓄电池时，请戴橡皮手套、穿橡皮鞋。

（3）禁止用鸡毛掸子、干布打扫蓄电池表面。请用湿布清扫合成树脂制作的电池槽以及盖子。如用干布或化纤打扫，有引起静电爆炸的危险。

（4）电解液用氢氧化钾水溶液制造。接触电解液有烧伤危险。电解液进入眼睛有失明危险！为避免失明、烧伤，请戴橡皮手套、穿橡皮鞋。如碱液不慎入眼，应用大量清水冲洗并立即去医院救治。如碱液沾衣服或皮肤上，经大量清水冲洗后，使用 1%～2%的硼酸水中和。

（5）异状时禁止使用。蓄电池破损、发热、变形、冒烟、异臭、漏液时，请勿使用。发现异状，切勿继续使用！不要倾斜电池组！

2. 蓄电池箱和蓄电池组的目视检查

单体电池必须保持清洁和干燥，因为尘土和湿气会造成爬电。螺钉、连接器和绳索眼也必须保持清洁，并且应使用清洁布彻底清除在维护过程中溢出的所有液体。清洁来自通风缝隙的所有污染物，检查电池箱有无漆面破坏，为防止电池箱被腐蚀，应立即修补损坏的漆面。将台车拉出箱体，清洁导轨。

3．蓄电池的补液

排气式蓄电池的电解液由于水的电解与蒸发会减少，电解液的减少速度是判断蓄电池充电状态正确与否的依据，因此要注意检查电解液面和减少量。当电解液面到最低液面线时，要及时补水，补水不能超出最高液面线以上，否则会造成电解液溢失、漏电。

（1）补液注意事项。

① 高温的夏季，会造成电解液频繁地减少。

② 精制水在充水时请使用专用保养用具，避免使用硫酸用具，那样会造成蓄电池损坏。

③ 给蓄电池充水时，除精制水以外请不要添加任何杂物。

④ 加入混杂物时会引起发热、发火、有毒性气体发散。

（2）补水的方法。

① 请将蓄电池的液口栓盖从电槽盖上取出。

② 将液口栓盖对着排气筒插到底。插入时确认栓盖没有裂缝、劣化等。

③ 将精制水注入玻璃吸管内补水，进行充水时电解液面会从注液部溢出。

④ 补水时补到液位在补水指示棒的顶部位置时将液口栓盖拔出，电解液面会自动升至最高液面线。

⑤ 盖液口栓盖时，液口栓盖上的▲标记和电槽盖的▼标记对称。

4．蓄电池试验

蓄电池箱安装到车下后需进行测试，在客车大修或在更换零件后也需进行这些步骤的测试。

（1）外观视觉检查。

① 检查蓄电池箱安装是否正确。

② 检查系统是否按照要求正确配线。

③ 检查有无损坏零件。

④ 检查所有接头处是否拧紧。

⑤ 检查所有紧固件是否紧固。

⑥ 检查所有操作件开启灵活、锁闭可靠。

（2）启动测试。

① 确定蓄电池箱内熔断器是否合上或相应连接器是否可靠连接。

② 蓄电池系统供电，检查输出电压是否正常。

（3）蓄电池箱浮充电测试。

① 合上外部充电器电源，合上箱内熔断器。

② 合上外部启动开关，监视浮充电电流和电压。

③ 启动外部负载，观察浮充电电压电流的变化。

（4）热敏电阻测试。

在进行充放电测试的同时，观察温度显示的变化。

5. 蓄电池故障处理

蓄电池故障原因及修正措施见表 1.15。

表 1.15 蓄电池故障原因及修正措施

故障	可能原因	修正措施
电池台车推拉滞涩	轴承卡住 轴承磨损严重	清除导轨阻塞物 更换轴承
箱门处漏水 箱门锁紧不严密	密封胶条失效 门锁缩紧力度不够	更换密封胶条 调节门锁的锁紧距离，试验到合适力度
合上 DC 110 V 熔断器或连接相应连接器无电压显示	外部电压显示回路故障 DC 110 V 熔断器故障 蓄电池组内部接线断开 电路接线故障	检查电压显示回路 检查 DC 110 V 熔断器 检查蓄电池组 检查电路接线
熔断器烧掉	熔断器故障 外部短路 外部充电电源故障	更换熔断器 检查外部回路 检查外部充电回路
温度显示异常	热敏电阻故障 电路接线故障	更换热敏电阻 检查电路接线

【任务实施】

一、CRH380A 统型动车组蓄电池装置检查及清洁作业

修程：二级修

周期：3 万千米/30 天

作业人员：2 名地勤机械师

作业时间：30 分钟/辆（02、03、05、07 车厢）

供电条件：无电作业

（一）注意事项

（1）作业人员应按规定穿戴劳保用品。

（2）无电作业前应确认动车组受电弓已降下，接触网已断电，接地杆已挂，停放制动已施加。

（3）作业时防止磕碰伤。

（4）作业过程中作业工具、材料及配件定置摆放。

（5）禁止触摸发热部件。

（6）电解液泄漏时，请用水清洗。

（二）作业准备

（1）作业工具：力矩扳手（6～30 N·m）、万用表、六角套筒（16 mm）、棘轮扳手、地垫、头灯、毛刷、一字螺丝刀、物料盒。

（2）物料清单：化油器清洗剂、无纺布、橡胶手套、油漆笔。

（三）作业程序及标准

1. 工前准备

（1）人员准备。2 名作业人员按规定穿戴劳保防护用品（工作服、防护鞋、安全帽）。

（2）工具、物料状态确认。

① 1 号作业者清点配送的工具，检查扭矩扳手校验不超期，扭矩扳手力矩范围符合标准；检查万用表校验不超期，测量范围符合标准。

② 2 号作业者清点配送的物料。

（3）作业手续办理。

① 工长确认作业车组号及股道正确，受电弓已降下，接触网已断电，接地杆已挂，停放制动已施加，放电完毕后到现场值班室领取无电作业牌，办理无电作业手续。

② 工长通知 1 号可以开始无电作业。

打开蓄电池箱安装部位的裙板和底板并对其进行灰尘清理；蓄电池箱裙板、底板无杂物、积尘。

2. 拆除底板或裙板

（1）打开底板或裙板。

① 2 号用棘轮扳手、六角套筒（16 mm）逆时针旋转拆除蓄电池相应位置的裙板和底板。

② 1、2 号一起将裙板和底板摆放在规定位置上的地垫上，禁止配件直接放置在自流坪上。

（2）清洁底板。2 号目视检查裙板和底板并清洁，确认裙板和底板状态良好，清洁无杂物。

3. 蓄电池箱检查及清洁

（1）断开蓄电池接触器。2 号断开相应车配电盘蓄电池接触器 NFB，断开 0 车列车无线 NFB（TWCN）和列车无线蓄电池用 NFB（TWBatN），确认接触器断合转换良好。

（2）检查蓄电池箱外观及安装状态。

① 1 号检查蓄电池箱外观及安装状态，确认蓄电池箱外观状态良好，悬挂件作用良好，放松标记清晰、无松动，箱内无水渍、无污物。

② 2 号用无纺布清理蓄电池箱，确认蓄电池箱表面清洁无杂物。

（3）打开蓄电池箱门。1 号将蓄电池箱门打开，检查确认蓄电池门吊带及附属配件状态良好。

4. 蓄电池检查及清洁

（1）拉出蓄电池。1 号轻拉出蓄电池箱，确认蓄电池拉出顺畅、无卡滞。

（2）检查蓄电池。1 号检查蓄电池，确认蓄电池无破裂、变形、漏液，蓄电池固定良好。

（3）检查接线端子及连接线。1 号检查接线端子及连接线，确认接线端子无腐蚀、生锈、碰磨，连接线无挤压，连接牢固，连接线内芯线露出或断线时更换连接线；检查接触器接线牢固、无变色。

（4）检查电解液液面。1 号检查蓄电池电解液液面（后排刻度线被遮挡时，按照蓄电池上基准线在侧面进行标记，以便于被遮挡蓄电池电解液液面观察），低于最低液面时进行补液（两个刻度对应最高和最低线），以下情况时必须更换蓄电池：

① 蓄电池内进入不纯物或杂质。

② 活性化充放电满足不了规定值。

（5）测量电压。1 号使用万用表测定蓄电池电压，确认蓄电池在不带负载情况下总电压不低于 87 V；按下电压表切换开关（VCgS），显示电压表 V3 电压应为 90 V 以上（118D ~ 大地间）。

（6）清理蓄电池。2 号用无纺布清理蓄电池及蓄电池箱门吊带，确认蓄电池及蓄电池箱吊带表面目视干净、无积尘。

（7）检查各部件。1 号检查蓄电池各部件，若蓄电池液口栓盖的 O 形圈有裂缝或劣化时应进行更换。

（8）推入蓄电池。2 号将相应车蓄电池轻轻推入蓄电池箱内，确认蓄电池固定牢固、连接线无挤压。

5. 恢复裙板或底板

1、2 号安装裙板和底板，2 号用棘轮扳手、六角套筒（16 mm）按照 25 N · m 力矩顺时针旋转紧固螺栓，紧固后使用油漆笔涂打防松标记。

6. 合闭蓄电池接触器

2 号合上相应车配电盘蓄电池接触器 NFB，电压表电压显示不低于 87 V。操作司机室配电盘上的应急蓄电池和自复位旋转开关（EVCS），观察应急通风系统是否启动，正常启动后再旋转应急蓄电池切除自复位旋转开关。

7. 完工确认

1、2 号作业者共同确认：裙板锁闭到位，底板固定螺栓紧固，各标记齐全、清晰。

8. 整理工具物料

1 号、2 号将工具和物料整理齐全，作业区周边卫生干净无杂物。

9. 办理销号手续

1 号通知工长作业结束。

二、CRH380B 型动车组蓄电池检查

修程：二级修

周期：80 万千米/720 天
作业人员：2 名地勤机械师
作业时间：40 分钟/辆（04、05 车辆）
供电条件：无电作业

（一）注意事项

（1）作业人员应按规定穿戴劳保用品。
（2）无电作业前应确认动车组受电弓已降下，接触网已断电，接地杆已挂，停放制动已施加。
（3）作业时防止磕碰伤。
（4）作业过程中作业工具、材料及配件定置摆放。
（5）电池组附近不得出现明火、灰烬或火花，以免引起爆炸和火灾危险。
（6）避免爆炸和火灾危险，避免短路。由于电池组电池的金属部件始终带电，因此，不得将任何异物或工具放在电池上。
（7）电解液具有高度腐蚀性，处理电池组时应佩戴眼保护装置且穿着防护服。
（8）确保电池室内具有良好的通风，这样可以将充电时产生的爆炸性气体排出。

（二）作业准备

（1）作业工具：手电筒、四角钥匙、数字电压表。
（2）物料清单：色带。

（三）作业程序及标准

1. 工前准备

（1）人员准备。2 名作业人员按规定穿戴劳保防护用品（工作服、防护鞋、安全帽）。
（2）工具、物料状态确认。
① 1 号作业者清点配送的工具，检查扭矩扳手校验不超期，扭矩扳手力矩范围符合标准；检查万用表校验不超期，测量范围符合标准。
② 2 号作业者清点配送的物料。
（3）作业准备。
① 工长确认作业车组号及股道正确，受电弓已降下，接触网已断电，接地杆已挂，止轮器已设置，放电完毕后到现场值班室领取无电作业牌，办理无电作业手续。
② 工长通知 1 号可以开始无电作业。

2. 测量电池电压

（1）打开裙板。在裙板下沿处贴挂色带，用四角钥匙打开蓄电池箱对应位置处的裙板。
（2）测量单体电池电压。
① 拆除电池组连接装置并且尽力将座盘从电池箱中拉出，以便可使用电压表的测量表笔接触到单个电池。

② 过绝缘盖的小孔将数字电压表/万用表的测量表笔连接至单体电池的电池螺栓连接器测量触点。

③ 顺序测量并记录单体电池电压（单体电池标准电压 1.2 V）。

④ 电压变化超过所有单体电池电压平均值 50 mV 的单体电池进行标记。

⑤ 座盘重新推入电池容器。

（3）测量电池组电压。

① 将数字电压表/万用表的测量表笔连接至电池组的测量触点（电池组电压不得小于 90 V）。

② 如果存在电压变化大于 50 mV 的单体电池，则应对电池组进行重新调整。

（4）检查电解液液位。

① 打开翻转式顶端通风塞。

② 插入玻璃管，用食指堵住上面的开口，并从电池开口处取出玻璃管，之后通过残留在玻璃管中的电解液确定电解液的液位。

3. 作业恢复

（1）关闭蓄电池箱之前，清洁密封件。给密封件涂上石蜡油。

（2）关闭维护盖板。

（3）锁闭打开的裙板，用 26 N · m 力矩扳手对裙板锁进行紧固，确认牢固、到位。

4. 完工确认

1、2 号作业者共同确认：裙板锁闭到位，底板固定螺栓紧固，各标记齐全、清晰。

5. 整理工具物料

1 号、2 号将工具和物料整理齐全，作业区周边卫生干净无杂物。

6. 办理销号手续

1 号通知工长作业结束。

【任务自检】

1. 影响蓄电池容量的因素有哪些？
2. 简述 CRH380A 型动车组蓄电池的基本结构。
3. 简述 CRH380A 型动车组蓄电池的月检内容。
4. 分析 CRH380B 型动车组蓄电池温度显示异常的原因及处理措施。

项目二　动车组空调及换气系统维护与检修

【思政课堂】

奋斗的青春最靓丽——郭阳

乌鲁木齐车辆段动车运用所动力分散动车组乘务队队长，兰新高铁第一代动车组随车机械师郭阳，用沉下去、踏实干的工作作风，攻克多个技术难关，填补了兰新高铁动车组开行中的多项空白。

成功的道路千万条，拼搏奋进第一条，从来没有天降的贵人，只有不断付出的自己。郭阳深知高铁安全无小事，确保高铁和旅客列车安全万无一失是政治红线和职业底线。作为动车组随车机械师，新的知识要第一时间掌握，否则一个小问题就可能变成大事故。为了动车组运行安全，郭阳总是无怨无悔忙碌着。从 2014 年到 2016 年，郭阳共处理动车组故障百余件。拼搏进取结出硕果。经过不懈的努力，郭阳参与完成了《随车机械师一次往返作业指导书》《CRH5 型动车组途中典型故障案例分析》《动车组随车机械师适应性岗位技能题库》等 10 余个专业资料编写任务，为动车组乘务标准化作业提供了依据和保障，填补了乌鲁木齐局集团公司动车组规章制度上的空白，提高了动车组运行途中故障处置的能力。

青春是用来奋斗的，郭阳深知越努力越幸运的人生理念。自 2014 年至今，郭阳已处理动车组列车故障 136 项；作为应急处置技术故障攻关小组成员，参与完成各类技术攻关项目 10 余项，获得中国国家铁路集团有限公司、乌鲁木齐局集团公司荣誉 8 项。2017 年 8 月，郭阳在乌鲁木齐局集团公司随车机械师技能竞赛中获第一名，获得乌鲁木齐局集团公司技术能手称号，2019 年获得乌鲁木齐局集团公司“乌铁工匠”称号，成长为乌鲁木齐局集团公司新生代的技术骨干。

幸福是奋斗出来的，奋斗也是幸福的。唯有磨砺，才能造就锐利的剑锋；唯有磨砺，才能让自己越来越强大。新时代铁路榜样郭阳就是靠着不断地磨砺，让自己逐渐地变得强大起来。

【项目描述】

通过本项目学习，使学生掌握动车组空调制冷循环系统的工作原理和基本组成；掌握动车组通风系统的组成及各部分作用；熟悉动车组空调控制系统的控制模式；能正确使用工具并根据工作程序规范完成动车组各组成部分的检查与维护及空调显示设定器的操作与保养。

【知识目标】

（1）掌握动车组空调制冷循环系统的工作原理和基本组成；
（2）掌握动车组通风系统的组成及各部分作用；
（3）熟悉动车组空调控制系统的控制模式。

【能力目标】

（1）能正确使用工具依据工作程序规范完成压缩机、蒸发器、冷凝器的检查与维护；
（2）能正确分析通风系统的工作状态；
（3）能依据工作程序完成 CRH380A、CRH380B 型动车组空调显示设定器的操作与保养；
（4）能对 CRH380A、CRH380B 型动车组空调系统常见故障进行分析、检修与处理。

任务一　车内环境控制概述

【任务描述】

（1）了解动车组车内环境控制目的及环境控制参数标准；
（2）了解并掌握动车组车内空气调节方法；
（3）了解空调风道凝水机理及解决对策；
（4）了解车内温度设定（调节）原理及不均匀性问题的产生机理。

动车组空调及换气系统概述及设备布局

【背景知识】

一、车内环境控制目的

车内环境属于典型的人工环境，是以车厢围护结构为边界，一切与乘车人相关的周围事物的总称。其最大的特点是动车组在运行时车厢几乎是一个密闭空间。动车组车内环境是人们按照自己的意志所创造出的受控室内环境，它既受到人为的干预与控制，以达到乘客所需求的舒适度，同时也受到自然环境的制约，因为列车不是独立于自然环境的孤立系统。因此，就需要通过一整套设备及相应的控制系统，将车内环境按照人们自己的意志创造为一个可以受人为干预和控制的人造环境。

车内环境控制就是借助于各种技术手段对车内空气温度、相对湿度、压力、清洁度和空气流速进行调节，使车内环境保持理想舒适的状态。车内环境控制系统主要包括空调、通风、供暖、压力控制、应急通风等系统，为旅客提供舒适的车内环境。

要使动车组的车内环境达到规定的要求，就必须有一整套的设备及相应的控制系统加以保障。车内环境控制系统是使车内环境达到预期要求的所有设备的集合体。车内环境控制系统主要是为司乘人员提供舒适的工作和生活环境条件，并在列车出现危险的时候，能为司乘人员提供紧急逃生的必要条件。

二、环境控制参数

（一）车内环境的构成

动车组车内环境由多方面因素共同作用构成，包括：车内空气环境、车内光环境、车内声环境。

车内空气环境主要由热环境、湿环境和空气品质等组成。热环境好坏由空气温度的高低来判定；湿环境的优劣由空气的相对湿度来表征；空气品质则由新风（新鲜空气）量的多少或空气的洁净度来区别。

车内光环境是由光照射于车内空间形成的环境。车内光环境是一种人工设计的辅助光源，通过车内各种照明方式，满足旅客的物理、生理（视觉）、心理、人体功效学及美学等方面的要求。

车内声环境是指车内环境里的各种声波，其中用来传递信息的是人们需要的声波；影响人的休息、甚至危害人体健康的，是人们不需要的噪声。动车组在高速运行时产生的各种噪声通过车体传到车内。这些噪声主要由轮轨噪声、受电弓与接触网导线的摩擦声、空气与车体的摩擦声和动车组进出隧道产生的压缩波及反射波等组成。

（二）车内环境的特点

与常规列车相比，动车组的车厢在列车运行时几乎是一个密闭的空间，主要是空调新风口和废排风口与外界相通，因此动车组车内空气环境具有以下特点：

（1）列车内的人员密度大，二氧化碳及人体异味排放量大。

（2）车厢空间相对狭小，加上车内设施布置紧密，因此不利于空气流通，难以达到合理的气流组织。

（3）各种健康状况的人员在相对较长时间内保持近距离接触，易于发生病菌传播。

（4）列车单位空间的外表面积大，与外界的热交换量大。

（5）车窗所占比例相对较大，易受阳光直射，由辐射热引起的空调负荷较大。

因此，要使车内空气环境达到要求，在动车组车内环境控制系统的设计中，必须充分考虑上述特点。

（三）车内环境的影响因素

动车组处于自然环境之中，其车内空气环境必然受到外部和内部两类热源的综合作用。外部热源主要是太阳和大气温度。内部热源则包括人体以及与乘客活动相关的照明、车内机电设备或其他一些能量消耗与传递装置。

太阳是最重要的外部高温热源，它以辐射的方式与车厢围护结构或车内器具表面进行热交换，在材料层中产生吸热、蓄热和放热效应。材料蓄热升温后会向车内传导热量，或者在车内各表面间反复进行长波辐射热交换，同时又逐渐向空气中放出对流热，形成车内的热负荷。

大气温度受自然环境和某些人为因素的影响，随时间、空间而有显著变化，属于一种典型的变温热源。它对车内环境的热作用分为两种形式，其一是通过围护结构体以温差传热的形式直接或间接地将热量传入或传出车内；另一种则是伴随空调通风系统的新风供应或外围护结构的新风渗透和废排风口将一定的热量带入或带出车内，并即时地转化为室内热负荷。

同时，动车组车内空气环境也受到存在于外部和内部两类湿源的综合作用。一般情况下，车内的湿源包括：人体、与乘客活动相关的生活器具、炊事、餐饮设备等。人体通过呼吸和体表汗液蒸发散发湿量；其他湿源则借助液面或器具、材料表面水分的蒸发、汽化，通过对流扩散将水蒸气混入空气中。车外湿源通常是指大气中的湿空气借助空调通风系统的新风传进车内。

车内光环境主要由车内照明系统来实现，车内照明按其功能可分为普通照明和应急照明。新型的发光二极管（LED）光源照明逐渐取代了传统的日光灯照明，LED 照明具有功耗低，寿命长，造型多样的优点，目前已经在动车组得到广泛应用。

（四）车内环境的控制参数

动车组车内环境控制是在任何气候和行驶条件下，通过照明系统、空调系统等，调节车内的温度、湿度、气流速度和照度等参数指标，为旅客提供舒适的车内环境。

动车组车内一般照明必须有足够的照度，使车上的旅客可阅读书报（其内容详见项目五）。

我国铁路部门对空调旅客列车车内空气环境的基本要求，涉及舒适性的指标除了空气湿度和相对湿度之外，还包括空气流速。涉及空气品质的指标为新鲜空气量、含尘量及二氧化碳含量。按照 UIC 553 标准规定，其温度范围、相对湿度、空气流速、新鲜空气量、含尘量及空气中 CO_2 的容积浓度的控制标准见表 2.1。

表 2.1　容积浓度控制标准

空调参数	控制标准		空调参数	控制标准	
	夏季	冬季		夏季	冬季
温度范围/°C	24 ~ 28	18 ~ 20	新鲜空气量/[m^3/(人・h)]	20 ~ 25	15 ~ 20
相对湿度/%	≤70	≤30	空气中含尘量/(mg/m^3)	≤1	≤1
空气流速/（m/s）	≤0.60	≤0.40	空气中 CO_2 容积浓度/%	≤0.15	≤0.15

《铁道客车内部噪声限值及测量方法》（GB/T 12816—2006）中规定客车在以构造速度运行，所有辅助设备正常使用时一等车厢噪声值不大于 65 dB（A），二等车厢噪声值不大于 68 dB（A）。车辆静止、空调机组等辅助设备额定负荷运转时一等车厢噪声值不大于 60 dB（A），二等车厢噪声值不大于 62 dB（A），以上噪声值为等效连续 A 计权声压级。

三、车内空气调节方法

动车组空调制冷原理

（一）制冷方法

动车组空气冷却系统的作用是在夏季对进入车内的空气进行降温、减湿处理，使夏季车内空气的温度与相对湿度维持在规定的范围内。

目前，动车组都采用直接冷却方式，即利用蒸气压缩制冷原理，由蒸发器里面的制冷剂汽化吸热直接冷却空气。夏季，通风机将吸入的车内外混合空气经蒸发器冷却后送入车内，达到降温的目的。由于蒸发器表面的温度通常低于空气的露点温度，空气中的部分水蒸气就凝结成水滴。因此，空气在通过蒸发器冷却的同时也进行了减湿处理。

蒸气压缩制冷是通过制冷剂的相变，即液态—气态—液态来完成制冷的。制冷剂又称制冷工质，它是在制冷系统中不断循环并通过其本身的状态变化以实现制冷的工作物质。

蒸气压缩式制冷系统是由压缩机、冷凝器、节流装置、蒸发器等 4 个主要部分组成，制冷剂循环其中，用管道依次连接，形成一个完全封闭的系统，制冷剂在这个封闭的制冷系统中循环，通过相变，连续不断地通过蒸发器吸取流经蒸发器的空气热量，并在冷凝器中放出热量，从而实现制冷的目的。其工作过程是低温低压制冷剂气体进入压缩机，压缩出高温高压的气体进入冷凝器，冷凝放热成高压常温的液体进入节流装置，节流降压成低温低压的气液混合物进入蒸发器，吸收空气中的热量蒸发成为气体，由压缩机再次吸入，如此周而复始来完成对车内空气制冷。

制冷压缩机是蒸气压缩式制冷装置的一个重要部件，它起着压缩和输送制冷剂蒸气的作用，它是推动制冷剂在制冷系统中不断循环的动力。

冷凝器是制冷系统的另一个主要热交换设备，其作用是使从压缩机出来的高温高压制冷剂蒸气在其中向冷却介质——水或空气放热，冷却、冷凝成常温高压的过冷液体。在车辆空调系统中，由于受运用条件的限制，一般采用风冷式冷凝器。风冷式冷凝器工作时，制冷剂蒸气在管内冷凝，空气在冷凝风机作用下在冷凝盘管外横向流动，从而把热量带走。

节流装置采用毛细管或者热力膨胀阀，其中有一个通道面积小的节流孔（阻力管）以控制制冷剂的流量，制冷剂通过节流后，使高压制冷剂液体变为低压的气液混合状态，进入蒸发器盘管内后，气液混合状态的制冷剂将吸收管外流经空气的热量，蒸发成气态制冷剂。

蒸发器是制冷系统的主要热交换设备，在蒸发器中，来自节流装置的制冷剂液体在较低温度、压力下蒸发吸热而转变为蒸气，利用制冷剂的蒸发潜热，吸收流经蒸发器空气的热量而使车内空气的温度降低。

为保证制冷系统安全、有效地工作，制冷系统除压缩机、冷凝器、节流装置、蒸发器四大件外，还配有储液器、干燥过滤器、气液分离器、油分离器和连接管道等辅助设备。

（二）制热方法

动车组供暖系统的作用是在冬季对进入车内的空气进行预热和对车内的空气进行加热，以保证冬季车内空气温度在规定的范围内。供暖系统通常由空气预热器和空气加热器组成。冬季，通风机将吸入的车内外空气经过空气预热器预热后送入车内，同时，车内加热器对车内空气加热，以补偿车体和门窗的热损失。国外有些车采用热泵进行制热。

国内部分城轨车辆采用热泵进行制热，热泵装置的工作原理与压缩式制冷机是一致的，不论是夏季降温还是冬季取暖，都是使用同一套设备来完成，其工作原理如图 2.1 所示，只是通过一个换向阀来改变制冷剂的流向。

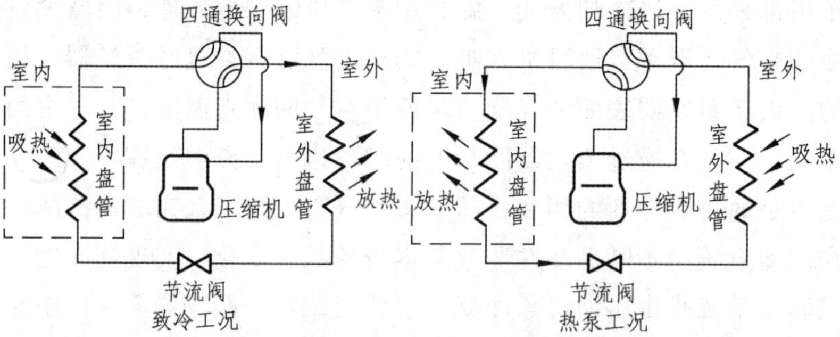

图 2.1　热泵系统工作原理图

在夏季空调降温时，按制冷工况运行，由压缩机排出的高压蒸气，经换向阀（又称四通阀）进入冷凝器；在冬季取暖时，先将换向阀转向热泵工作位置，于是由压缩机排出的高温高压制冷剂蒸气，经换向阀后流入室内蒸发器（作冷凝器用），制冷剂蒸气冷凝时放出的潜热，将室内空气加热，达到室内取暖目的，冷凝后的液态制冷剂，从反向（逆时针方向）流过节流装置进入车外的冷凝器（作蒸发器用），吸收外界热量而蒸发，蒸发后的蒸气经过换向阀后被压缩机吸入，完成制热循环。这样，将外界空气（或循环水）中的热量“泵”入温度较高的室内，故称为“热泵”。

在热泵循环中，制冷系统从低温热源（如车外空气）中取得的热量 Q_0，消耗了机械功 W，而向高温热源（室内取暖系统）供应了 Q_1 的热量，这些热量之间的关系是符合热力学第一定律的，即 $Q_1 = Q_0 + W$。如果不用热泵装置，用机械功所转变成的热量或用电能直接加热高温热源，则所得的热量仅仅为 W，而用热泵装置后，高温热源多获得了热量。但是随着室外条件的恶化，例如低温和高湿，热泵系统供热性能会急剧下降，甚至还将对压缩机等重要部件产生不良影响，这在运用中应该加以关注。

四、空调风道凝水机理及解决对策

空调风道凝水机理遵循湿空气的焓湿图，湿空气等湿降温达到露点后，开始结露。空调系统可能出现结露情况可分为制冷工况结露和制热工况结露。制冷工况结露主要表现为空调机组蒸发器表面结露、空调机组外壳表面结露、送风道外表面结露、送风口结露、车体外表面结露、空调关闭后车体内表面结露等；制热工况结露主要表现为空调机组内表面和部件外表面结露或霜、车体内表面结露或霜、废排风道内表面结露或霜等。

空调、风道凝水解决对策主要为对隔热结构进行工况模拟计算，隔热壁表面温度计算，核实表面温度是否低于露点温度；或者对隔热结构进行工况模拟试验，验证是否结露。空调系统设计时，为了降低冷凝水对动车组的影响，一般采取的措施有：

（1）使用隔热性能好的保温材料或增加保温层厚度，以增加隔热壁隔热性能，避免冷桥或热桥。

（2）增加通风量，以提高机组出风和风道内部的温度，从而减小风道内外的温差，送风口的温度不低于车内空气的露点温度。

（3）对于机组内蒸发器产生的冷凝水，设计有效的冷凝水收集装置，将冷凝水收集到固定区域并通过水管路等途径将冷凝水排出车外。

（4）在未做防水密封处理的关键电器设备上方，尽量避免传输冷气的管路和风道铺设。若无法避开，关键电器设备应做好防水密封处理。

五、车内温度设定（调节）原理及不均匀性问题的产生机理

（一）车内温度设定（调节）原理

夏季，车内温度主要通过采用蒸汽压缩式制冷方式，由蒸发器冷却新风和回风的混合空气，处理后的空气经过布置在车内的送风道系统和送风口输送到车厢内的各个区域，达到对车内进行降温的作用，同时通过在车内设置回风口和废排风口，将车内的热量通过空气吸入到空调机组或排出车外。为达到节能的目的，废排风机主要带走电器柜、厨房设备等的发热量，以降低空调系统的冷负荷。

冬季，车内温度主要通过采用电加热方式采暖，由空调机组、风道内的加热器预热新风和回风的混合空气，处理后的空气经过布置在车内的送风道系统和送风口输送到车厢内的各个区域，达到对车内进行升温的作用。另外，根据需要在车内适当布置一定数量的辅助电加热器，对车内区域进行补充加热，同时通过在车内设置回风口和废排风口，将车内大部分空气吸入到空调机组，多余空气排出车外。为达到节能的目的，可利用电器柜等设备的发热量，以降低空调系统的采暖负荷。

各型动车组车内温度设定原理基本相同，主要不同点为不同的合同技术条件要求，外部环境温度、湿度等设计工况有所不同。车内温度是由空调控制器进行控制的，空调系统根据车内平均温度与空调控制器温度设定值之间的偏差自动进行制冷和加热调节。同时空调系统也会根据外界温度不同，由其内部的阀门进行新风量回风比例调节，最终满足空调舒适性的设计要求。空调舒适性设计是按照 UIC553 的标准执行的，控制逻辑的依据是 UIC553 中的第 5 部分“气候控制设备的调节”。

空调系统设计的新风量参数见表 2.2。

表 2.2 新风量参数表

外部温度（TC）	在 +20 °C 和 50%湿度时的最小新鲜空气进气量
TC≤ −20 °C	每个座位或者铺位 10 m^3/h
−20 °C< TC≤ −5 °C	每个座位或者铺位 15 m^3/h
−5 °C< TC≤ +26 °C	每个座位或者铺位 20 m^3/h
TC> +26 °C	每个座位或者铺位 15 m^3/h

（二）温度不均匀性问题的产生机理

车厢内温度均匀性取决于整个车厢通风系统的结构设计，通风系统设计时一般要尽可能考虑风道气流出口的均匀性、可调节性。风道设计结构越合理，出风形式越合理，则整车的温度均匀性越好。

夏季，空调系统送风口输送冷风、回风口带走回风、废排风口带走废气、车内风扇等形成车内流场，车体传热，车窗透过太阳辐射热，车内人员散热，照明、电气设备散热，厨房设备散热等热量布置形成初步的温度场，由车内流场不断影响车内温度场。车内温度场分布（即车内温度均匀性）受发热源和车内流场共同影响。车内温度均匀性的解决可以用调整车内流场和发热源两种方式进行。车内流场可以通过调整送风温度、各送风口布置及送风量、各回风口布置及回风量、各废排风口布置及排风量、车内风扇位置、车内风扇出风方向及风量等进行。车内热源的调整可以通过打开和关闭窗帘，降低或增加车窗传热；车辆设计时合理布置电热装置、人员、电器柜、厨房设备、照明等发热源的位置和规划电热装置的分组控制；车辆运用时合理调整各电热装置启停时间等进行。

以下将具体以 CRH380A 和 CRH380B 型动车组为例对车内环境控制系统及空调系统的结构组成和相应的工作原理进行介绍，其他各型动车组基本相同。

【任务自检】

1. 分析动车组车内环境控制的目的及影响因素。
2. 简述动车组车内空气调节方法。

任务二　CRH380A 型动车组空调系统维护与检修

【任务描述】

（1）了解动车组 CRH380A 空调系统的功能、组成、类型与特点；
（2）了解动车组 CRH380A 对车内空气参数的要求及参数的标准；

（3）了解 CRH380A 型动车组空调与制冷的概念与空气调节的基本原理；
（4）能在现场对动车组 CRH380A 空调进行认识和操作；
（5）能在现场对 CRH380A 型动车组空调机组进行检测与清洁操作。

【背景知识】

一、CRH380A 型动车组空调系统概述

（一）车内环境控制系统组成

CRH380A 统型动车组车内环境控制系统主要由客室空调机组及显示设定器、换气装置、风道、司机室空调机组、司机室暖风机、应急通风组成，各部分主要功能如下：

（1）客室空调机组：制冷、采暖、送/回风。
（2）换气装置：车内新风供给、车内废气排出、车内压力保护。
（3）司机室空调机组：实现司机室内的制冷、通风。
（4）司机室暖风机：实现司机室内的制热、通风。
（4）风道：实现车内各区域送风、回风。
（5）应急通风：在正常交流电源供电发生故障时，向客室提供乘客所需的最小新风量。

（二）车内环境控制参数

CRH380A 统型动车组车内空气环境控制参数指标如下：

（1）夏季制冷。

① 在外温 33 °C、相对湿度 80%、定员 150%的条件下，客室温度不高于 26 °C，相对湿度不大于 65%。

② 在外温 40 °C、相对湿度 46%、定员 100%的条件下，客室温度不高于 28 °C。

（2）冬季采暖。外气温度 – 20 °C 条件下，室内温度不低于 20 °C。

（3）新鲜空气量（定员条件下）。

① 正常通风：10 ~ 20 m^3/（人 · h）；

② 应急通风：10 m^3/（人 · h）；

③ 司机室新风量不低于 30 m^3/（人 · h）。

（4）车厢内温度分布：± 2 °C 以内。

（5）CO_2 浓度：二氧化碳的容积浓度（在定员状态下）≤0.15%。

（6）空气清净度（粉尘浓度）：客室内空气中含尘量≤0.5 mg/m^3。

（7）室内空调微风速。

① 客室、司机室及端部房间：< 0.4 m/s；

② 通过台（在出风口位置）：< 2.0 m/s。

（8）车内压力控制：车内的压力变化率在 800 Pa/3 s 以下。

（三）车内环境控制系统主要特点

CRH380A 统型动车组空调系统主要特点如下：

（1）空调系统主要设备（空调机组、换气装置）采用车下安装。

（2）采暖方式完全采用内置于空调机组的电加热装置，客室内不另布置电加热器。

（3）空调机组采用变频控制。

（4）空调机组内冷凝水采用排水泵排出（一般靠排水管排出）。

（5）空调机组主电路输入：单相交流、50 Hz、400 × ［1 +（ + 24% ~ − 37%）］V。

（6）采用新风、废排气排送一体的换气装置，一般采用空调机组提供新风，并设置废排风机。

（7）采用主动式压力保护装置（换气装置），实现压力保护、持续供新风。

二、车内环境控制系统原理

（一）空调系统组成

空调系统是一种将空气冷却、空气加热、通风、自动控制集成于一体的系统。通过自动控制调节车内温湿度，同时过滤循环空气，为旅客以及司乘人员提供安全、卫生、舒适的车内旅行环境。

CRH380A 统型动车组空调系统主要由客室空调机组、换气装置、风道系统、应急通风系统、司机室空调及司机室暖风机等组成。空调系统运行工况包括通风.制冷、强制制冷、制热、强制制热。每节中间车厢车下设备舱内安装 2 台客室空调机组、1 台换气装置，通过连接风道与设置在车内的风道相连接。空调系统空气传输流程如图 2.2 所示。

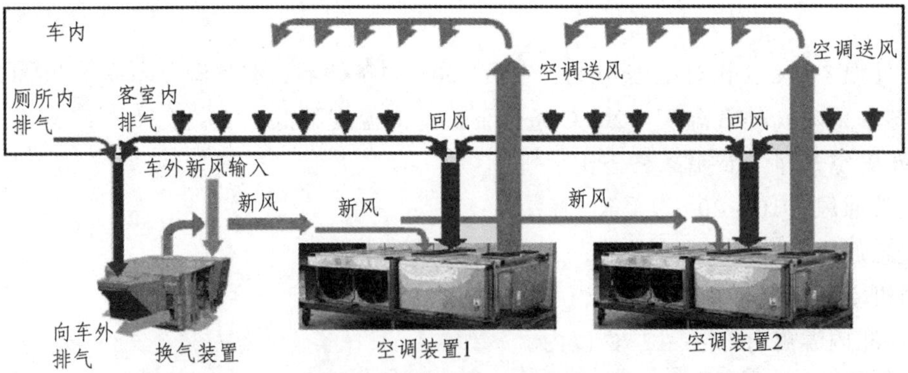

图 2.2 空气传输流程示意图

（二）制冷系统的组成及工作过程

空调制冷系统主要由压缩机、室外热交换器、干燥器、毛细管、室内热交换器、气液分离器、进气过滤器及配管等构成，各设备及配管为焊接（钎焊）连接的完全密封型，内充制冷剂。

压缩机的主要作用是吸入低温的制冷气体，将其压缩为高温高压的制冷气体后送出；CRH380A 型动车组制冷系统的压缩机型号：HEV92FZA-Y，使用制冷剂：R407C（CRH2 型动车组制冷系统的压缩机型号：ZHV083FZA，使用制冷剂：R22），系统还配备有两个高压开关、压缩机出口温度传感器等保护装置对压缩机进行有效保护。

室外热交换器（冷凝器）的主要作用是使用室外送风机送入的室外空气对高温高压的制冷气体进行冷却，使其形成常温（约 50 °C）的高压制冷液。

毛细管的主要作用是利用通道面积小的阻力管，使高压制冷液转为低压的气液混合状态，使制冷剂在减压的同时温度也将下降。

室内热交换器（蒸发器）的主要作用是使低温、低压的气液混合制冷剂，与通过室内热交换器室的室内空气进行热交换的同时变成气体，同时室内空气的热量被制冷剂吸收，使温度下降，该冷风吸收车体的热负荷和人体所产生的热量而变成暖空气，并被再次送入室内热交换器。

空调机组制冷系统的工作过程如图 2.3 所示。

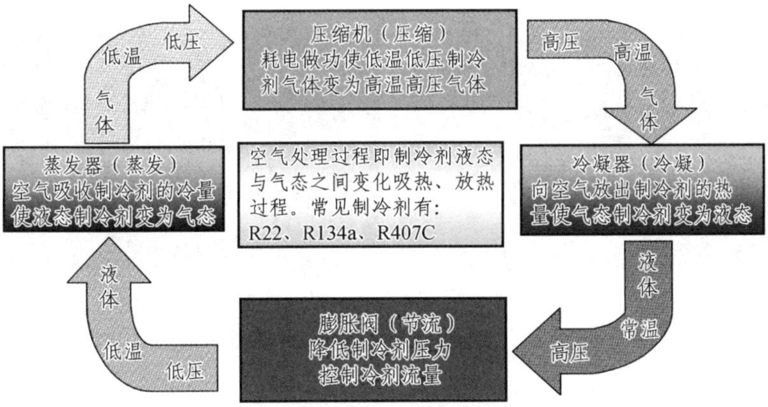

图 2.3　制冷系统四大部件及工作过程

制冷系统各部分设备的连接及工作原理如图 2.4 所示。

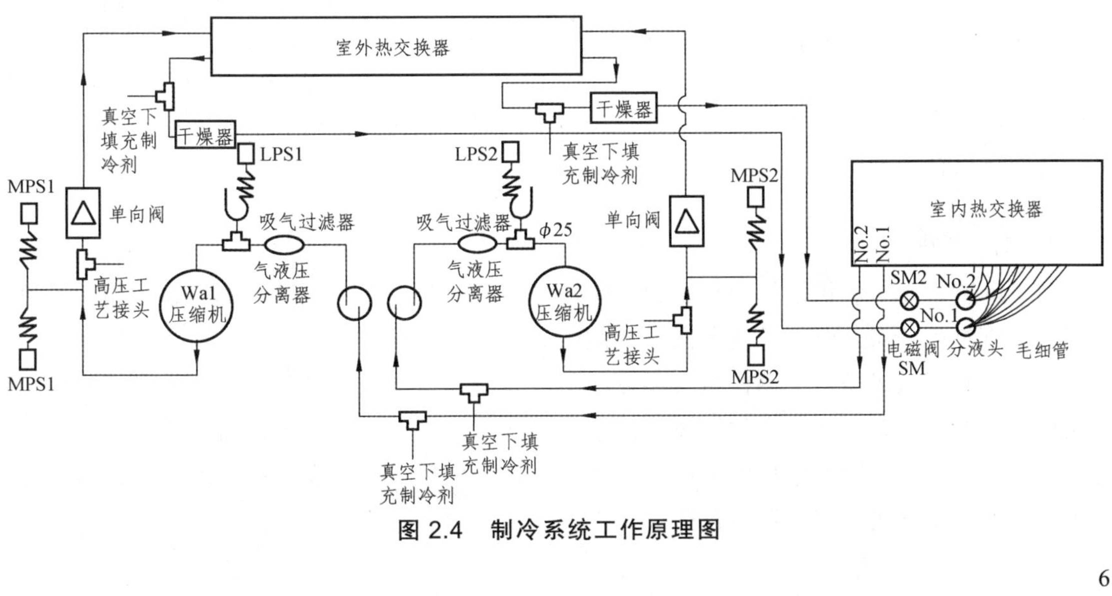

图 2.4　制冷系统工作原理图

CRH380A 型动车组客室空调机组采用 R407C 制冷剂，司机室空调机组采用 R134a 制冷剂。R407C 制冷剂的主要成分为：R32/125/134a，质量组分 23/25/52。采用专用压缩机和润滑油（R22 系统使用矿物油，R407C 中的 R134a 与之不相容，压缩机的润滑油改用 POE 多元醇酯类油），系统中采用的干燥过滤器须使用与 R407C 兼容的 XH-7 或 XH-9 型分子筛。

充注：必须以液相充注，以保证在充注过程中混合物的成分基本不变。

检漏：R407C 中不含有氯原子，对 R407C 系统，用电子检漏仪检漏时，必须采用专门用于 R407C 的检漏仪。

（三）采暖系统

列车采暖系统通常采用室内布置电加热器、空调机组内设预热电加热器共同实现；另外风道内也可布置辅助电加热器（个别列车采用锅炉加暖气管道等方式实现采暖）。

CRH380A 型动车组客室采暖全部由集成于客室空调机组内的电加热器实现；司机室内采暖由客室空调机组和暖风机组成。CRH380A 型动车组采暖组成如图 2.5 所示。

（a）空调机组内电加热器　（b）操纵台下暖风机　（c）风道内电加热器　（d）客室内电加热器

图 2.5　CRH380A 型动车组采暖组成

（四）通风系统

CRH380A 型动车组通风系统

通风系统的作用是将车外新鲜空气吸入并与车内再循环空气混合，在滤清灰尘和杂质后，再压送通风风道分配到车内各区域，同时排出车内多余的污浊空气，以保证车内空气的洁净度以及合理的流动速度和气流组织。CRH380A 型动车组的风道主要由风道、风口、温度控制器等部分组成。其中，风道包括送风风道、新风风道、回风风道和废排风道；风口由回风口和送风口组成；温度控制器安装在送风口及回风口位置处。

1. 通风风道

通风风道设在车底铝地板与车内铝蜂窝地板之间，共设 5 个风道，都为纵向通长风道，两侧风道成对称分布，车体横向方向靠两侧两风道为送风风道，最中间风道为新风风道，其余两节风道为回风风道。空调机组安装在车下，空调机组的送风口与车下送风风道相连，车下送风风道又与布置在地板中的送风风道连通，送风口设在客室两侧顶送风道上，顶送风道通过窗间风道与设在客室地板中部的送风风道连通；回风口设置在回风风道上，回风风道通过车下风道与空调机组的回风口连通。

其通风风道的平面布局如图 2.6 所示，车体横断面风道布局如图 2.7 所示，三维结构如图 2.8 所示。

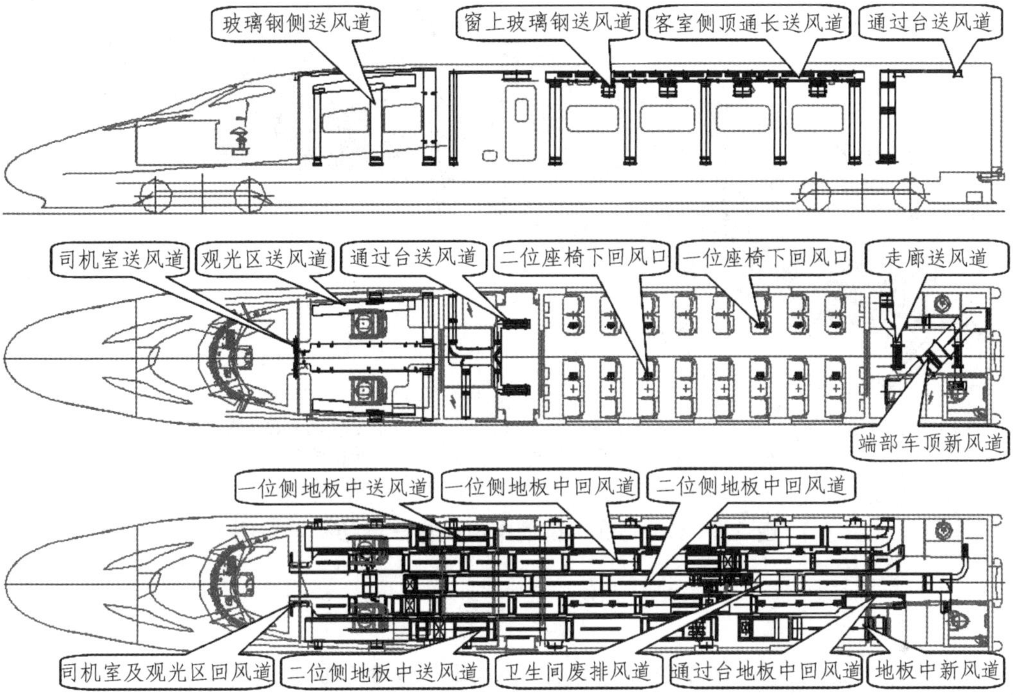

图 2.6　CRH380A 型动车组中间车通风风道平面布局图

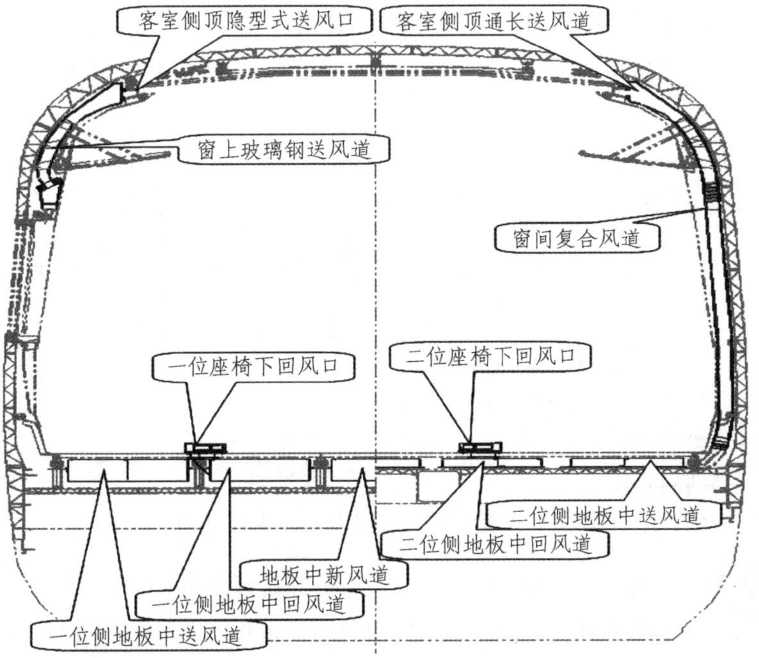

图 2.7　CRH380A 型动车组中间车通风风道横断面布局图

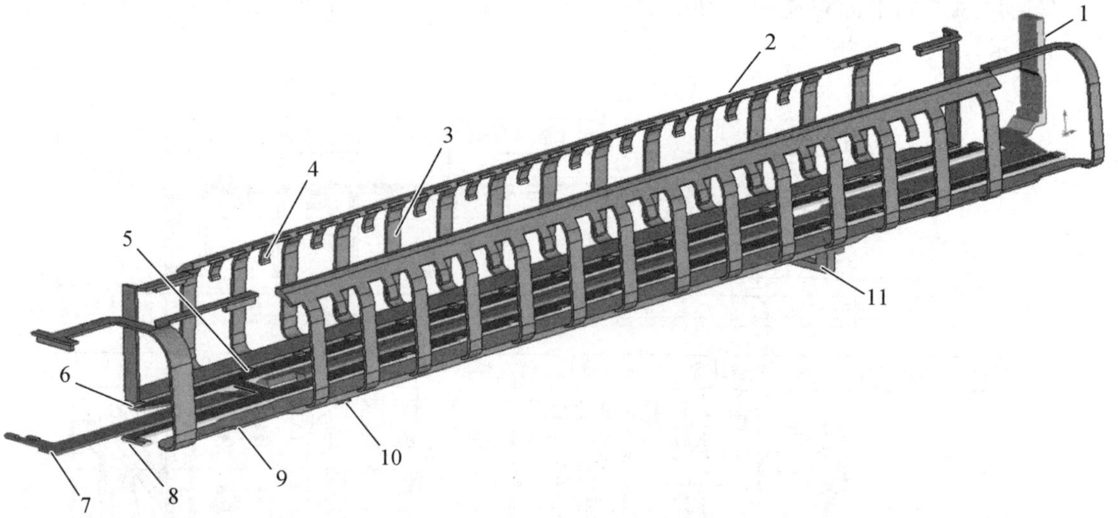

1—端部新风道；2—玻璃钢风道；3—软风道；4—窗下支送风道；5—座椅下回风装置；
6、8—地板中铝板回风道；7—地板中铝板废排风道；
9—地板中铝板送风道；10、11—车下铝板送风道。

图 2.8　CRH380A 型动车组头车三维结构示意图

2．**通风系统**

通风系统完成动车组空调系统在夏季制冷送风、冬季采暖通风和过渡季节通风的任务。

夏季制冷送风时，从回风风道吸入的客室内空气与换气装置通过新风风道送入的新鲜外气混合，经设置在空调机组回风口处的回风过滤网，进入空调蒸发器，在蒸发器内进行热交换，冷却为冷空气。该冷空气经车下风道、地板中送风道、窗间风道、客室送风道从客室行李架下送风口及窗上送风口吹入客室，向乘客提供冷风。通风系统送风流程（制冷工况）如图 2.9 所示。

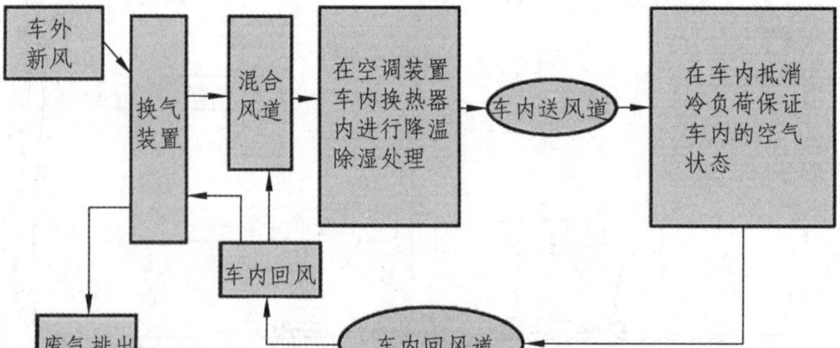

图 2.9　通风系统送风流程（制冷工况）

冬季暖气输送时，从回风风道吸入空气，同样与新鲜空气混合，通过设置在空调机组回风口的过滤网，进入空调机组，在机组内由电加热器加热，通过相同路径，向乘客提供暖风。通风系统送风流程（加热工况）如图 2.10 所示。

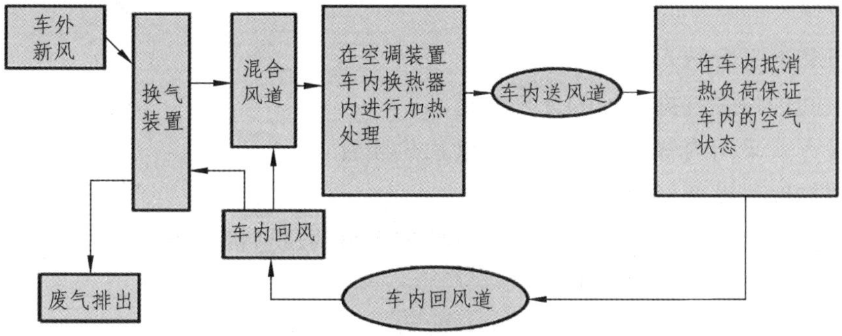

图 2.10　通风系统送风流程（加热工况）

3. 风量分配

时速 200 km 动车组空调风量分配主要靠截面大小变化及导流板的设置来实现，它的风量分配很细很具体，图 2.11 所示为 1#车风量分配情况（包括司机室空调）。图 2.12 所示为空调送风道与机组车下风道连接时送风道内所用导流板形状示意图，它的作用是分配送入主送风道内送风口两侧的风量。

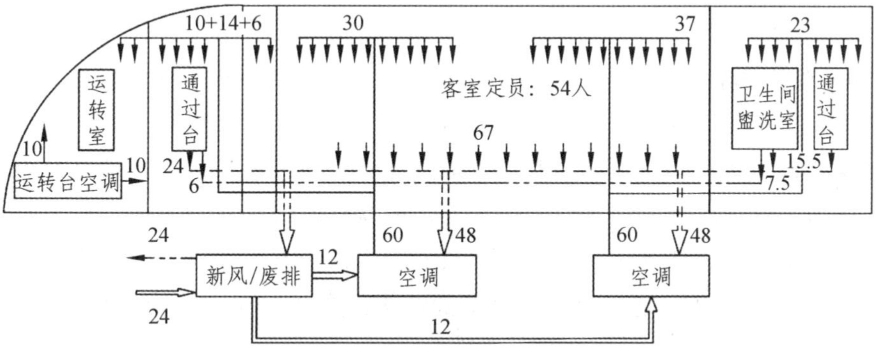

图 2.11　1#车风量分配情况

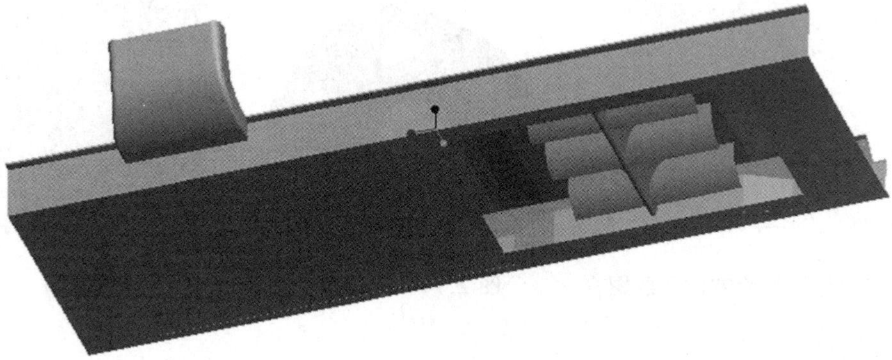

图 2.12　导流板形状示意图

以上风量分配的方法是根据车体各部分的负荷与总负荷的比值及总送风量确定的送风量值，各部分送风量的实现主要依靠风道试验模型进行试验得来。

4．结构特点

（1）厕所和通过台纳入空调范围。

（2）卫生间内设置直排车外的废排通道。

（3）采暖方式采用内置于空调机组的电加热装置。

（4）每节车厢均设置应急通风功能。

（5）车下风道多为消音风道，在变径及风道入口的风道都为吸音风道，吸音材与吸音风道多采用吸音板与风道铆接。

（6）风道连接处利用大量的导流装置，既可以减小风道阻力同时也可以实现风量分配的功能。

（7）风道在端部及风口连接处大都采用圆滑弧线过渡，尽量减小阻力，且保证气流通畅。

（8）地板内主送风道纵向通过枕梁位置时，采用变截面风道。

（9）保温方面，车下风道及地板内风道，外表面粘贴厚 5 mm 的保温材，窗间风道为复合风道，内部为硬质胶片，内外表面粘贴厚 4 mm 的保温材，车上客室送风道外表面也粘贴厚 5 mm 的保温材，以防止夏天高湿度状况下冷凝水的产生。

（五）应急通风系统

CRH380A 型动车组设有应急通风功能，在正常交流电源供电发生故障时，应急通风装置由司机启动，向客室提供乘客所需的最小新风量。

应急通风装置是在车体的一位端及二位端外端墙上设置通风装置。送风及排风采用相同的结构，区别为风机进出风方向不同，进风时风机从外端墙往车内送风，排风时风机从车内向车外通过外端墙排风。该系统主要由通风机、气密阀及其管路、风道组成。应急通风气流方向示意图如图 2.13 所示，通风机及气密阀的结构如图 2.14 和图 2.15 所示。

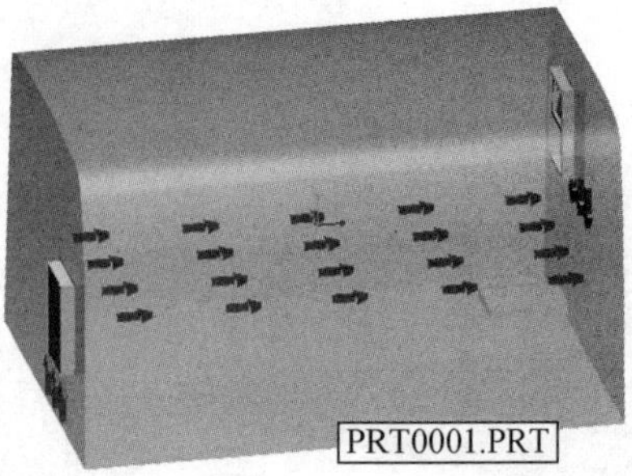

图 2.13　应急通风气流方向示意图

图 2.14　通风机

图 2.15　气密阀

应急通风机主要参数：

（1）额定电源：蓄电池电源输入 DC 100 V。

（2）应急通风送/排风风机组成：

尺寸：216 mm × 506 mm × 660 mm；

质量：约 2 kg；

最大风量：924 m^3/h；

最大静压：700 Pa。

气密阀工作原理：当电磁阀闭合时，气密阀的气路通，通过压缩空气将气密阀打开；当电磁阀关闭时，气路不通，同时气密阀内的气体排出，气密阀通过自身的弹簧作用将风口闭合。

（六）压力保护系统

动车组高速通过隧道或交会时，车体和隧道（车体）之间的空气流动速度很高（根据空气动力学原理，空气流动速度越高则空气压力越低），车内外的环境条件会发生变化，车内大气压力（正常大气压力）和车外的大气压力（小于正常大气压力）存在压力差，如果车内大气压力很快和车外大气压力一致，车内就会出现失压（低于正常大气压力）环境状态，车内人员可能会出现耳膜不适，动车组在设计制造方面首先要保证达到必要的气密性要求，同时在动车组的空调系统中设有压力保护功能。

动车组通过隧道或交会时引起的外气压力波动主要通过换气系统传到车内，一般在车速高于 160 km/h 时，需要采用压力缓和装置解决车内压力波动问题。在动车组上的空气压力保护系统，一般可分为以下两种空气压力保护模式：

1. 主动式压力波保护系统

使用合适的风机来输送外部空气，进行空气交换，并抵消空气压力波动。

2. 被动式压力波保护系统

将列车内部空间的气压与外部环境气压相隔离，此时压力波阀门将会关闭与外部空间交换空气的通风口。

CRH380A 型动车组采用了换气装置实现车内新风/废排的交换，即采用了主动式压力波保护系统。

三、主要设备及布局

（一）主要设备及布局

CRH380A 型动车组空调、通风、采暖系统组成主要有：每车设 2 台客室空调机组、1 台显示设定器、1 台换气装置（含逆变器）、司机室设 1 套分体式空调机组、无独立新风、2 台暖风机，采用车端进风的新风结构，车下及地板中设铝板风道、侧墙软风道、行李架上部玻璃钢风道、通过台风道等。

司机室空调装置布局如图 2.16 所示；TC 车及中间车车下空调设备布局分别如图 2.17 和图 2-18 所示。

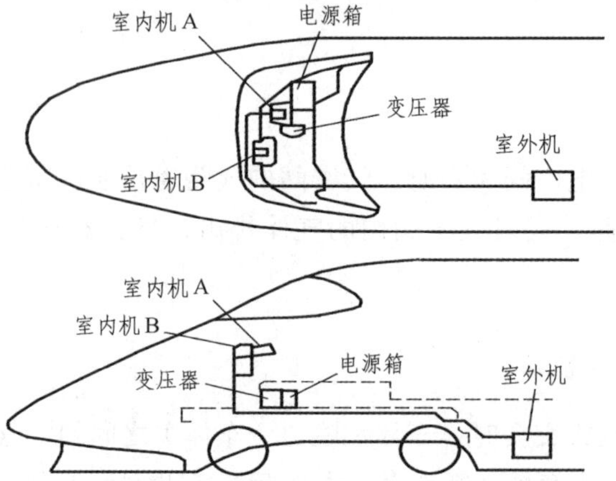

图 2.16　司机室空调装置布局示意图

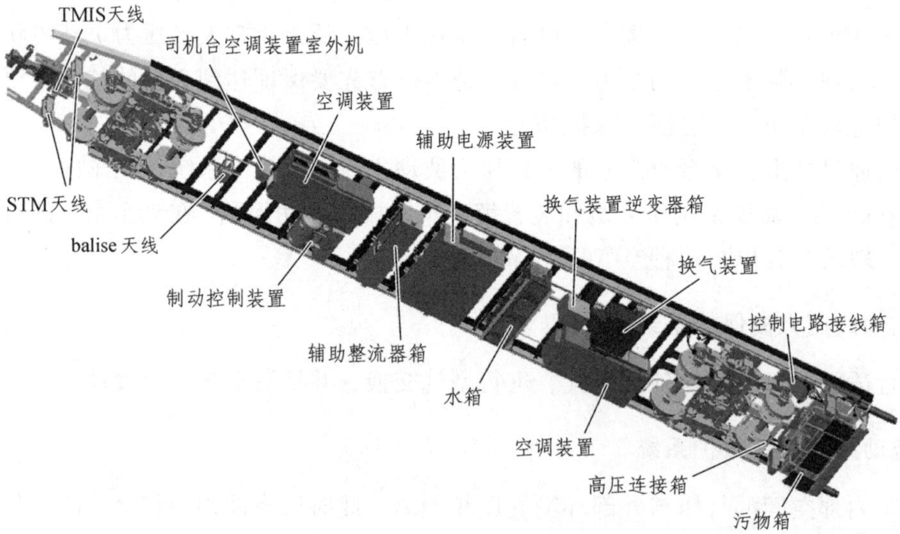

图 2.17　TC 车车下空调设备布局图

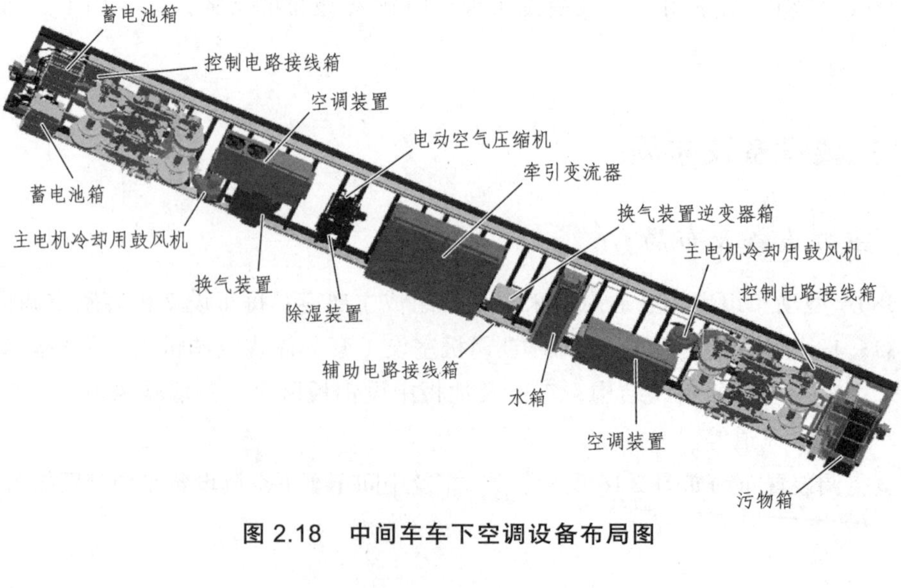

图 2.18　中间车车下空调设备布局图

（二）客室空调机组

客室空调机组具有通风、制冷及采暖等功能，为单元式结构。空调机组分为客室内部分、客室外部分和控制部分。客室外部分设有压缩机、高压开关、客室外热交换器、客室外风机、制冷剂储罐、交流电抗器。客室内部分采用密封结构，内部设有客室热交换器、客室送风机、电热器、直流电抗器、排水泵、空气过滤网。另外，控制部分采用密封结构，内部设有逆变器、接触器盘 1、接触器盘 2 等部件。其结构示意图如图 2.19 所示。

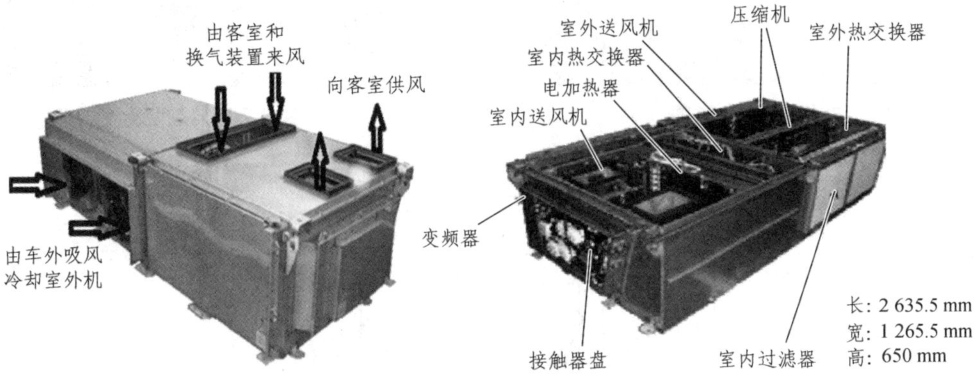

图 2.19　客室空调机组结构示意图

空调机组主要参数如下：

（1）安装方式：车底架下安装。

（2）主电路：单相交流 AC 400×［1+（+24%～－37%）］V/50 Hz。

（3）控制电路输入：单相交流 AC 100×（1±10%）V/50 Hz；直流：DC 100×（1±10%）V。

（4）制冷控制方式：逆变器频率变频控制及压缩机运行台数控制。

（5）制热控制方式：电热器多级控制。

（6）制冷能力：

额定条件时为 37.21 kW（32 000 kcal/h）/台以上。

负荷条件为以下条件时为 29.07 kW（25 000 kcal/h）/台以上（客室外热交换器吸入空气干球温度：55 °C）。

（7）制热能力：24 kW/台以上。

（8）循环风量：65 m^3/min（65 Hz），60 m^3/min（60 Hz）。

（9）机外静压 490 Pa。

（10）机组底部设排水泵排出冷凝水。

（三）换气装置（见图 2.20）

换气装置具有提供新风及排出废气的功能，主要由送风机、电机、变频器、连接风道、换气装置本体、变频器箱（见图 2.21）等部分组成。车外新风经过装有风量调节板的给风侧，被高压送风风机吸入，分别送到两台空调机组中，车内客室内回风被高压排风风机吸入，进入装有电机的换气装置内部，在冷却风机电机后从装有调节板的出风口排出车外。正常运行时，从室内排出风量与吸入新风量相同，保证实现车内客室内空气压力变化率满足舒适性要求。其原理如图 2.22 所示。

图 2.20　换气装置外形图

图 2.21　换气装置逆变器

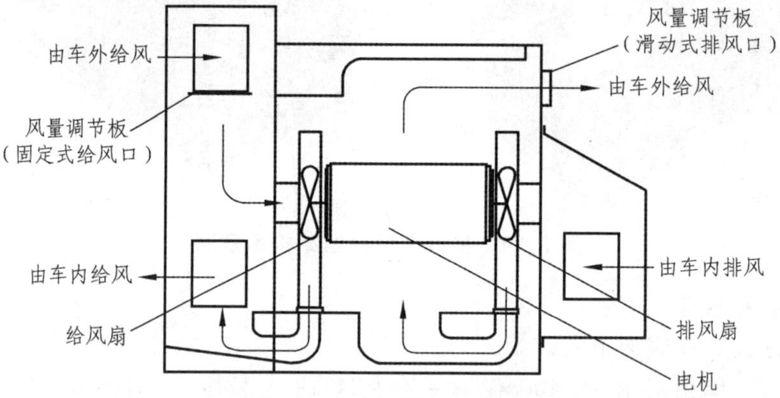

图 2.22　换气装置原理图

CRH380A 型动车组用换气装置在底板和新风侧、废排侧均设置了检查口，如图 2.23 所示。可在不拆卸机组的情况下对风机叶轮进行清灰处理。

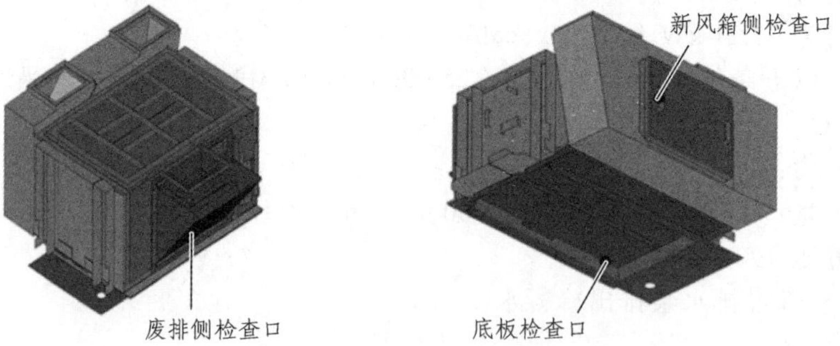

图 2.23　换气装置箱体检查口

换气装置主要参数如下：

（1）箱体安装方式：车下吊装并设置了检查口。

（2）主电路输入：单相 AC 400×［1+（+24%～−37%）］V/50 Hz。

（3）控制电路输入：单相 AC 100×（1±10%）V/50 Hz。

（4）额定新风风量：1 800 m^3/h（外温＜33 °C 且列车速度≥160 km/h）。

（5）最大功率：15 kW。

（6）电动送风机形式采用 10 片扇叶轮（CRH2 采用 25 片扇叶轮），有效减少灰尘堆积。

（7）最大风机静压：8 kPa（CRH2 是 5 kPa）。

（8）送风机静压：送风侧：约 4.5 kPa；排气侧：约 4 kPa（CRH2 供排气均为：约 4 kPa）。

（9）新风量：1 700 m^3/h（CRH2 为 1 440 m^3/h）。

（10）逆变器：4 320 min^{-1}（72 Hz）至 5 820 min^{-1}（97 Hz）（CRH2：3 180 min^{-1}（53 Hz）至 3 600 min^{-1}（60 Hz）），送风机转数增加。

（11）换气装置质量：换气装置本体：（250 ± 10）kg；逆变器：（93 ± 5）kg（CRH2：273 kg）。

（四）司机室空调机组

司机室空调系统由 1 台分体式空调机组和 2 台暖风机组成，不具有新风功能，室内新风由客室空调机组通过独立风道供给。KLF4.9 型司机室空调机组是为司机室提供辅助制冷，它具有通风和制冷功能；2 台 WHCR-2 系列暖风机为司机室实现冬季辅助供暖。

司机室空调机组的室外机安装在车下（见图 2.24），室内机（见图 2.25）安装在司机室操作台下方，通过管路连接在一起。

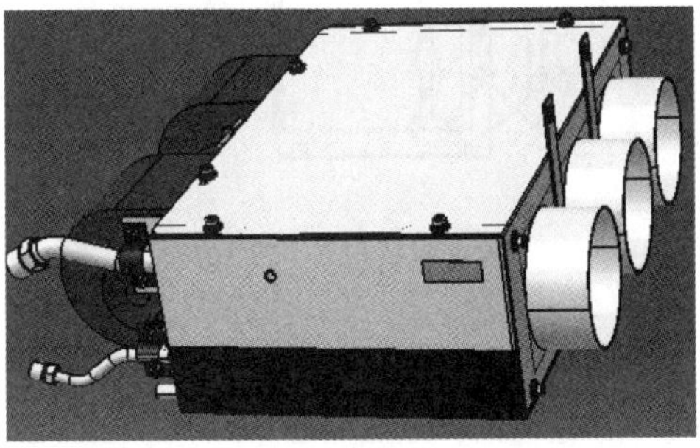

图 2.24　室内机（空气处理单元）

图 2.25　室外机（压缩冷凝单元）

电源箱（见图 2.26）、变压器（见图 2.27）安装在司机室气密舱内，它是空调系统的逆变兼控制部分。控制电源把从车辆输入的 AC 400 V、50 Hz 电源逆变成三相交流 440 V/60 Hz 和直流 24 V 后供给空调压缩机和室内风机、室外风机，并按空调要求控制空调系统的正常工作，完成通风、制冷的运行。

图 2.26　电源箱

图 2.27　变压器

（五）暖风机（见图 2.28）

WHCR-2 型暖风机主要由加热单元、箱体组成，采用 PTC 发热元件作为发热体，具有以下特点：

（1）升温快。

（2）热延性小。

（3）热效率高。

（4）耗电省。

（5）使用寿命长。

（6）绝缘强度高。

（7）无污染。

（8）采用轴流风机能迅速把发热元件产生的热量散发出来。

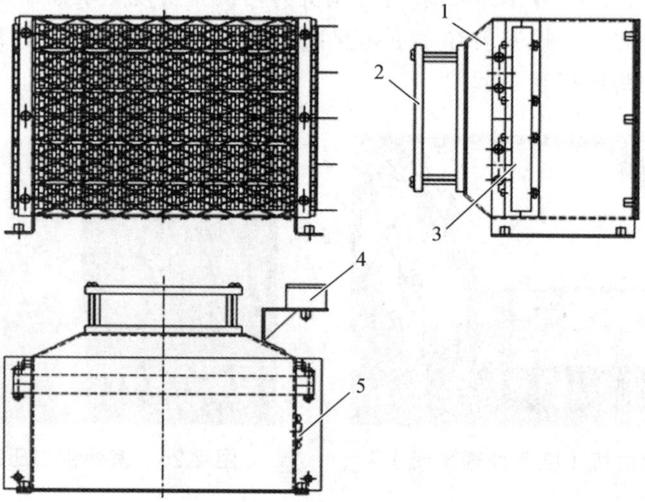

1—风道；2—轴流风机；3—发热元件；4—接线端子；5—温控开关。

图 2.28　暖风机结构示意图

主要技术参数：

（1）额定电压：AC 100 V

（2）额定频率：50 Hz

（3）额定电流：20 A

（4）输出功率：2 kW

（5）质量：6.8 kg

CRH380A 型动车组空调系统的运行控制

（六）运行控制

1. 客室空调机组运行控制

CRH380A 型动车组可以通过驾驶室、机械师室内的车辆监控装置设置本列车或单车的空调机组工作目标温度；也可以通过单车服务配电盘内空调显示设定器设定本车空调机组的目标温度，目标温度范围为 20 ~ 29 °C。

CRH380A 型动车组空调系统空调机组为变频空调。空调的控制由逆变器装置控制。逆变器装置比较由温度传感器得到的车内温度（车内温度传感器感知温度）和空调设定温度（工作目标温度），根据比较结果选择并控制空调机组的工作模式。

空调机组的运行模式分为：（强制）制冷、（强制）制热、通风、减半。

空调显示设定器（见图 2.29）显示车上监控装置（车辆信息控制装置）传来的内容，同时向逆变器装置下达空调指令；同时显示由逆变器装置传来的空调机组工作状态信息，并向车上监控装置传递信息；即承担车上监控装置和逆变器装置之间数据传送的任务；可以通过显示设定器查看空调机组的运行状态参数，运行故障代码等。

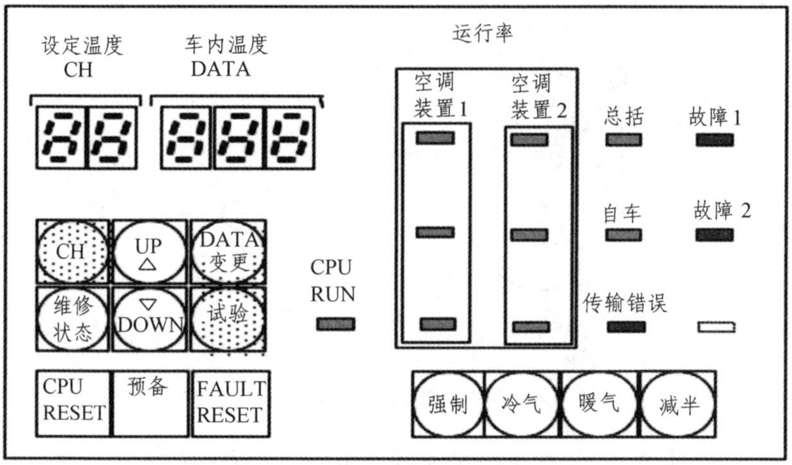

图 2.29　显示设定器面板布置示意图

（1）温度传感器布置。

如图 2.30 和图 2.31 所示，CRH380A 型动车组在每节车厢内配置了 4 个温度传感器，每台空调机组接收车内 2 个温度传感器采集的温度值并取平均值。逆变器通过将来自显示设定器的温度设定值和温度传感器检测值进行比较，控制压缩机和室内风机、室外送风机的运行。CRH380A 型动车组车内温度传感器均布置于回风口处。各个温度传感器检测温度值可以在显示设定器上查看。

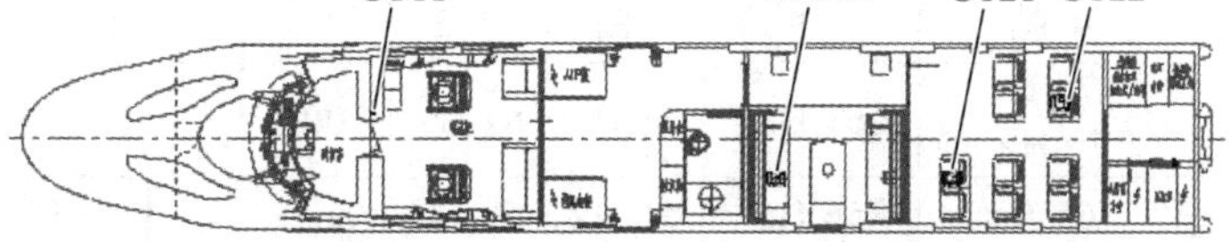

图 2.30　CRH380A 型头车内温度传感器分布示意图

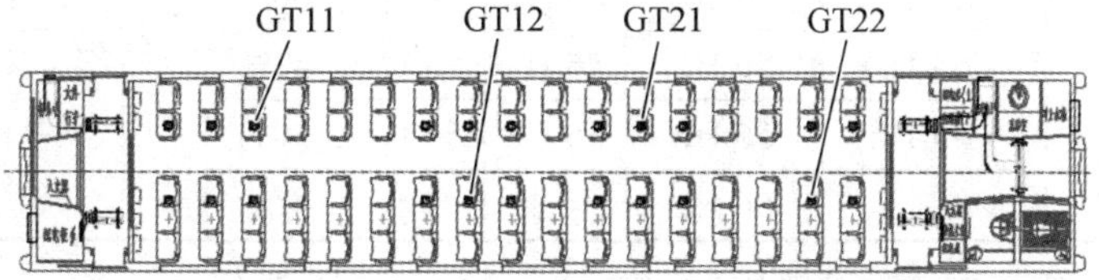

图 2.31　CRH380A 型中间车车内温度传感器分布示意图

（2）空调机组控制信息传输。

空调机组控制信息传输示意图如图 2.32 所示。空调机组运行由自身逆变器进行控制，来自车辆监控装置的控制信息通过显示设定传输给空调机组；同时空调机组的相关信息可以从显示设定器进行查看。

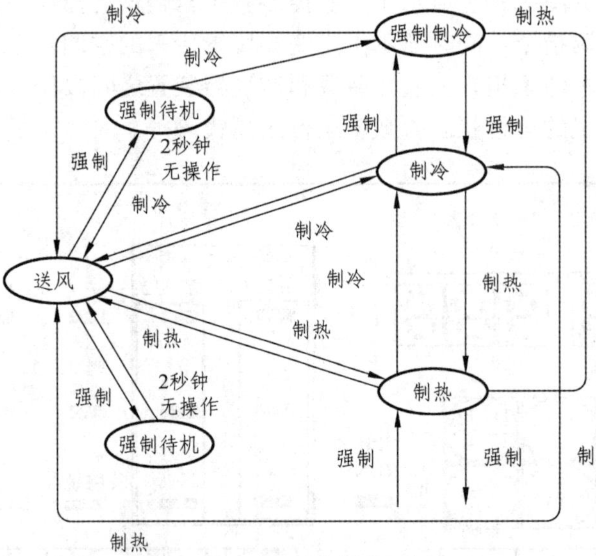

图 2.32　空调机组控制信息传输示意图

(文字)：空调状态；「文字」：按下空调显示设定器面板表面的开关操作；→ ：根据操作开关显示转换到箭头所指状态。从「送风」状态开始的「手动」操作、在「强制」操作后的 2 s 内没有操作「制冷」或「制热」的情况下为无效。

（3）制冷运行模式说明。

空调机组逆变器将 2 个温度传感器测定的温度值平均后所得的车内温度和制冷设定温度比较，按表 2.3 所示的运行模式，对压缩机进行 ON/OFF 控制，并决定压缩机运行频率，发给 VVVF 频率指令。

表 2.3　制冷运行模式

<table>
<tr><th rowspan="2">运转模式</th><th colspan="2">压缩机</th><th>室内风机</th><th colspan="2">室外风机</th><th rowspan="2">制冷能力</th><th colspan="5">运转模式</th></tr>
<tr><th>CP1</th><th>CP2</th><th>EF</th><th>CF1</th><th>CF2</th><th colspan="2">自动制冷</th><th colspan="2">强迫制冷</th><th>断开</th></tr>
<tr><td>P7</td><td>75 Hz
（70 Hz）</td><td>75 Hz
（70 Hz）</td><td>61 Hz</td><td>61 Hz</td><td>61 Hz</td><td>100%</td><td rowspan="7">自动</td><td>—</td><td rowspan="7">强制</td><td>—</td><td>—</td></tr>
<tr><td>P6</td><td>65 Hz</td><td>65 Hz</td><td>56 Hz</td><td>56 Hz</td><td>56 Hz</td><td>86%</td><td>—</td><td>—</td><td>—</td></tr>
<tr><td>P5</td><td>51 Hz</td><td>51 Hz</td><td>56 Hz</td><td>56 Hz</td><td>56 Hz</td><td>68%</td><td></td><td></td><td></td></tr>
<tr><td>P4</td><td>45 Hz</td><td>45 Hz</td><td>56 Hz</td><td>56 Hz</td><td>56 Hz</td><td>60%</td><td>—</td><td>—</td><td>—</td></tr>
<tr><td>P3</td><td>65 Hz/-</td><td>-/65 Hz</td><td>56 Hz</td><td>56 Hz</td><td>56 Hz</td><td>43%</td><td rowspan="3">减半</td><td rowspan="3">减半</td><td>—</td></tr>
<tr><td>P2</td><td>45 Hz/-</td><td>-/45 Hz</td><td>56 Hz</td><td>56 Hz</td><td>56 Hz</td><td>30%</td><td>—</td></tr>
<tr><td>P1</td><td>停止</td><td>停止</td><td>56 Hz</td><td>停止</td><td>停止</td><td>0%</td><td>断开</td></tr>
</table>

注：1. 运转模式 P7 时，在外温（空调装置外部）>43 °C 时为 70 Hz 运转；
2. 本条件适用于自动运转/强迫运转/试验运转时。

在高于制冷设定温度以上的状态下，同一运行模式持续 3 min 以上时，运行模式将提高一级。被提高一级的运行模式将持续运行到车内温度低于制冷设定温度为止。制冷运行模式如图 2.33 所示。

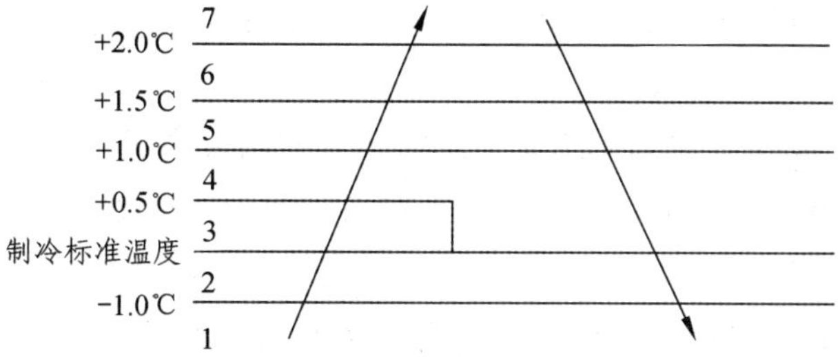

图 2.33　制冷运行模式图

（4）制热运行模式说明（见表 2.4）。

空调机组逆变器将 2 个温度传感器测定的温度值平均后所得的车内温度和制热设定温度比较，按表 2.4 所示的运行模式，对电加热器进行 ON/OFF 控制。

表 2.4　制热运行模式

<table>
<tr><th rowspan="2">运行模式</th><th colspan="3">加热器</th><th>室内送风机</th><th rowspan="2">制热能力</th><th colspan="5">运行模式</th></tr>
<tr><th>加热器 1</th><th>加热器 2</th><th>加热器 3</th><th>EF</th><th colspan="2">自动制热</th><th colspan="2">强制制热</th><th>闭</th></tr>
<tr><td>6</td><td>ON</td><td>ON</td><td>ON</td><td>56 Hz</td><td>100%</td><td rowspan="6">自动</td><td>—</td><td rowspan="6">强制</td><td>—</td><td>—</td></tr>
<tr><td>5</td><td colspan="3">其中 2 台 ON</td><td>56 Hz</td><td>66%</td><td>—</td><td>—</td><td>—</td></tr>
<tr><td>4</td><td colspan="3">其中 1 台 ON</td><td>56 Hz</td><td>33%</td><td rowspan="4">减半</td><td>减半</td><td>—</td></tr>
<tr><td>3</td><td colspan="3">其中 1 台 A 运行</td><td>56 Hz</td><td>22%</td><td>—</td><td></td></tr>
<tr><td>2</td><td colspan="3">其中 1 台 B 运行</td><td>56 Hz</td><td>16%</td><td>—</td><td></td></tr>
<tr><td>1</td><td>停止</td><td>停止</td><td>停止</td><td>56 Hz</td><td>0%</td><td>闭</td><td></td></tr>
</table>

注：1. A：10 min ON/5 min OFF；B：5 min ON/10 min OFF；
2. CRH380A 型动车组空调机组制热运行时，室内送风机运转频率为 56 Hz。

在低于制热设定温度以下的状态下，同一运行模式持续 3 min 以上时，运行模式将提高一级。被提高一级的运行模式将持续运行到车内温度高于制热设定温度为止。制热运行模式如图 2.34 所示。

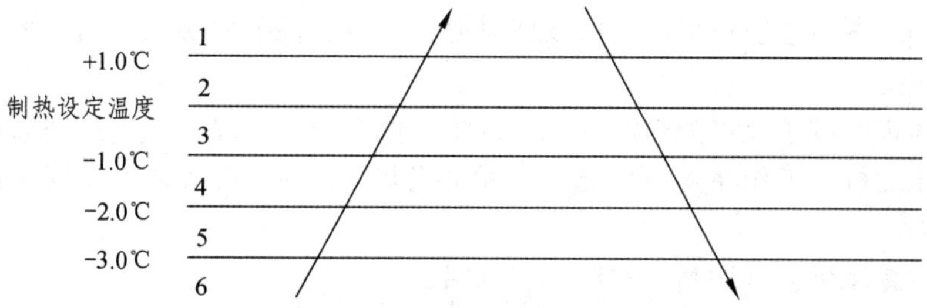

图 2.34　制热运行模式图

制热时加热器保护设有两级保护：一级保护为加热器出风温度不超过 60 °C，二级保护是在主回路增加熔断器，温度不超过 180 °C。当加热器出风温度超过 60 °C，加热器将断开；其后 10 min 保持断开状态，当温控开关检测温度降至 55 °C 以下时，加热器重新投入。当温控开关出现故障损坏，加热器采用二级保护，熔断器感知温度超过 180 °C 时将熔断，加热器断开，熔断保护为不可自动恢复保护。

（5）减半运行模式说明。空调机组减半运行模式有两种情况：

① 空调显示设定器如果 2 min 以上没有接收到空调机组逆变器（或车辆控制装置）传送的信号，就判断为传输异常，空调机组执行减半运行。

② 空调机组从车辆信息控制装置得到“减半运行指令”。

如果得到减半运行指令之前的状态是自动运行，就在运行模式 P1 ~ P3 间自动运行；如果异常之前的状态是强制运行，就进行模式 P3 固定运行。如果是在模式 P3 以下运行就继续以前的状态运行。

（6）强制制冷（制热）运行模式说明。

强制制冷模式时，逆变器不将制冷设定温度与采集的车内温度进行对比，将持续以 P6（7）模式进行制冷运行。

CRH380A 型动车组空调机组制热运行时，车内温度大于 15 °C，将禁止以 P6 模式运行。

（7）通风运行模式说明。

正常条件下，可由机械师或司机通过车辆监控装置设置整车空调机组工作模式为通风模式。空调机组仅室内风机工作，压缩机或电加热器将不启动。

2．司机室空调机组运行控制

（1）司机室空调制冷系统控制。

司机室空调机组主要包含压缩冷凝单元、空气处理单元、电源箱和变压器、控制面板等部件。空调电源箱、变压器是司机室空调系统的逆变兼控制中心，把车辆输入的 AC 单相 400 V/50 Hz 电源逆变成三相交流 440 V/60 Hz 和直流 24 V 后供给空调压缩机和室内风机、室外风机；同时按空气调节要求控制空调系统的正常工作，完成通风、制冷的运行。

当回风温度高于设定温度时，司机室空调机组进入制冷模式；当回风温度降到设定温度时，司机室空调机组进入通风模式；当回风温度上升到比设定温度高 1.5 °C 时，再次投入制冷模式工作。

司机可通过控制面板调节设定温度和风速，设定温度调节范围为 19 ~ 27 °C，风速分为强、中、弱 3 挡。电源系统根据设定以及回风温度，通过调节电源的输出来控制空调机组压缩机和室内风机的运行。

如果控制面板的风速设定为强，则压缩机将工作在强冷工况，如果控制面板的风速设定为中或弱，则压缩机将工作在弱冷工况；电源系统调节强冷工况和弱冷工况时输出的压缩机电源电压和频率。

（2）司机室暖风机运行控制（控制面板见图 2.35）。

司机室的冬季采暖由客室空调和 2 台暖风机实现；暖风机发热体采用 3 组正温度特性的

热敏电阻（具有正温度系数热敏电阻元件）。其内部有 3 个发热体，可分别选用“强暖”（输出功率 2 000 W）、“中暖”（输出功率 1 500 W）、“弱暖”（输出功率 1 000 W）；由司机单独控制。

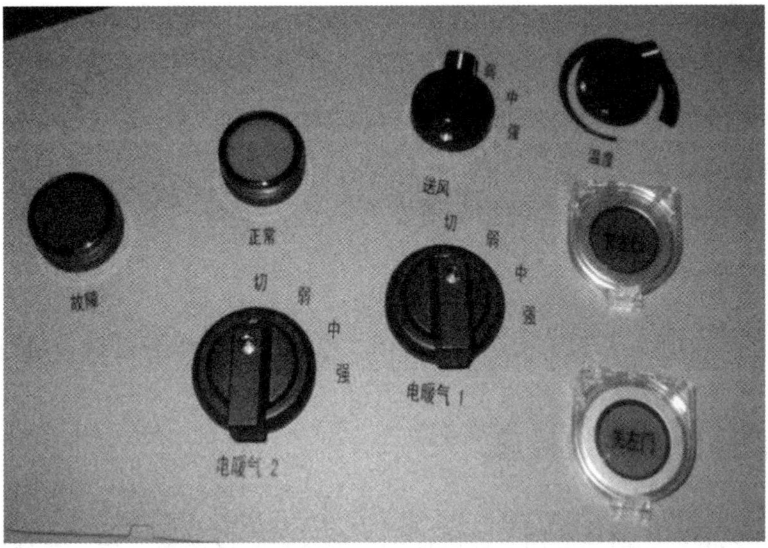

图 2.35　司机室空调控制面板

司机室暖风机以强暖模式运行时，输出功率为 2 000 W，当罩板表面任意点的最高温度超过 80 °C，暖风机将降功率运行，进入弱暖模式（输出功率为 1 000 W），当表面温度降至 75 °C 以下，暖风机则自动进入强暖模式。

3. 新风/废排运行控制

CRH380A 型动车组的新风和废排由换气装置实现；同时利用风机静压较大的特点能使车内压力的压力变化率保持在舒适性范围内。

换气装置运行模式分高低两档：动车组时速高于 160 km 时以高档运行；当动车组时速低于 160 km 时以低档运行；换气装置逆变器接收车辆的速度信号，并控制风机运转频率。其运转频率控制示意图如图 2.36 所示。

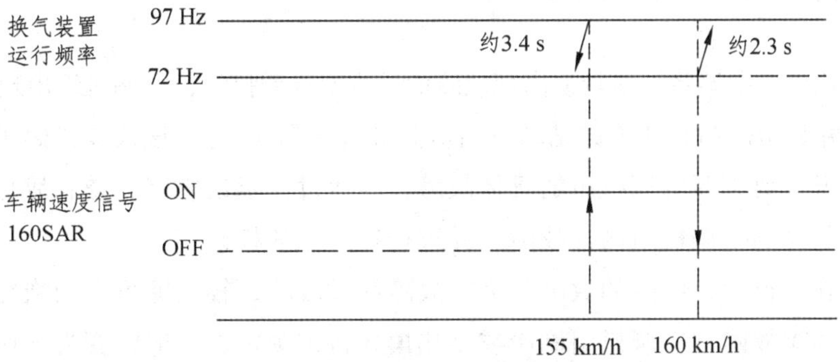

图 2.36　换气装置运转频率控制示意图

4. 换气装置运行控制

换气装置由换气本体及逆变器组成，具有提供新风及排出废气的功能，换气装置设高静压风机，可有效抑制高速等级下列车交会或穿过隧道时车内压力变化。

换气装置风量由列车运行速度及外温共同控制，具体如下：

1 800 m^3/h （外温＜33 °C 且列车速度≥160 km/h）；

1 350 m^3/h （外温＜33 °C 且列车速度＜160 km/h）；

1 350 m^3/h （33 °C≤外温＜42 °C，与列车速度无关）；

900 m^3/h （外温≥42 °C，与列车速度无关）。

【任务实施】

CRH380A 型动车组运用检修分为一级修和二级修，故障诊断分析、处理方法如下：

一、一级检修及二级检修

空调机组新风滤网、回风滤网、冷凝滤网、蒸发器、冷凝器、换气装置逆变器滤网等需要定时维护。主要检修内容：

（1）端部新风滤网每 6 天清理一次。

（2）纸滤结构新风口 4 天更换一次。

（3）空调机组回风滤网 15 天清理一次。

（4）空调机组冷凝滤网 2～4 天清理一次（4～10 月）；其余 30 天清理一次。

（5）车内回风、废排滤网 1 月清理一次。

（6）蒸发器、冷凝器每年清理一次。

（7）换气装置逆变器滤网 1 个月清理一次。

（8）空调机组冷凝风机叶片 1 个月清理一次。

二、故障诊断方法及处理措施

在正常运用中，空调系统中较易出现故障的是客室空调机组，空调机组出现故障时，MON 将报警提示，并显示故障代码（详见动车组应急处理手册）。通过该故障代码可以初步判断空调机组故障情况。要判断空调机组的具体故障，需通过显示设定器，查看故障发生时间及代码，以此判断具体的空调机组内部故障，并进行针对性的检修。

空调机组在运行中，产生的故障分为轻故障和重故障；轻故障可自动恢复，轻故障连续 3 次后将判定为重故障，空调机组制冷或制热模式将被锁定，一般将变为通风模式，此时需手动重启空调机组才能恢复。

三、典型故障处理案例分析

动车组运用过程中，除空调机组故障外，其余部件及系统性问题相对较少，从动车组运用以来，常出现的问题及处理方法举例如下。

案例 1　运行时车内乘坐有耳鸣

➢ 故障现象：

动车组停车开门、过分相时出现明显耳鸣等。

➢ 原因分析：

出现上述情况时，一般是由于车内形成了较大的正压或负压，当停车开门时车内压力迅速恢复至正常水平，压力变化率大于了人体舒适性感知范围；过分相时，由于空调机组、换气装置断电，风机转速降低，车内压力迅速通过空调系统的新风、废排口与车外压力形成平衡趋势，形成了较大的压力变化率。一般要求压力变化率为< 200 Pa/s；<800 Pa/3 s。

➢ 处理措施：

通过开关动车组侧门或司机室安全窗、机械师室安全窗，判断空气流动方向，确定车内形成正压还是负压：空气向内进入，则车内形成了较大负压；若空气向车外流出，则车内形成了较大的正压。若车内存在正压较大的问题，可能是由于废排风量降低造成的，因此可检查、清理客室内回风口、卫生废排口；若车内存在负压较大的问题，可能是由于新风风量降低造成的，因此可检查、清理新风滤网。

案例 2　客室内风道异音

➢ 故障现象：

客室侧墙风道、风口处出现明显的异响。

➢ 原因分析：

窗间侧墙内复合风道是软风道，主体结构从外到内为铝箔→PE→硬质胶片→PE→铝箔，总共 5 层；在接口的部位，是由 3 层组成，分别为：橡胶→呢绒纤维→橡胶 ；行李架下方为玻璃钢风道；地板中风道为铝板风道。若风道安装时内部进入了异物或软风道内部开裂均可能会在空调运行时产生异常响动。

➢ 处理措施：

拆开侧墙板，将风道拆开检查，若风道出现开裂、脱落情况需进行重新粘贴，有异物时需清除。

案例 3　换气装置振动异常

➢ 故障现象：

换气装置上方客室地板或端部通过台区域端部新风道上方地板异常振动。

➢ 原因分析：

换气装置风机旋转速度较高，由于运用环境原因，风机叶轮内部较易黏附大量灰尘等异物，当黏附物分布不均时将影响其动平衡，振动增大；另外，换气装置内部进入了较大的异物如塑料、保温材料等杂物时也将导致异常振动。

➢ 处理措施：

出现此情况时，可先判断换气装置振动情况，是否有异常噪声，与其余正常换气装置进行对比；其次可测试对应地板的振动加速度情况（风机低速运行时地板振动加速度 RMS 值一般不超过 0.8 m/s^2）；若符合上述情况，则需将换气装置进行检查、清扫。换气装置上设有检查门，可以通过检查门进行现车检查、清扫工作。

案例 4　司机室空调不制冷

➢ 故障现象：

司机室空调运行指示灯亮红灯，空调仅通风不制冷；空调先制冷运行后很快压缩机停止，运行指示灯亮红灯。

➢ 原因分析：

司机室空调装置电源箱故障、管路泄漏报低压、室外风机故障是较为常见的故障，都将引起运行指示灯亮红灯，仅通风不制冷情况。

➢ 处理措施：

（1）检查电源箱对室外风机、压缩机的输出电压是否正常。

（2）检查室外风机是否正常启动。

（3）测量压缩机工作电流，根据电流初步判断是否存在制冷剂泄漏情况。

（4）用检漏仪检测管路接口是否有泄漏。

（5）检查压缩机是否正常。

案例 5　高压开关动作

➢ 故障现象：

动车组运行时，MON 报空调装置 1/2 高压开关动作，故障代码 118/119。

➢ 原因分析：

空调机组报高压开关动作一般是在夏季空调制冷时发生。最常见原因为室外热交换器、室外滤网污损严重，造成管路系统内压力较高，压缩机进行保护并停止工作，若连续报 3 次该故障则形成重故障，空调机组只能重启才能重新制冷，否则为通风模式。

➢ 处理措施：

（1）查询显示设定器，获取机组内部故障代码（14.4/24.4 或 15.4/25.4）；对应故障名称为：压缩机 1 或 2 高压动作。

（2）查询空调故障判定手册，根据具体检查步骤进行检修。

（3）清扫室外热交换器和室外过滤器。

（4）更换控制卡。

案例 6　空调、换气装置引起主变三次侧接地

➢ 故障现象：

动车组运行时，主变压器报三次侧接地（空调机组、换气装置故障引起的主变压器三次侧接地）。

➢ 原因分析：

三次电路相关设备（APU、空调、换气装置、开水炉等）接地都可引起该故障；空调机组压缩机、室外风机、室内风机、换气装置电机出现接地短路引起该故障。

➢ 处理措施：

到故障单元车运行配电盘、服务配电盘，断开辅助电源装置控制 NFB（APUCN），司机室制冷 NFB，各车的空调电源 1、2 及供排气装置 NFB。然后重新投入 VCB 后，依次恢复，查找接地的设备并切除。

案例 7　车内温度偏高

➢ 故障现象：

夏季高温时段客室内温度持续在 28 °C 以上，无法下降；空调机组 1 和 2 正常运行，运行率都为 3 格，客室温度持续在 28 °C 以上。

➢ 原因分析：

可能外部环境温度过高；空调冷凝滤网较脏、空调蒸发器较脏导致空调机组制冷效率降低；空调机组回风滤网较脏或客室内回风滤网较脏，导致送风量偏低，换热量降低等原因。

➢ 处理措施：

可将该车换气装置关闭，待该车客室温度下降至正常温度后可开启；可将该车窗户窗帘关闭减少太阳辐射量；车辆库内检修时对空调机组冷凝过滤网、室内滤网、车内回风装置滤网进行检查、清扫。

案例 8　低压开关动作

➢ 故障现象：

动车组运行时，MON 报空调装置 1/2 低压开关动作。

➢ 原因分析：

可能原因有：

（1）冷剂外漏。

（2）空调装置周围温度低。

（3）室内热交换器可能结冰。

（4）室内回风口堵塞导致回风量减少。

（5）室内热交换器堵塞或室内过滤器堵塞。

（6）控制卡不良。

（7）室内风机异常，风量降低。

➢ 处理措施：

（1）检查制冷剂是否泄漏。

（2）测室外吸入空气温度（外气需在 20 °C 以上）。

（3）确认室内热交换器有无结冰。

（4）检查并清扫室内回风口滤网。

（5）确认室内热交换器、室内过滤器滤网是否堵塞。

（6）更换控制卡。

（7）回转确认（手动），室内送风机电流测定（额定约 6.5 A）。

案例 9　电加热器异常

➢ 故障现象：

动车组运行或库内试验时，车内温度在 28 °C 左右，空调装置（强制）制热工况下报电加热器异常。

➢ 原因分析：

空调机组制热时，电加热器设有两级保护，一般达到第一级保护时会报此故障。发生该故障的可能原因有：

（1）车内回风口滤网、空调机组内回风滤网堵塞比较严重，导致循环风量减少，强制制热时电加热器散热不良，温度上升过快，而车内温度仍较低；个别车内风道结构原因，整车循环风量相对偏低也是原因之一。

（2）室内送风机异常，风量减少。

（3）室内热交换器堵塞严重，造成风量明显降低。

（4）温度开关故障。

（5）控制卡不良。

➢ 处理措施：

（1）检查、清扫空调机组室内热交换器、室内过滤器滤网。

（2）回转确认（手动），室内送风机电流测定（额定约 6.5 A）。

（3）检查、清扫客室内回风装置滤网。

（4）确认温度开关是否导通。

【任务自检】

1. 简述 CRH380A 型动车组空调系统的组成。
2. 说明 CRH380A 型动车组制冷系统的组成及工作过程。
3. 简述 CRH380A 型动车组压力保护系统的工作原理。
4. 简述 CRH380A 型动车组空调控制系统的功能及基本组成。
5. 说明 CRH380A 型动车组空调显示设定器的结构与工作原理。
6. 根据 CRH380A 型动车组客室内风道异音的故障现象，分析其故障原因及处理措施。

任务三　CRH380B 型动车组空调系统维护与检修

【任务描述】

（1）了解动车组 CRH380B 空调系统的功能、组成、类型与特点；

（2）了解动车组 CRH380B 对车内空气参数的要求及参数的标准；

（3）了解 CRH380B 型动车组空调与制冷的概念与空气调节的基本原理；
（4）能在现场对动车组 CRH380B 空调进行认识和操作；
（5）能在现场对 CRH380B 型动车组空调机组进行检测与清洁操作。

【背景知识】

客车空调系统是为了获得旅客舒适性要求的空气参数所采取的必要的技术措施。空调系统通过对车厢内的温度、湿度、空气洁净度等参数的控制，满足车内环境的舒适性要求。因此，空调装置应由 5 个基本系统构成：空气冷却系统、空气加热系统、通风系统、废排系统、自动控制系统。

空调系统按调节空间的不同可分为客室空调系统和司机室空调系统。

CRH380B 型动车组空调机组采用 R407C 制冷剂，R407C 制冷剂为环保制冷剂。选择 R407C 制冷剂，压缩机尺寸减小，有利于空调机组的减重。

一、CRH380B 型动车组空调系统概述

1. CRH380B 型动车组空调系统的主要功能

（1）能提供新风供给和排废气。
（2）实现客室和司机室的采暖和制冷。
（3）能进行风量的输送和分配。
（4）能对新风进行初步过滤。
（5）能实现混合空气的过滤。
（6）能实现对于新风（外部供风）和废排的压力保护。
（7）具有应急通风功能。

2. 客室空调机组主要技术参数

（1）制冷量：44 kW。
（2）制热量：机组：35 kW，风道：7 kW，客室辅助：4 kW。
（3）总通风量：制冷工况 4 500 m^3/h，制热工况 2 500 m^3/h。
（4）新鲜空气流量（冷却）：1 600 m^3/h。
（5）回风空气流量（冷却）：2 880 m^3/h。
（6）制冷剂：R407C，5.5 kg/制冷系统。
（7）交流电源：440 V/60 Hz，3 相。
（8）直流电源：DC 110 V（DC 77 ~ 135 V）。

3. 客室空调系统的组成

端车空调系统由 12 个子模块构成，其余车由 10 个模块构成，如图 2.37 所示。

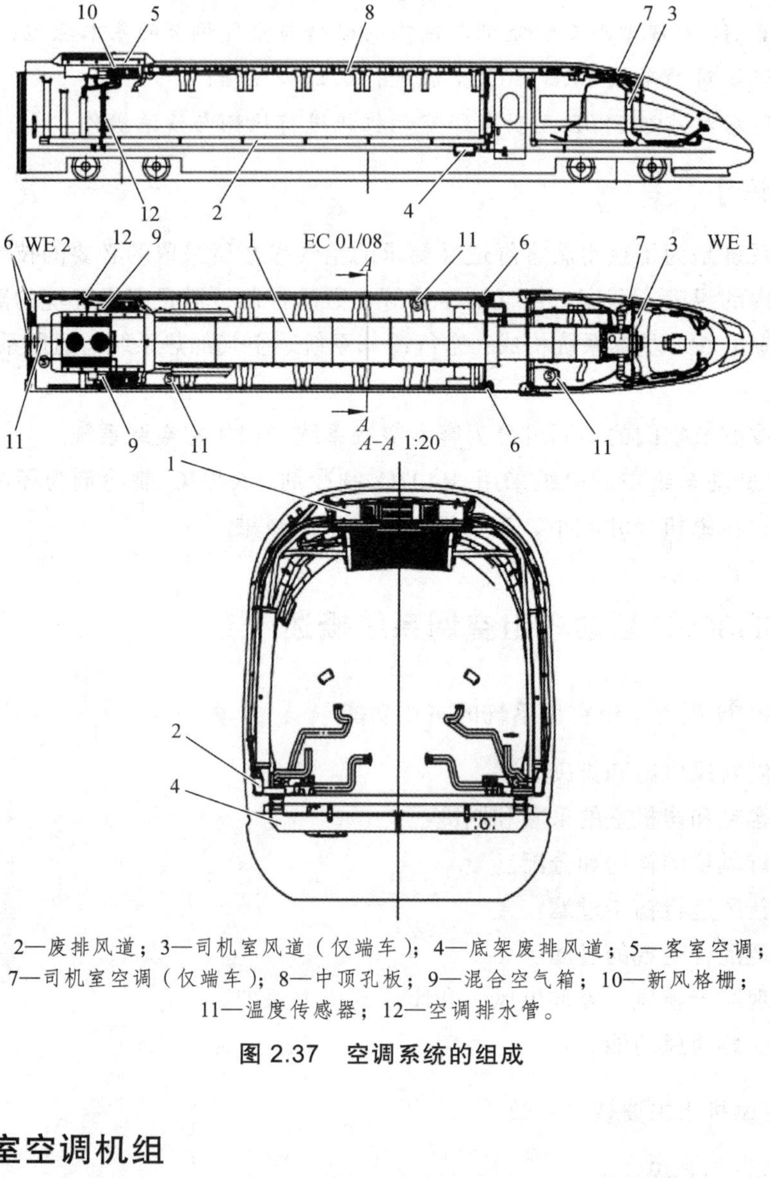

1—供风风道；2—废排风道；3—司机室风道（仅端车）；4—底架废排风道；5—客室空调；6—加热器；
7—司机室空调（仅端车）；8—中顶孔板；9—混合空气箱；10—新风格栅；
11—温度传感器；12—空调排水管。

图 2.37 空调系统的组成

二、客室空调机组

CRH380B 型动车组客室空调系统，采用单元式空调机组并设计成车顶安装，端车上客室空调机组安装在 2 位端车顶，在其他车上客室空调机组安装在 1 位端车顶。主要包括两个独立的制冷循环回路和一套连接空调机组和沿车体分配处理过空气的风道系统组成。空调机组两侧设有新风和回风混合箱。空调机组在制冷模式下，将来自混合器的气体依靠两个蒸发器前的两个离心风机吸入，当气体流过翅片的时候，制冷剂会吸收空气的热量而蒸发，并将冷却后的气体通过送风风道送到客室。空调机组在制热模式下，将来自混合气的气体通过安装在蒸发器后面的电加热器，对吹入客室的空气进行加热。空气分配风道又分为供风风道和废排风道。供风风道布置在车顶板下和两侧侧墙，废排风道布置在车体的两侧下部，废排风箱布置在车下，回风口设在空调机组下部的顶板上，系统不设回风道。

列车中客室空调系统的基本组件配置见表 2.5。

表 2.5　客室空调系统的基本组件配置

组件配置	车型				
	端车	中间车			吧车
	EC01/EC08	TC02/TC07	FC04	FC03/FC06	BC05
单元式空调机组	1	1	1	1	1
混合器箱	2	2	2	2	2
废排单元	1	1	1	1	1
应急逆变器	1	1	1	1	1
通过台风扇加热器 1 500 W	4	4	4	4	4
控制面板	1	1	1	1	1
温度传感器	8	8	8	8	8
带压力波保护的新风格栅	2	2	2	2	2
送风系统	1	1	1	1	1
废排系统	1	1	1	1	1
电发变压器	1	1	1	1	1

（一）空气冷却系统

1. 制冷系统组成

客室空调机组采用车顶单元式，主要包括空气压缩机、冷凝器、节流装置、蒸发器、通风机、冷凝风机以及空气预热器等，并全部安装在一个箱内，组成一个完整的单元后安装在车顶，具有结构紧凑、制冷量大、质量轻、管路短、不易泄漏、不占用车下空间等特点。图 2.38 所示为安装在车顶上的客室空调机组，打开外壳就可以看到空调机组的重要部件。

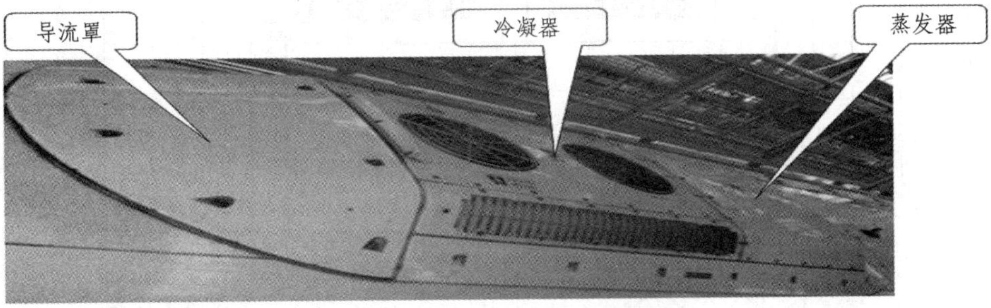

图 2.38　车顶空调机组

2. 制冷剂循环原理

空气压缩机吸入低温低压的制冷剂气体并将其压缩成高温高压的制冷剂气体，进入冷凝器内，经冷凝风机冷却成常温高压的制冷剂液体，在经膨胀阀进入毛细管使高压液体变成低温低压液体进入蒸发器，并使制冷剂在蒸发器内与被冷却空气发生热交换，吸收被冷却空气的热量使空气得到冷却；冷却后的空气被送入车内，从而保证车内温度达到指定目标。并将制冷剂汽化成低温低压气体进入压缩机循环。制冷剂循环示意图如图 2.39 所示。

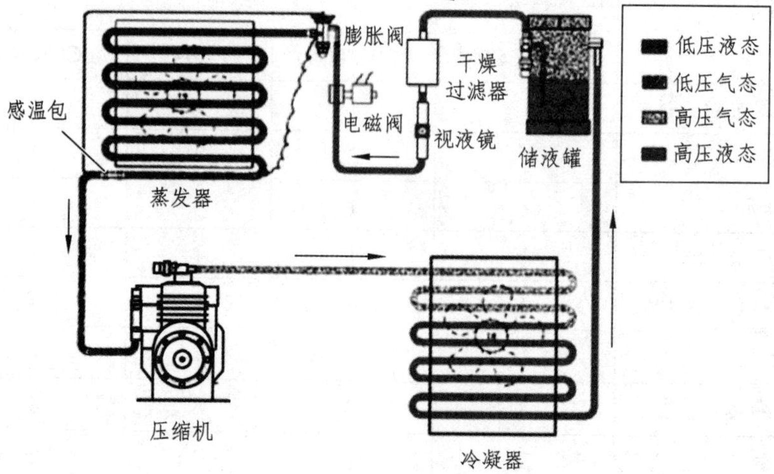

图 2.39　制冷剂循环示意图

3. 制冷系统循环组成

制冷系统循环回路示意图如图 2.40 所示。该回路中的制冷器始于冷凝器，制冷剂液体从

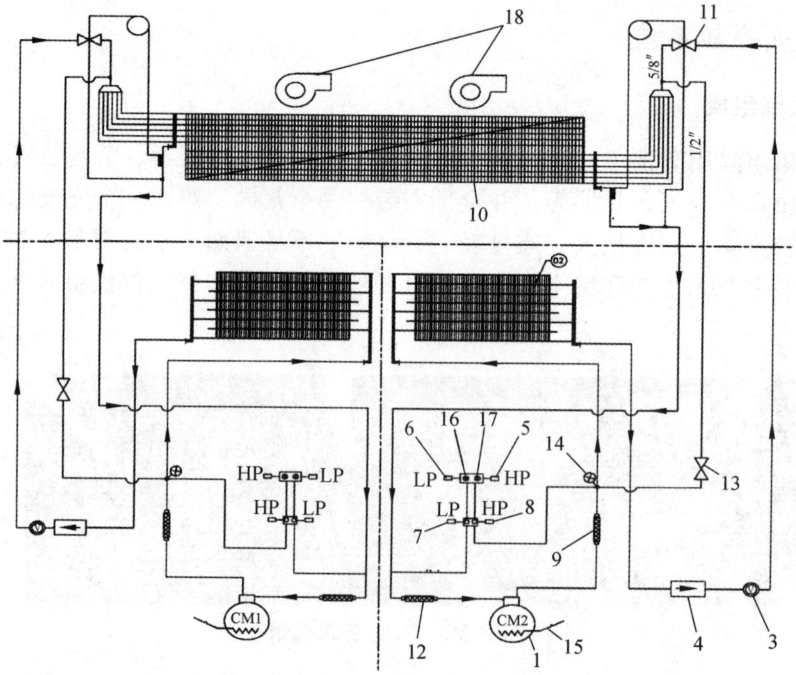

1—压缩机；2—冷凝器；3—带湿气显示的视液镜；4—干燥过滤器；5—高压传感器；6—低压传感器；7—低压安全切断开关；8—高压安全切断开关；9—排气管路避振管；10—蒸发器；11—膨胀阀；12—吸气管路避振管；13—旁通电磁阀；14—安全阀；15—曲轴加热器；16—低压维修阀；17—高压维修阀；18—蒸发风机组件。

图 2.40　制冷系统循环回路组成示意图

冷凝器 2 流出，流向干燥过滤器 4 和带有湿气显示的视液镜 3，经过视液镜后到膨胀阀 11 进入蒸发器 10，并通过蒸发器上分液器的细管来分配，这些细管可确保制冷剂能够均匀地分配到蒸发器（蒸发器是一个铜管铝翅片热交换器），通过热力膨胀阀调节进入蒸发器的制冷剂流量，使制冷剂压力迅速降低，伴随蒸发，从而冷却铜管和铝翅片并通过它们来冷却周围的空气。两台通风机 18 将这些空气吹入客室。冷的制冷剂气体以低压状态从蒸发器出来，经过吸入管进入压缩机 1。压缩机的吸入和排气管路上都有避振管 12 和 9，来降低沿硬管系统的噪声和振动的传递。一个制冷剂安全阀 14 装于避振管后面的气路，以避免回路里的任何过压。两个压力开关 7、8 和压力传感器 5、6 在压缩制冷循环过程中共同作用。从压缩机出来的高压高温气体，通过带有避振管 9 的排气管路送到冷凝器 2。冷凝器和蒸发器的结构相似，而其内部发生的过程与蒸发器完全相反，到达冷凝器的气体制冷剂的温度比环境温度高很多，并且热量被通过冷凝器的来自冷凝风机的强迫气流带走。当制冷剂气体温度降低，制冷剂开始冷凝并变为液体，然后从冷凝器流向干燥过滤器，开始新的制冷循环。

4．制冷系统各组成部分结构

（1）压缩机。

CRH380B 型动车组空调机组压缩机为谷轮涡旋式压缩机（ZR94KTE-TFD522 型），每台空调机组包括两套空气压缩机。此压缩机内部几乎没有移动件，并且没有动态的吸气阀和排气阀，振动和噪声都较低，能够抵抗在制冷系统里常见的由液体淤积、流体启动和碎屑引起的应力。压缩机将来自蒸发器的低温低压气体吸入，并将其转化为高温高压气体。其外形结构示意图如图 2.41 所示。

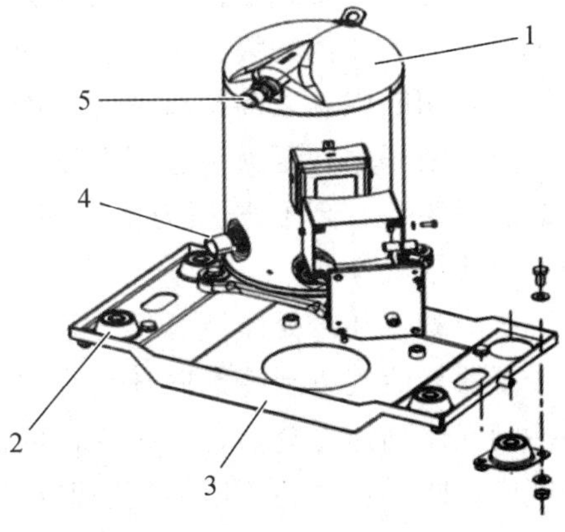

1—压缩机；2—减振垫；3—压缩机底座框架；4—吸气管连接口；5—排气管连接口。

图 2.41　压缩机外形结构示意图

如图 2.41 所示，两套压缩机分别安装在各自的底座框架上，通过 4 个减振垫固定在冷凝框架上，减振垫起着降低噪声和振动的作用。压缩机吸气和排气管路上均配有软管避振管，以最大限度地降低磨损、振动和噪声。每套压缩机还包括一台 45 W 的曲轴加热器，该加热器在压缩机关闭期间和除制冷外的各种模式中均被开启。这样可以保持油温，减少曲轴油箱对制冷剂的吸收。压缩机吸气阀和排气阀均有双重锁止功能的旋转锁定阀，并提供有辅助连接器。顺时针充分旋转阀门，阀门出口处辅助连接器开启；逆时针充分旋转阀门，辅助连接器关闭。为了将其设定在正常工作位置，先将阀杆向左充分旋转，然后再顺时针旋转两周。并且压缩机吸气阀和排气阀均带有保护阀杆的密封盖，里面有铜垫圈，当阀体压紧后能保证密封连接。无论什么时候用过阀后，必须将阀盖放回原位。

压缩机开机条件：

① 风压开关正常；

② 新风温度>5 °C；

③ 压缩机运转/停止时间≥1.5 min；

④ 各种温度、压力等保护正常；

⑤ 机组接到开机命令后，延时 24 s，压缩机得电启动。

（2）制冷剂控制部件。

制冷剂的控制部件主要包括：每个压缩机上的两个高压、低压压力开关和两个高压、低压传感器，一般安装在压缩机附近。

压力开关是安全装置，当制冷剂压力降低到最小低压（LPS1/LPS2）以下或者超过最大高压（HPS1/HPS2）时就会动作。这种工作方式保证压缩机和系统都工作在安全范围内。当触发后，开关即打开（切断）。当压力回到正常范围内，开关就闭合（接通）。各个开关的打开和闭合状态反馈到微处理器，微处理器就可以执行程序控制的动作。高/低压压力安全切断可确保压缩机和系统能够工作在安全范围之内。低压压力开关主要是防止系统工作在比大气压力还低的情况，同时在正常的工作模式下它还会引起压缩机的停机。同样的，高压压力开关在排气压力超过允许的压力后就会断流并使压缩机停机。

压力传感器主要就是监控吸气压力（LPS1/LPS2）和排气压力（HPS1/HPS2），并形成一个与相应压力成比例的模拟信号。当吸气压力低于参考值或者高压超过参考值，温度控制器即可在达到切断限制之前执行调制制冷。

压力切断开关和压力传感器既不可调节也不可现场维修，如果损坏必须更换。此外，压力控制总成还备有高/低压压力检修阀，此阀允许进行如制冷剂回路的抽真空，还可以接入压力表，方便维修操作。

（3）冷凝器和冷凝风机。

冷凝器是使气态制冷剂向环境介质放热而冷凝液化的换热器。从压缩机出来的高温高压的制冷剂气体到达冷凝器，由于气体的温度远高于环境空气温度，热量就散发到通过冷凝器的空气中，同时将高温高压的气态制冷剂通过热交换变成低温高压的液态制冷剂。为了使换热器交换表面能够获得更好分布，一般通过两台冷凝风机将其外部空气强迫通过冷凝器进行散热。每个冷凝风机都配有一套外径为 580 mm、具有 35°倾角的 9 个叶片组成的轴流风扇和一个转速 1 200 r/min、具有 IP56 防护等级和 F 类绝缘等级的异步驱动电机。在每个冷凝风机导流罩上均安装了一个防冻温控器，当温控器检测到一个会使冷凝扇叶结冰的温度时，就会给空调控制系统发出一个信号，以防止风机在外界环境温度低于 0 °C 下运行。其外观示意图如图 2.42 所示。

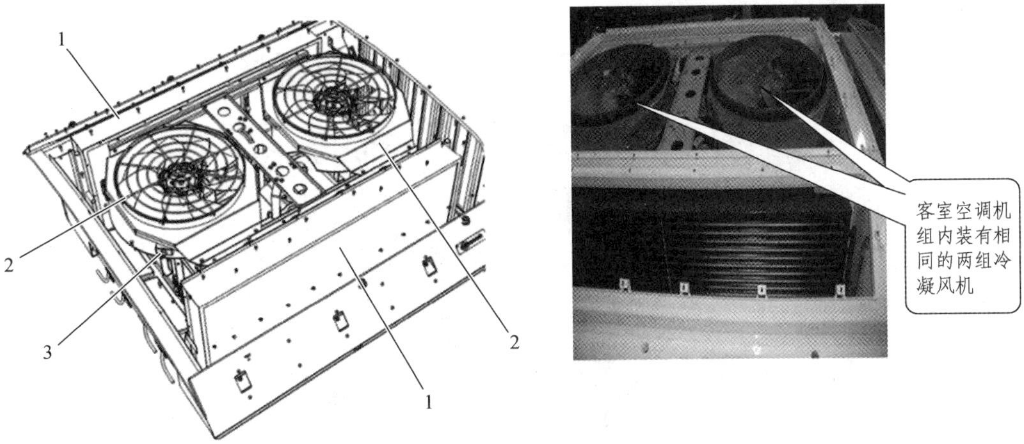

1—冷凝器；2—冷凝风机；3—防冻温控器。

图 2.42　冷凝器和冷凝风机外观示意图

冷凝风机的启动：

① 机组接到开机命令后，一台冷凝风机启动，另一台冷凝风机受高压压力控制；

② 机组接到关机命令后，冷凝风机全部关闭；

③ 两台冷凝风机要考虑工作时间均衡。

（4）旁通电磁阀。

旁通阀安装在压缩机 CM1 和 CM2 的旁通管路中，通过将从压缩机出来的热气喷射到热力膨胀阀和蒸发器之间的管路来调节压缩机的压力，以使其与蒸发器相适应。每一个旁通电磁阀包含一个伺服控制的电磁开闭器，常闭的当被激活或者通电后就打开。

（5）视液镜（带湿气指示）。

带湿气指示视液镜位于从干燥过滤器液体流出的管路上，通过对水分变化敏感的变色元件来显示系统的湿度等级。当系统中没有水分时，颜色显示为绿色，当系统的水分含量增加后就会变成黄色。当指示器显示为深黄色时，即意味着系统中的水分过量，并需要更换干燥过滤器。还可以通过视液镜清晰地观察制冷剂的流动情况，因此，如果制冷剂中存在气泡也很容易被发现。气泡的存在表示制冷剂处于非正常状态，如有可能出现制冷剂充注不足、制冷剂液体的冷却不充分、排气压力较低或制冷剂液体管路堵塞等情形。

（6）干燥过滤器。

干燥过滤器的用途是捕获有可能在系统存在的固体微粒（如污垢、锈和铜焊微粒）等。它还能吸附制冷剂循环里的水分和酸。每个制冷剂循环回路里包含一个安装在液体管路上的干燥过滤器，位于冷凝器的出口处。干燥器就是一个实体吸水模块，通常是由分子筛、活性氧化铝和一个金属过滤器组成。

（7）蒸发器。

蒸发器是由一套 1/2 英寸的铜管和片距为 2.3 mm 的铝翅片组成。制冷剂液体在管内流动，并且当液体制冷剂蒸发时翅片和铜管即被冷却，流动的空气被吹入客室前也在此被冷却。蒸发器分为互相交织的两个系统，各有一个热力膨胀阀，制冷剂通过液体分配器的小孔来分配，此液体分配器在蒸发器的蛇形管侧。由此就会出现一个压降，制冷剂温度就会降低。蒸发器的主要结构如图 2.43 所示。

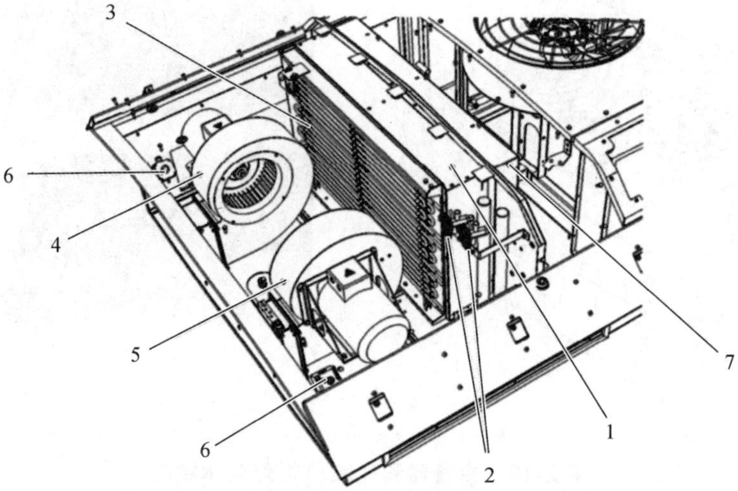

1—蒸发器；2—膨胀阀；3—电加热器；4—右通风机；
5—左通风机；6—风压开关；7—空气过滤器。

图 2.43　蒸发器结构图

（8）热力膨胀阀。

膨胀阀位于冷凝器之后。从冷凝器来的高压制冷剂液体流经膨胀阀后，压力下降，然后进入蒸发器中，膨胀阀除起到节流作用外，还起调节进入蒸发器的制冷剂流量的作用，避免制冷剂液体进入压缩机。从膨胀阀出口到压缩机进气阀的这部分回路被叫作低压侧，从压缩机排气阀到膨胀阀进口的这部分气路被称为高压侧，膨胀阀还可以确保制冷系统里高压侧和低压侧之间有足够的压力差。

热力膨胀阀是由一个与毛细管连接的感温包及与其相连的阀体组成，阀体安装在液体管路上，并且感温包固定在蒸发器出口的压缩机吸气管路上。感温包里有一定容量的制冷剂，毛细管里和阀上面的空间里都充满了一定压力下的饱和蒸汽，此压力为感温包温度相对应的压力。膜片下面的空间与蒸发器后的吸气管路相连，因此此处的压力为蒸发压力。该阀的开启度是由膜片上面的感温包温度引起的充气压力以及膜片下面的蒸发压力与作用在膜片下方的弹簧压力之和来决定的。所以，热力膨胀阀是由蒸发器的蒸汽压力和感温包里的充注压力产生的压差来工作的。膨胀阀还配有与蒸发器出口管路相连的压力平衡管，其位置靠近感温包，其功能是补偿由分配器和蒸发器表面引起的压降。

（9）通风机。

通风机（蒸发器）如图 2.44 所示。经过处理的空气（冷风或暖风）通过左通风机和右通风机吹入车厢，风机由具有镀锌板的叶片和铸钢轴心的离心叶轮组成，安装在一个三相单轴、440 V/60 Hz 的 2.2 kW 的电机上，转速 1 680 r/min。电机可持续工作，防护等级 IP54，绝缘等级为 F。两个通风机的出风口处各自设有电动阀门，正常为关闭状态，在一个通风机故障时可以关闭相应的阀门，避免送风旁通回机组。

在风机上有监控压差的装置，开关将压差转化为因空气压力差异而变化的模拟信号，此信号被送到微处理器，并将其和内部设定的参考值相比，如果模拟信号比内部参考值大，即表示通风机流速是足够的，ACCU（增强型中央处理单元）可以操作空调机组。

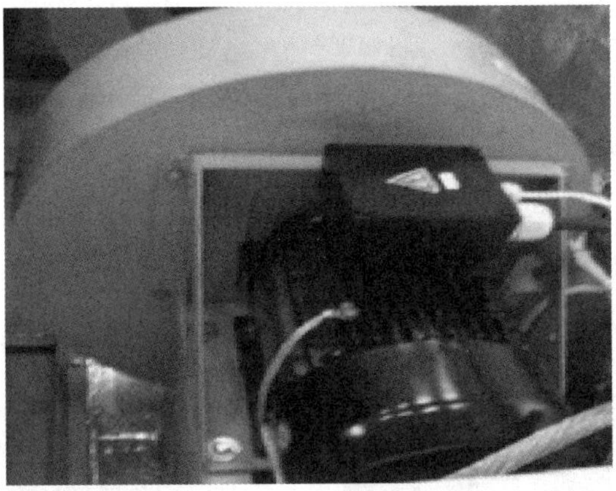

图 2.44　通风机

（10）空气过滤器。

单元式空调机组在蒸发器进口有 3 个空气过滤器，它们由过滤棉和框架组成，主要作用是防止灰尘、污垢和固体微粒进入系统，卡在换热器翅片之间阻碍空气流通，以免引起系统故障，如吸气压力下降或者客室空气调节不充分。

（二）空气加热系统

空气加热系统主要包括主加热器、辅助加热器两部分。

冬季，外气温度比较低，为保证送入客室的空气温度（送风温度一般为 18 ~ 25 °C），外界新鲜空气在送入客室之前必须经过主加热器进行加热。除了主加热器之外，还在外门及风挡内门附近设有带风扇的辅助加热器，以弥补热损失，阻止外界冷空气进入客室。另设置了消音风道内加热器和头车 VIP 区风道加热器，减轻了暖风传递过程中的热量损失。

1. 空调机组内的主加热器

主加热器共有两组，与蒸发器平行安装，如图 2.45 所示。由 2 × 17.5 kW/AC 440 V 的两组电加热管组成，能够为客室提供 35 kW 的总加热功率，并设置两极温度保护开关。90 °C 时一级温度保护开关动作，当温度降到 69 °C 以下时温度保护开关自动复位，温度上升到 165 °C 时二级温度保护开关动作，二级开关只能手动复位。

图 2.45　主加热器

2. 辅助加热器

辅助加热器体积小，加热量大，加热功率为 1 kW。加热器采用 90 °C 可复位，150 °C 不可复位温度保护器。风扇电机设置 35 °C 温度保护开关（当温度高于 35 °C 时，通风机不启动）。辅助加热器如图 2.46 所示。

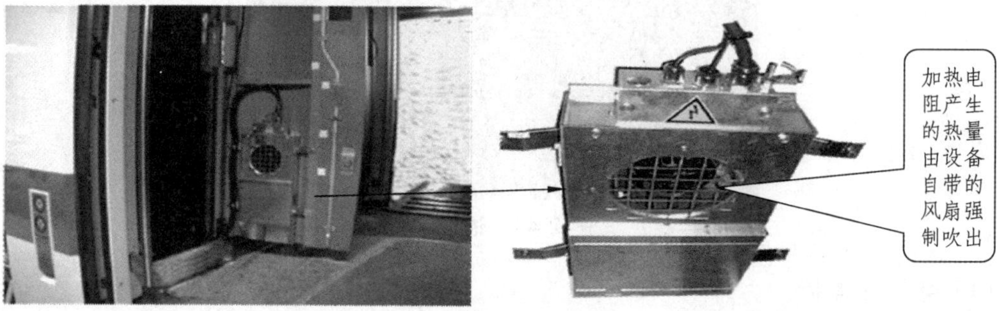

图 2.46　辅助加热器

3. 风扇加热器

为了在附加区域里能够达到最佳温度，根据不同车型配备了风扇加热器，加热器配置如表 2.6 所示。每套电加热器均由一台离心风机和电加热器组成。风扇加热器如图 2.47 所示。

表 2.6　加热器配置

组　件	车　型				
	端车	中间车			吧车
	EC01/EC08	TC02/TC07	FC04	FC03/FC06	BC05
风扇加热器 A	1				
风扇加热器 B	1				
风扇加热器 C	1		1		2
风扇加热器 D	1		1		2
风扇加热器 E		1		1	
风扇加热器 F		1		1	

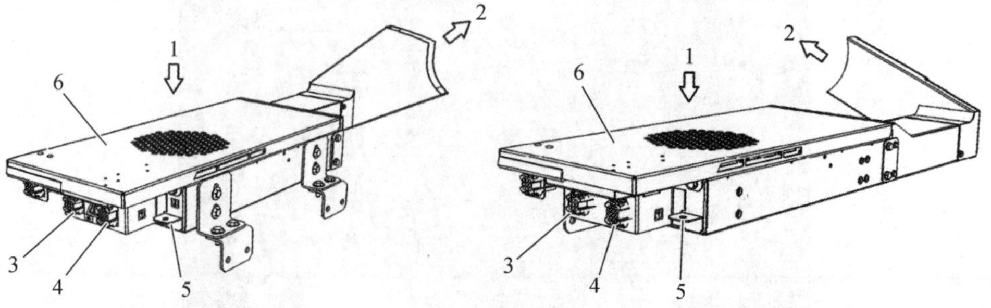

（a）风扇加热器 A　　　（b）风扇加热器 B

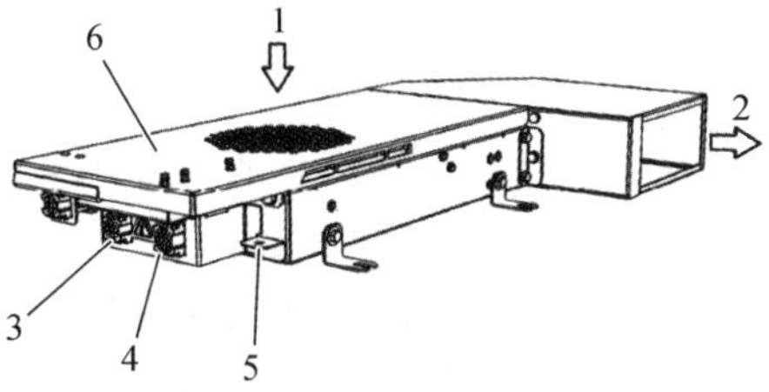

（c）风扇加热器 C

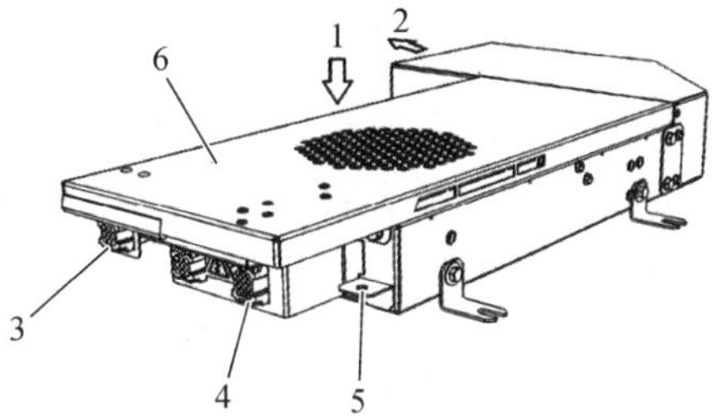

（d）风扇加热器 D

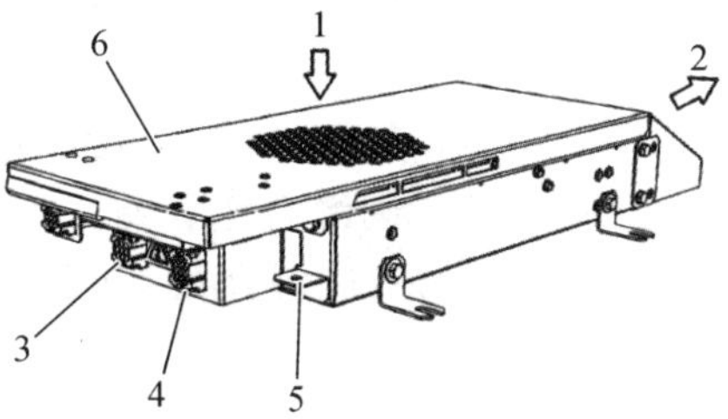

（e）风扇加热器 E

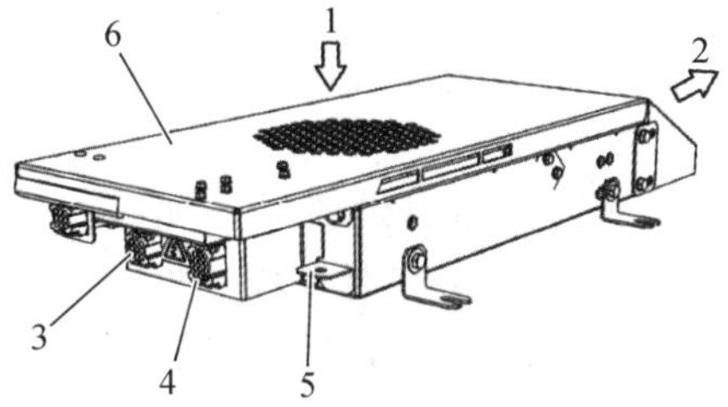

（f）风扇加热器 F

1—进风口；2—出风口；3—VDC 信号连接器*2；4—VAC 信号连接器*1；
5—M4 接地码；6—风扇加热器盖子。

图 2.47　风扇加热器

4. 风道加热器

风道加热器加热功率根据各区域需求来选定。加热器采用 90 °C 断开，65 °C 自动复位的一级温度保护，109 °C 断开后需手动复位的二级温度保护。

CRH380B 型
动车组通风系统

（三）通风系统

通风系统的作用是将经过处理的空气输送和分配到客室并获得合理的气流组织，同时还将室内污浊的空气排出室外，使室内参数满足设计的要求。通风系统质量的好坏直接影响到旅客的舒适性和空调装置的经济性。

通风系统主要包括 4 个部分：混合箱和新风隔栅、送风管道系统、废排系统、回风系统等。通风循环示意图如图 2.48 所示

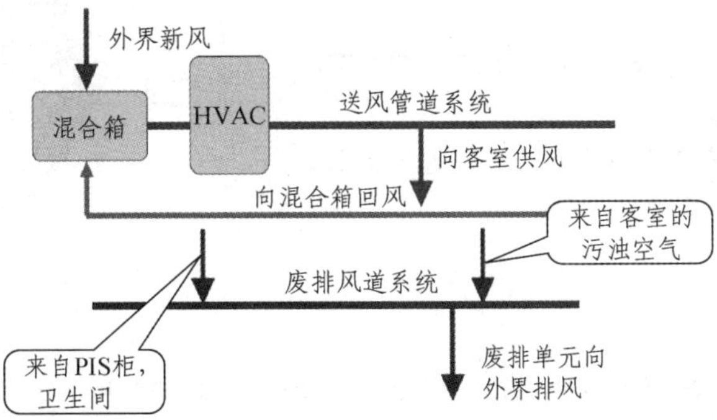

图 2.48　通风循环示意图

1．空气混合箱

每节车厢的空调系统包含两个混合箱，安装在单元式空调机组的进风口处。每个混合箱具有一个电动风门，用于调节新风风量。该风门确保在所有操作循环中的空气更新供给，风门连杆由伺服电机驱动，并且有一个防止反转的控制装置和过载保护系统。

空气混合箱安装于空调机组的两侧，主要是将调控好比例的回风和新风送给空调机组；混合箱新风口上设有两个气动风门，主要用于压力波保护和调节新风口进风量大小；经过新风隔栅向混合箱内供应新风，电磁阀可控制气动装置在 0.15 s 内关闭隔栅，每一新风隔栅设置 2 组阀门，通过阀门的开关数量的多少来调整新风量；电动机驱动的调节阀可控制回风量，控制回风量的大小以符合制冷和采暖工况。

混合箱有 3 种不同类型：① 分体空调用混合箱，安装于端车（EC01、EC08）右侧，用于为司机室分体空调提供新风，如图 2.49 所示；② 单元式空调混合箱，有安装于所有车（EC01 到 EC08）的左侧混合箱（见图 2.50）和安装于中间车的右侧混合箱（见图 2.51），主要用于为客室单元式空调提供新风。

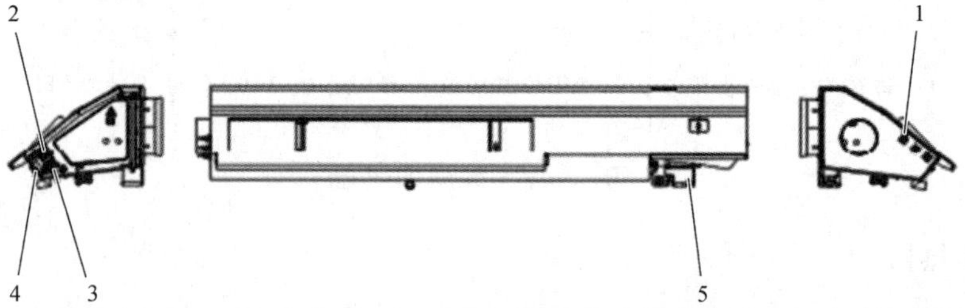

1—气动接头；2—连接器 9×1；3—连接器 9×2；4—M6 接地码；5—风门伺服电机。

图 2.49 分体空调混合箱

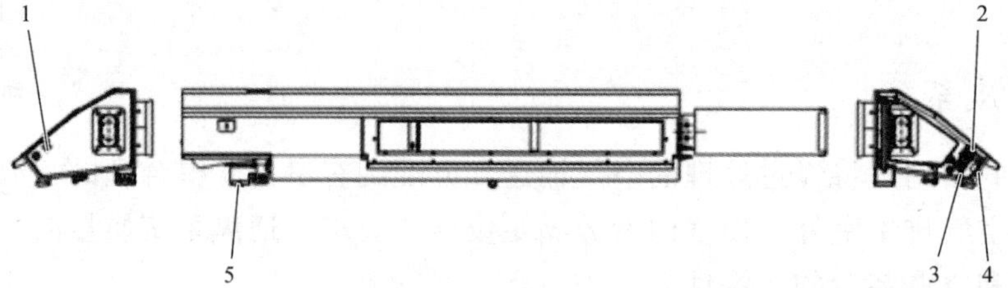

1—气动接头；2—连接器 9×1；3—连接器 9×2；4—M6 接地码；5—风门伺服电机。

图 2.50 所有车左侧混合箱

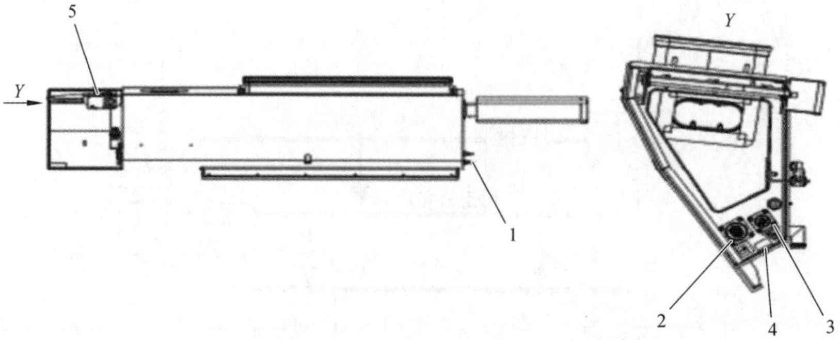

1—气动接头；2—连接器 9×1；3—连接器 9×2；4—M6 接地码；5—风门伺服电机。

图 2.51 中间车右侧混合箱

2．混合箱与空气隔栅（见图 2.52）

位于车体外侧的新风隔栅由气阀控制开闭。正常工作时外界新风可通过隔栅进入混合箱，当列车通过隧道时气阀控制关闭隔栅，避免由于压力变化给旅客带来的不舒适感。

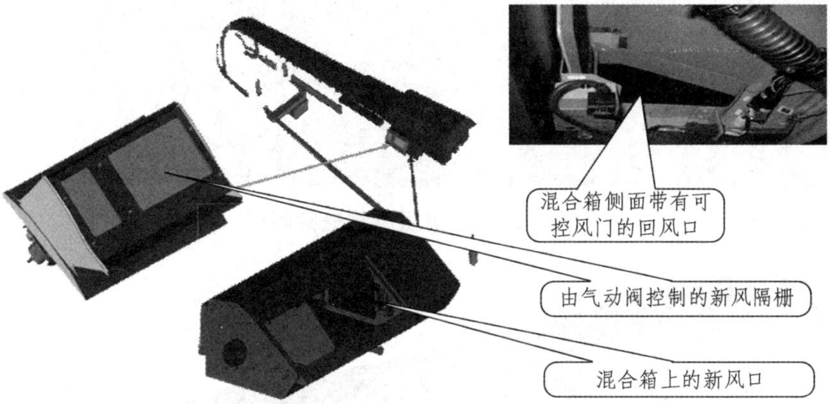

图 2.52　混合箱与空气隔栅结构示意图

3．供风管道系统

空调单元的主供风道安装在天花板上部，为了降低噪声，在管道的第一部分设计有消音器。主供风管道如图 2.53 所示，图 2.54 为客室供风管道实际图，图 2.55 所示为 CRH380B 型动车组空调系统结构 3D 模型。

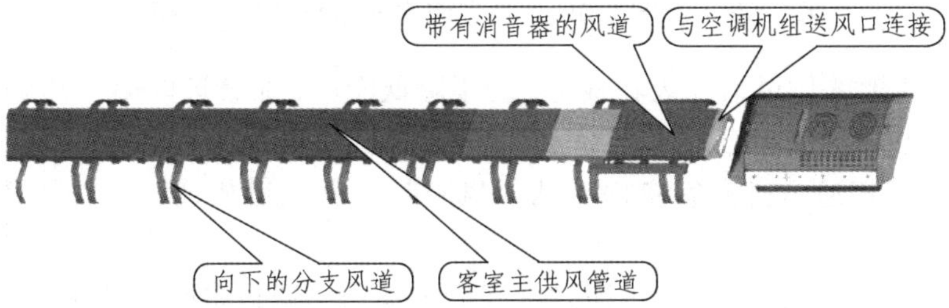

（a）主风道结构示意图

（b）主风道结构外形图

图 2.53　主供风管道系统

图 2.54　客室供风管道实际图

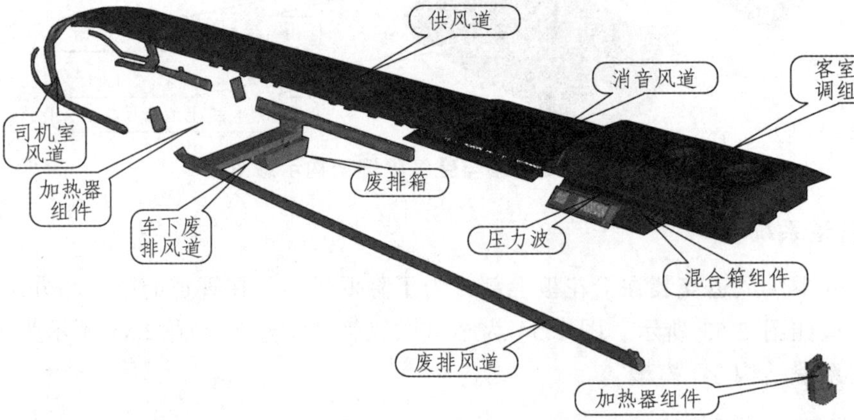

图 2.55　CRH380B 型动车组空调系统结构 3D 模型

空调单元最主要的供风道在天花板上，为了降低噪声，在管道的第一部分设计有消音器。其后，供风管道在横截面上分成 3 部分（见图 2.53）：中间风腔和两侧风腔。中间风腔输送的风通过多孔天花板通道排向客室内，两侧风腔与分支风道相连，可将风送到窗口和座椅区域。

在制冷模式下，75%以上的风量通过中间管道输送，通过多孔天花板通道排出；外侧的暖气管道输送 25%，经暖气管道通过地板出口排出和窗口处排出。

制冷和采暖流量的转换是通过安装在消音器下方的一个可变化的薄片（碟形阀）来实现（运行过程无法调节）。

在采暖模式下，主要通过 2 个与单独分支管道连接的外侧暖风管道供风（约 80%），其他从车顶板风道送出。且分支管道又与位于侧墙的窗口位置的管道相连。通过这些管道，暖风被输送到地板区域（约 70%）和窗口下方（约 30%）。

供风管道延伸到座椅区域，管道终止于司机室的空调单元。如果在司机室发生了制冷失效的情况，可以通过与车厢相连的控制阀使空气进入到司机室。为避免管道内的热风压力损耗，在制暖时所需总供风量比制冷时要少，即制暖时新风量不变，回风量减小。在不同季节充分利用热对流原理使冷暖风按比例分流，为此在消音风道安装了电动风门。夏季冷风分配如图 2.56 所示，冬季暖风分配如图 2.57 所示。

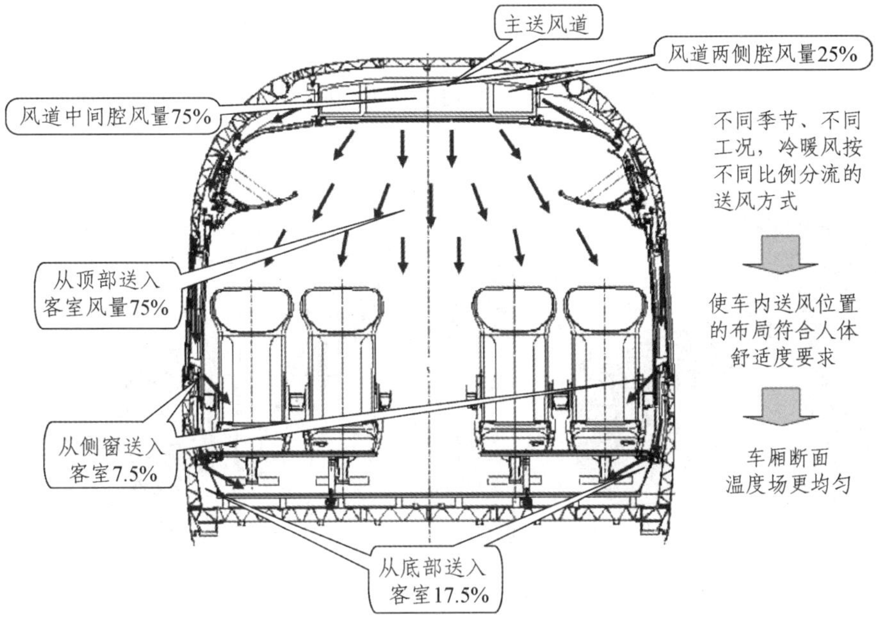

图 2.56　夏季冷风分配图

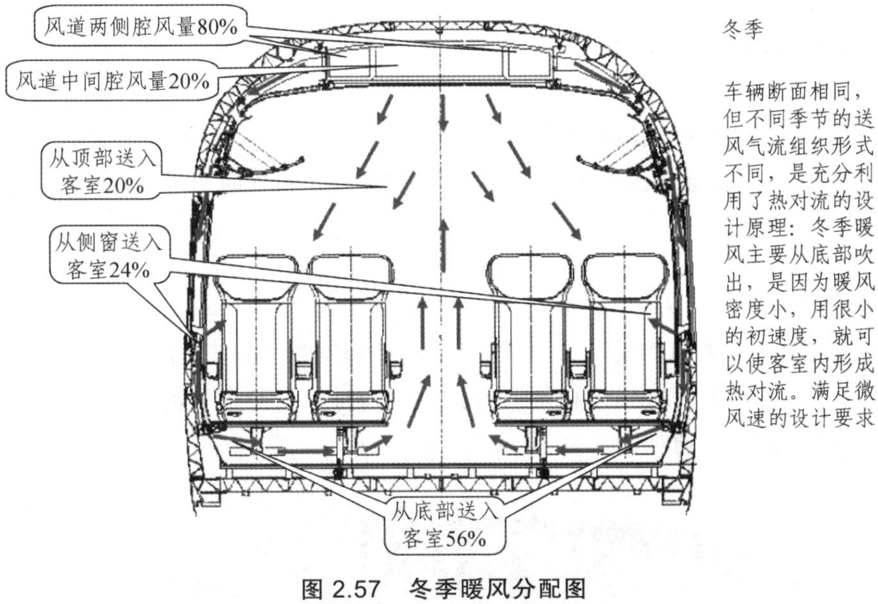

图 2.57　冬季暖风分配图

4．回风管道系统

BC05 车的客室回风：一位端通过多孔天花板直接回收到混合箱；二位端通过管道送回到混合箱（由于吧台区的存在，不利于直接回风至混合箱）。其他车内的回风：直接通过客室内混合箱附近的多孔天花板回收，然后通过混合气室进入空调单元，不需要附加的管道。

（四）废排系统

1. 废排单元

每个车厢的地板面下面均安装有一个单独的废排单元，它将来自废排风道的空气排出车外，如图 2.58 所示。

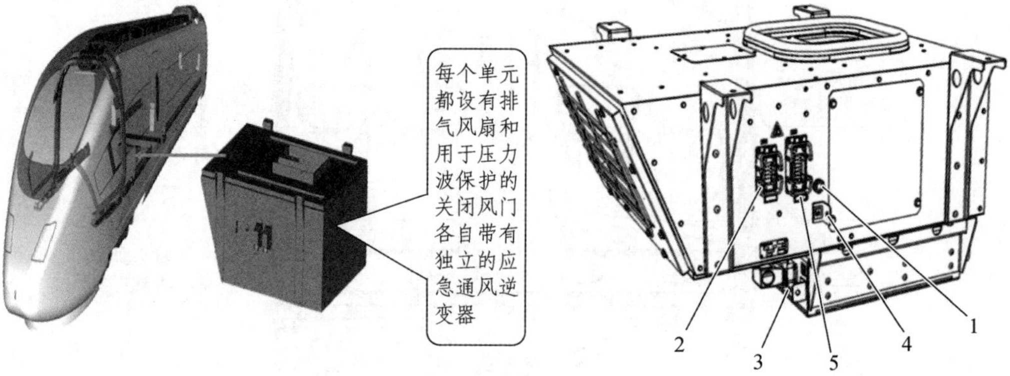

1—气动接头；2—连接器 3×4；3—紧急逆变器；4—M6 接地码；5—连接器 3×2。

图 2.58 废排单元

废排单元的主要组成包括：

（1）废排风扇一个。

（2）压力波保护的自关风门：位于废排出口处，当处于预制冷或者预制热模式下，自关风门处于关闭状态。

（3）风压开关：监控排风风扇上方压差。

（4）紧急逆变器：安装于废排单元上，用于在紧急通风操作时通过 DC 110 V 电池电源向排风风扇提供电源。

2. 废排风道

废排风道设置在车内两侧墙下部，可直接将客室内的污浊空气排出。卫生间、PIS 柜及厨房通过软管道与两侧的废排风道相连。废排系统的排风量与引入混合箱的新风量相同以维持循环压力平衡。废排风道如图 2.59 所示。

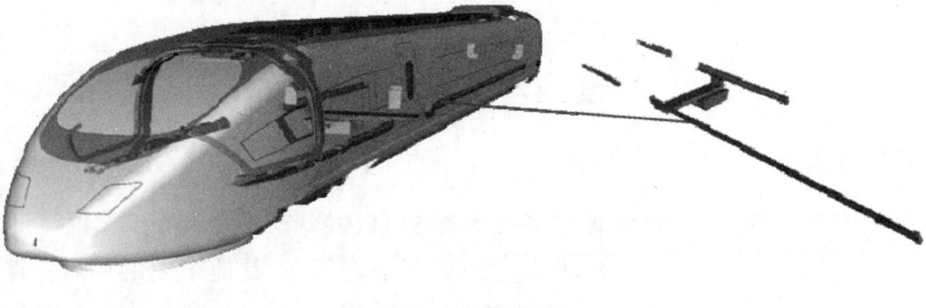

图 2.59 废排风道

（五）自动控制系统

CRH380B 型
动车组空调系统的
运行控制

自动控制系统的任务是对主要工作参数的自动测试、自动调节和危急情况时自动保护。

1. 电子控制板

端车、TC02 到 TC07 的中间车分别安装了两种不同的控制板。控制系统是基于一台控制所有正常功能的微处理器，对空调系统进行预调节、通风、制冷和制热等各个工作模式的控制，还通过 MVB 总线接口为列车通信网络提供信息。控制器获取不同传感器发送的温度信号后，发出必要的命令，触发各种特定情况下所涉及的必要元件，以便在给定的时间内使客室和司机室达到设定的温度。

系统还可以通过电脑和软件（空调供应商开发），到微处理器的 RS232 输出端口来进行系统监控和故障诊断。

2. 温度传感器

根据不同的车型，空调系统根据客室和其他车厢的调节和控制需求配备不同数量的温度传感器，并根据温度传感器所获得的数据对客室进行制热和制冷的监控，以使车辆得到舒适的车内环境。表 2.7 所示为每种车型的温度传感器配置。

表 2.7　各车的温度传感器配置

温度传感器	车　型				
	端车	中间车			吧车
	EC01 EC08	TC02 TC07	FC04	FC03 FC06	BC05
新风	1	1	1	1	1
回风	1	1	1	1	1
送风	1	1	1	1	1
客室环境	2	2	2	2	2
通过台	1	1	1	1	2
VIP 区域 顾客服务区	2	0	0	0	0
厕所	0	2	2	2	2
总数	8	8	8	8	9

3. 压力波保护系统

压力波保护系统的作用是避免由于车厢内压力的强烈变化给乘客和工作人员带来的不适。图 2.60 为压力波保护系统示意图。

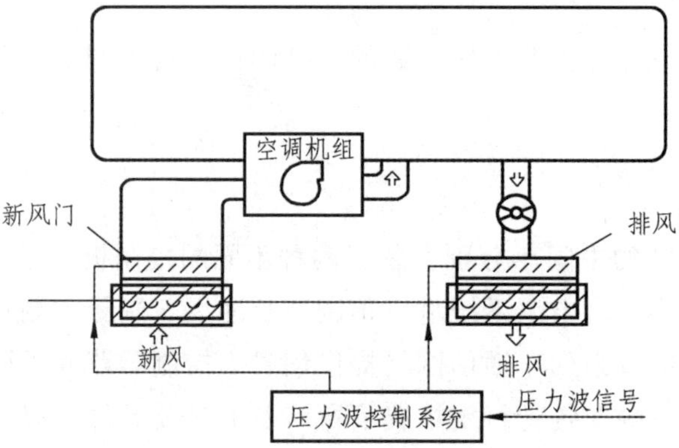

图 2.60　压力波保护系统示意图

该系统组成如下：

（1）位于端车前部的压力波传感器，每个端车 2 个，每列车共计 4 个；来自压力传感器的输入信号的电子控制和关闭信号是靠司机电子卡来执行的，此电子卡位于端车的控制板内部（每列车两张控制卡）。

（2）安装在所有车中的新风口和废排口的快速动作阀门，新风入口结构如图 2.61 所示。安装在端车（EC01、EC08）的左气动阀门包括了司机室的阀门。

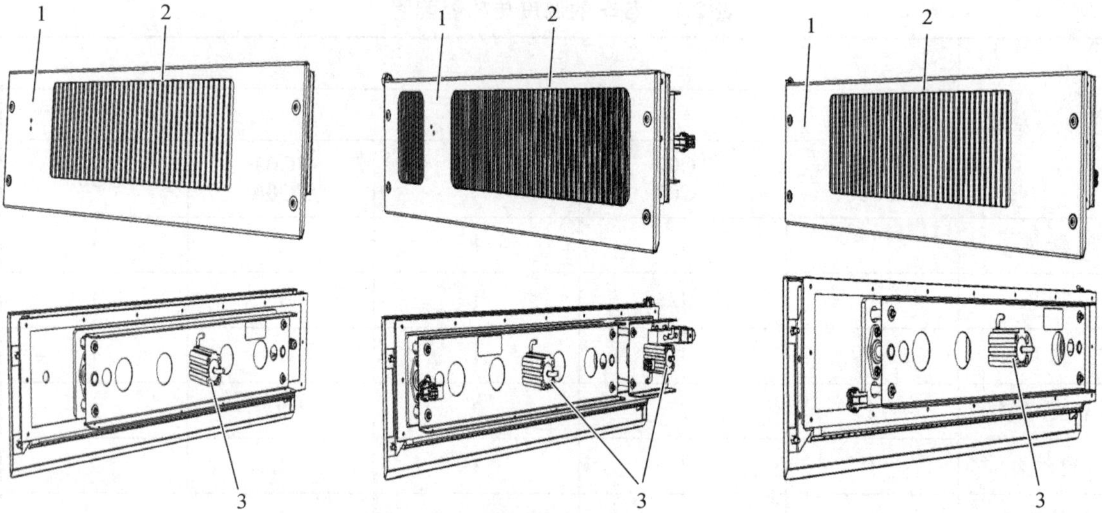

（a）所有车右侧入口　（b）端车（EC01、EC08）左侧入口　（c）中间车（TC02 至 TC07）左侧入口

1—防水格栅；2—外板；3—气动执行器。

图 2.61　新风入口示意图

压力波传感器以电气方式连接到相应的控制卡，外界压力的任何变化都会被压力波控制卡记录和处理，并发送一个电子信号到废排和新风阀门的机械驱动器，以便迅速关闭阀门。该信号是通过列车里所有车厢的废排和新风阀门驱动器互联的列车电线传递，以最大化缩短响应时间。同时该信号还以数字信号的形式输入空调控制器。

三、司机室空调系统

（一）司机室空调

司机室采用分体式空调机组，冷凝单元安装在车下，蒸发单元安装在司机室后面的中顶板区域，两个单元通过冷却管道连接，其安装结构示意图如图 2.62 所示，具有重心降低节省顶部空间的特点。司机室空调系统的温度设定值和风机速度的增加可以相对客室空调系统进行独立的调节。此外，列车运行过程中，在司机室内还可以打开每辆车空调系统的“应急关闭”模式；在紧急情况下，发生严重错误时，可以通过旋转开关关闭相应车的空调系统。

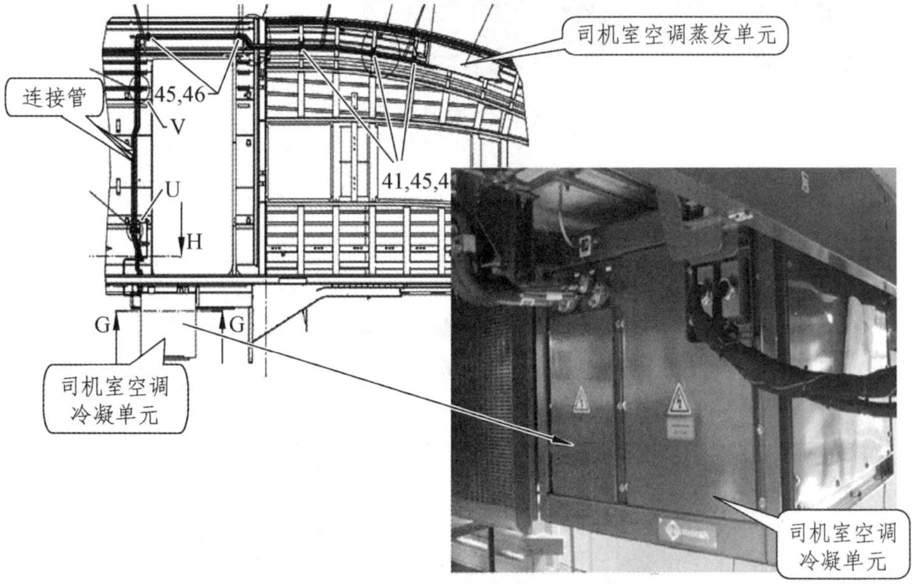

图 2.62　司机室空调安装结构示意图

两头车安装同样的空调系统，在正常情况下，司机室空调是独立的，与客室空调系统没有联系。新风来自客室空调左侧混合箱中单独分离出的气室，其新风隔栅控制电磁阀由司机室单元独立打开和关闭，其通风循环系统示意图如图 2.63 所示。

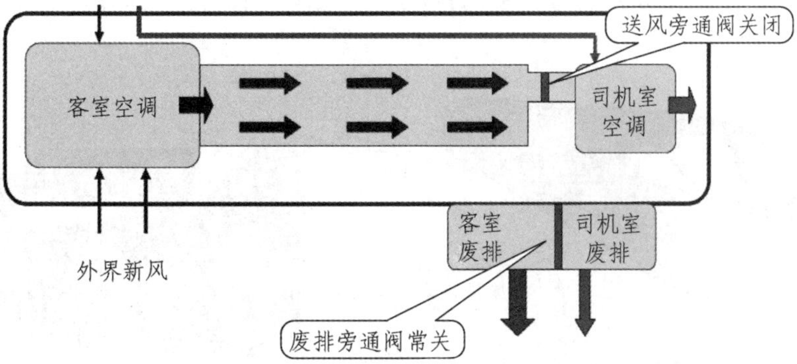

图 2.63　司机室通风循环系统示意图

（二）司机室空调故障旁通

司机室空调控制系统故障时，电控送风旁通阀打开（送风旁通阀如图 2.64 所示），可由客室空调系统维持司机室内供风，其通风循环示意图如图 2.65 所示。

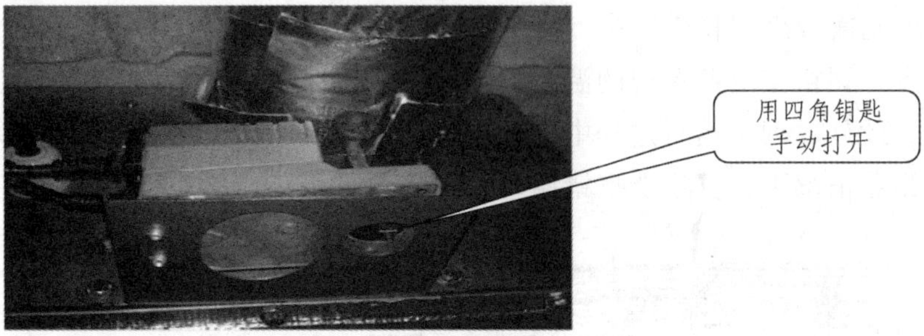

图 2.64　送风旁通阀

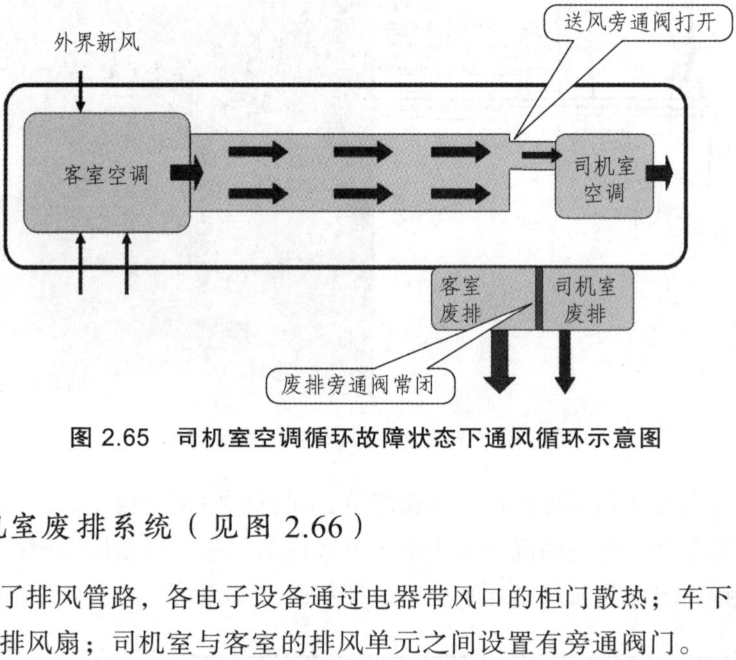

图 2.65　司机室空调循环故障状态下通风循环示意图

（三）司机室废排系统（见图 2.66）

司机室设置了排风管路，各电子设备通过电器带风口的柜门散热；车下的废排单元中，有司机室单独的排风扇；司机室与客室的排风单元之间设置有旁通阀门。

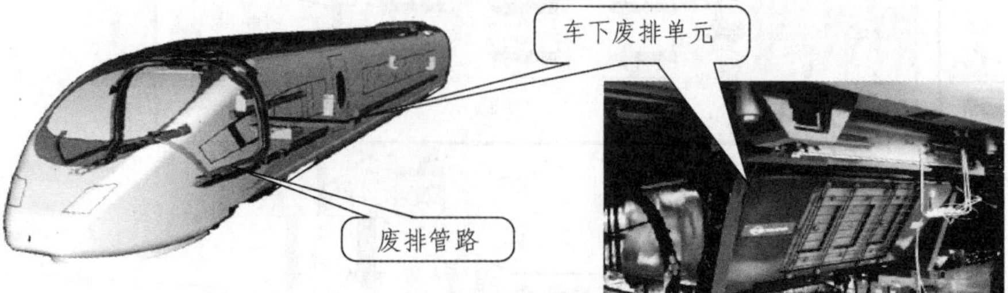

图 2.66　司机室废排单元

1. 司机室废排风道（见图 2.67）

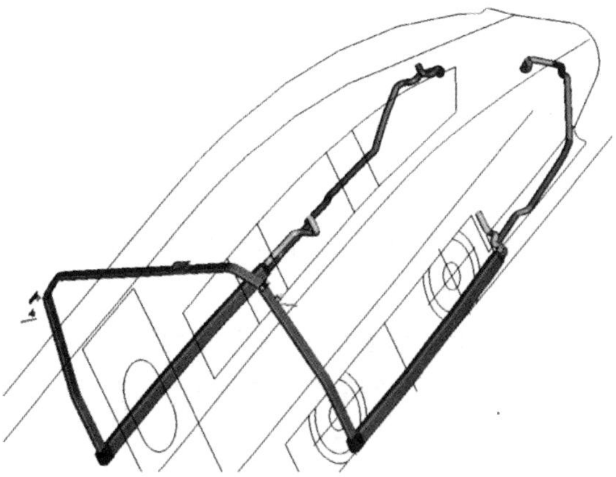

图 2.67　司机室废排风道

2. 废排旁通设计

废排旁通状态风路如图 2.68 所示。

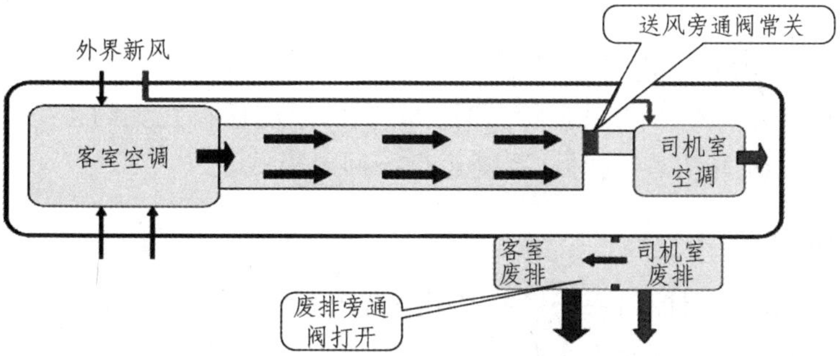

图 2.68　废排旁通状态风路图

四、空调操作模式

CRH380B 型动车组空调系统操作模式主要有：空调开启模式（标准模式）、空调关闭模式、空调紧急关闭模式、应急通风模式、待机模式、清洗运行模式、隧道模式等。

1. 空调开启模式（标准模式）

通过司机的人机界面（MMI）或列车员的人机界面（MMI）可以打开“开启空调”模式。通过 MMI，可以打开一辆车或所有车的空调系统。通过司机的 MMI 或列车员的 MMI 对每节车的温度设定值进行控制，每次升高或下降的设定温度值是 2 K。

2. 空调关闭模式

空调系统通过司机的 MMI 或列车员的 MMI 转换成“关闭空调”模式。通过 MMI，可以关闭一辆车或所有车的空调系统。

外界温度低于 5 °C 时，空调系统将采取冻结保护，外界温度高于 7 °C 时，空调冻结保护将被解除。

室内温度高于 40 °C，空调控制系统将转化为过热保护，室内温度低于 35 °C 时，空调的过热保护将被解除。

3．空调的紧急关闭模式

（1）空调系统通过司机的 MMI 或列车员的 MMI 转换成“空调紧急关闭”模式。通过 MMI，将会关闭所有车的空调系统。

（2）每节车的空调系统都可以通过车上的控制面板切换到“空调紧急关闭”。

（3）“空调紧急关闭”模式只有在紧急状态下才能打开。

4．应急通风模式

当切断 AC 440 V 辅助电源后，则通过电池启动“Emergency ventilation”（紧急通风）操作。此时，仅能由空调系统的送风机完成紧急通风操作。送风机运转时性能降低，并且所有的加热器和空调压缩机将停止运转。

5．待机模式

（1）通过司机的 MMI 来进行控制。

（2）为了保存能量，当处于采暖状态时，客室的温度保持在大约 15 °C；当处于冷却状态时，温度保持在大约 30 °C。这时，系统运行于回风模式。

6．清洗运行模式

进行清洗运行时，空调控制系统将要关闭空调单元所有的加热器，并且关闭所有的压力保护阀，这样可以阻止水通过通风孔进入。

7．隧道模式

当列车保护系统提示列车要进入隧道时，直到通过隧道之前，空调系统一直处于完全的回风模式，这时，压力保护阀门处于关闭状态。

【任务实施】

动车组空调系统的运用检修分为一级修和二级修，下面以 CRH380B 二级修（80 万千米/720 天）为例介绍客室空调系统和司机室空调系统的运用检修。

一、客室空调系统主要检修内容及作业程序

（1）每 2 万千米需清洗空调滤网。

（2）制冷回路检查。

① 要求空调系统工作所进行的任何检查都应在系统连续运行方式工作 15 min 以后进行。

② 检查制冷剂液面高度。系统正常工作时，高压表的温度刻度应指示 12 °C 至 19 °C，而低压表应指示 – 6 °C 至 1 °C 的温度值（或通过空调控制软件查看）。否则，应对可能的泄漏点进行定位，排放出装置内的所有制冷剂，修复泄漏故障，更换干燥过滤器，试验泄漏情况，对系统进行真空和脱水处理，并加注制冷剂［5.9 kg（±3%），制冷剂：R-407C］。

（3）压力安全断流开关和压力传感器检查。检查开关和传感器在相应压力时的工作情况（系统工作时用软件检查）。更换任何有故障的压力开关。

（4）风压开关检查。检查工作是否正常，失效时进行更换。

（5）压缩机检查。

① 检查压缩机油位，如果需要则增加。

② 检查压缩机工作是否正常：正常吸气压力（低）为 1 ~ 4.8 bar，排气压力（高）为 8 ~ 19.5 bar（系统工作时用软件检查，1 bar = 100 kPa）。

③ 检查减振器和压缩机的固定以及制冷管路的连接。

④ 检查绕行管、检查曲轴箱加热器。

⑤ 检查所有电器接头。

（6）干燥过滤器检查。检查液体管路内的观察窗湿度指示器（工作 15 min 以后停机进行）。如果显示为黄色，说明系统中的水分太多，需要更换干燥过滤器。

（7）空调机组框架检查。

① 检查框架是否有任何结构损坏。

② 检查紧固件无松动，拧紧任何松动的元件。

③ 查看罩盖上是否有松动的螺栓，拧紧松动的螺栓。

④ 查看排水嘴并进行清洁。

（8）蒸发器和冷凝器检查。清除换热器表面可能造成阻塞的任何沉积杂质，使用压缩空气吹除浮尘。

（9）蒸发风机和冷凝风机检查。

① 检查安装元件无松动，松动时拧紧。

② 检查电气连接和接线柱是否牢固，松动时拧紧。

③ 将风机叶片吹干净，并用湿抹布进行擦拭。

④ 转动风机叶片，检查轴承是否运行平稳。在发现电机有磨损的情况下，更换电机，防止可能造成的故障。

（10）调节风门电机。

① 检查安装硬件和连接器应无松动。

② 手动开闭风门，检查动作是否正常。

（11）检查控制面板、加热管和安全温控器。

① 检查电气连接无松动，如有松动紧固这些连接。

② 用绝缘毛刷清除表面灰尘。

③ 检查加热器。用压缩空气吹干净，检查并固定加热器安装座。

④ 检查温控器支架应安装紧固。

（12）外部电气连接器检查。外部电气连接器应无松动，如有松动进行紧固。

（13）温度传感器检查。检查温度传感器外观，确认接线状态应良好。

（14）启动空调机组前进行全面检查。

① 检查确认空气过滤器清洁且装配正确。

② 将每个压缩机的吸气和排气阀打开到工作位置，固定好这些阀门的阀杆防护盖。

③ 检查风扇应正确定中（对正），电机轴上的紧固件固定无松动。

④ 检查系统应没有制冷剂泄漏。

⑤ 检查电路应通路，固定好所有电接头。

⑥ 检查位于底架和通过台控制装置的所有自动开关都应接通（转换到 ON 位置）。

⑦ 检查确认空调机组电源和控制电压都应正常。

（15）启动空调机组，确保机组正常运行。

二、客室空调系统主要检修内容及作业程序

（1）每 2 万千米需清洗空调滤网。

（2）制冷环路检查。检查制冷剂液面高度。系统正常工作时，高压表的温度刻度应指示 12 ~ 19 °C，而低压表应指示 – 6 ~ 1 °C 的温度值（或通过空调控制软件查看）。否则，应对可能的泄漏点进行定位，排出装置内的所有制冷剂，修复泄漏故障，更换脱水器过滤器，试验泄漏情况，对系统进行真空和脱水处理，并灌充制冷剂［3 kg（± 10%）；制冷剂：R-407C］。

（3）压力安全断路开关检查。检查开关在相应压力时的工作情况（系统工作时用软件检查）。更换任何有故障的压力开关。

（4）空气压力开关检查。检查工作是否正常，失效时进行更换。

（5）压缩机检查。检查压缩机工作是否正常：正常吸气压力（低）为 1 ~ 4.8 bar，排气压力（高）为 8 ~ 19.5 bar（系统工作时用软件检查）。

（6）干燥过滤器检查。检查液体管路内的观察窗湿度指示器（工作 15 min 以后停机进行）。如果显示为黄色，说明系统中的水分太多，需要更换干燥过滤器。

（7）蒸发器和冷凝器框架检查。

① 检查框架是否有任何结构损坏。

② 检查紧固件无松动，拧紧任何松动的元件。

③ 查看罩盖上是否有松动的螺栓，拧紧松动的螺栓。

④ 查看排水嘴并进行清洁。

（8）蒸发器和冷凝器盘管检查。清除换热器表面可能造成阻塞的任何沉积杂质，使用压缩空气吹除浮尘。

（9）蒸发器和冷凝器风扇电动机检查。

① 检查安装元件无松动，松动时拧紧。

② 检查电气连接和接线柱是否牢固，松动时拧紧。

③ 将风机叶片吹干净，并用湿抹布进行擦拭。

④ 转动风机叶片，检查轴承平稳运行。在发现电机有磨损的情况下，更换电机，防止可能造成的故障。

（10）调节风门电动机。

① 检查安装硬件和连接器应无松动。

② 手动开闭风门，检查动作是否正常。

（11）检查控制面板加热器盘管和安全温控器。

① 检查电气连接无松动，如有松动紧固这些连接。

② 用绝缘毛刷清除表面灰尘。

③ 检查加热器。用压缩空气吹干净，检查并固定加热器安装座。

④ 检查温控器支架应安装紧固。

（12）外部电气连接器检查。外部电气连接器应无松动，如有松动进行紧固。

（13）温度传感器检查。检查温度传感器外观，确认接线状态良好。

（14）启动空调机组前进行全面检查。

① 检查确认空气过滤器清洁且装配正确。

② 将每个压缩机的吸气和排气阀打开到工作位置，固定好这些阀门的阀杆防护盖。

③ 检查风扇应正确定中（对正），电机轴上的紧固件固定无松动。

④ 检查系统应没有制冷剂泄漏。

⑤ 检查电路应通路，固定好所有电接头。

⑥ 检查位于底架和通过台控制装置的所有自动开关都应接通（转换到 ON 位置）。

⑦ 检查确认空调机组电源和控制电压都应正常。

【任务自检】

1. 简述 CRH380B 型动车组空调系统的主要功能及组成。
2. 说明 CRH380B 型动车组制冷系统的组成及工作过程。
3. 简述 CRH380B 型动车组通风系统的作用。
4. 简述 CRH380B 型动车组通风系统的组成。
4. 简述 CRH380B 型动车组空调自动控制系统的组成及作用。
5. 说明 CRH380B 型动车组空调系统的操作模式。
6. 简述更换 CRH380B 型动车组空调系统空调滤网的步骤。

项目三　动车组车门系统维护与检修

【思政课堂】

平凡工作彰显不凡力量——冯剑坚

“榜样的力量是无穷的。”榜样人物就像一本厚重的史书，展现出中华民族沉厚的内在品质和孜孜不倦的时代追求，更是给了一代代人奋发向上的不竭动力。榜样如同一座灯塔、一枚指南针，始终指引着正确的方向。以榜样为前行的目标，向榜样看齐，才能创造很多中华民族的奇迹。

一个英雄的民族从不缺少鼓舞人心的榜样，先锋离我们很近，榜样就在我们身边。上海机务段动车组指导司机冯剑坚同志正是一名不折不扣的新时代铁路榜样。在平凡的岗位上总结操纵经验，提炼驾驶技巧，总结出“八勤安全工作法”;疫情期间主动请愿带领团队驰援武汉;与 24 名同事结成互帮对子并全部考上技师……冯剑坚用平凡的故事讲述不平凡的人生，用榜样的力量感召着我们，以对党和人民的无限忠诚、对工作的实践担当、对信念的坚毅执着，谱写创作属于自己的时代赞歌。

冯剑坚的故事普通而不平凡，细微却令人动容。“榜样”其实也是普通人，真正感动我们的不是惊天动地的事迹，更不是跌宕起伏的经历，而是他们勇于创新，爱岗敬业，吃苦奉献的优秀品质、踏踏实实为人民，认认真真做好事的高尚品格，以及“关键时刻站得出来，危急时刻豁得出去”的无畏精神。新时代的铁路榜样始终用实际行动证明“人民铁路为人民”，将自己想做的、能做的都做到最好，正如冯剑坚同志所说，“身为党员，不但要做会开车的好手，而且要有敢担当的铁肩。”

新时代铁路榜样用爱岗敬业诠释铁路精神，用平凡彰显伟大，用一点一滴汇聚成璀璨星河……自己的人生已然灿烂，又带给同路人和后来者无尽的光芒。榜样的力量不可估量，冯剑坚身上集中展现了铁路人在新时代新征程中的先行风采、担当品格和奋斗精神，我们都应该见贤思齐，立足本职，扎实工作，爱岗敬业，用出色的工作业绩展现新时代的精神风貌！

【项目描述】

通过本项目的学习，使学生熟知动车组车门系统的分类、结构及各部分作用；能够完成客室侧拉门、内端门、外端门、残疾人用卫生间拉门、司机室侧门的操作及维修保养。

动车组车门系统概述

【知识目标】

（1）熟知 CRH380A、CRH380B 型动车组车门系统的基础知识；
（2）掌握 CRH380A、CRH380B 型动车组车门系统的操作要领。

【能力目标】

（1）能够按照要求规范操作、检测、维护塞拉门，并能进行应急处理；
（2）能够分析工作中的不安全因素并采取措施，注重保护环境；
（3）能够正确检查、评价与记录工作结果。

任务一　CRH380A 型动车组车门系统维护与检修

【任务描述】

（1）了解 CRH380A 型动车组车门的分类、结构原理和作用；
（2）能够完成客室侧拉门、内端门、外端门、残疾人用卫生间拉门、司机室侧门的维修与保养。

【背景知识】

根据高速动车组车门的功能及安装位置，可分为外门和内门两大类。外门泛指司乘人员及乘客进入车辆内部的车门，根据门扇在开闭过程中的运动轨迹，外门又可以分为塞拉门（CRH380B）和内置式侧拉门（CRH380A）两种；内门是连接车厢与车厢之间或车厢内各区域之间的通道门。

CRH380A 型
动车组客室侧拉门
结构及功能

一、CRH380A 型动车组外门

（一）主要部件结构及功能

CRH380A 型动车组的外门即侧拉门分布于车体两侧，采用旋转杆气压形式的内置式侧拉门，如图 3.1 所示。侧拉门装置采用通过操作在司机室以及机械师室内设置的开关集中控制的方式。关闭侧拉门之后各个车厢侧面外部的显示灯会熄灭，司机台的关门显示灯会亮起。司机在确认了显示灯状态之后，方可发车。头车靠司机室的侧拉门和靠近餐车厨房的侧拉门为可单控侧拉门，可根据需要选择车门是单控还是集控，用于满足司机上下车和餐车工作人员的特殊需求。各车门能用钥匙从车内部锁闭，其中单控门可从外部开启、锁闭（全列共 6 个车门，采用专用钥匙），实现动车组在存放线时对全列车门的锁闭功能。

图 3.1　CRH380A 型动车组侧拉门

侧拉门机构由上部驱动装置、电磁阀组件、旋转杆式压紧装置、下导轨以及供气管路等组成。门板采用隔音复合结构，设有夹层中空玻璃，如图 3.2 所示。

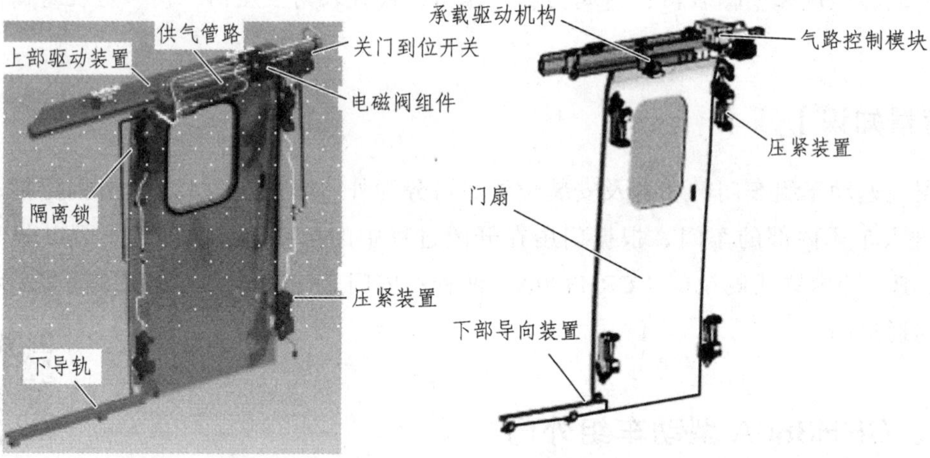

图 3.2　CRH380A 型动车组侧拉门结构

侧拉门在构造上力求简化，门板和车体外表面存在 35 mm 的错差。侧拉门门口部分与地板为同一平面，导轨安装在门袋内。关门时压紧装置将门板向车外方向压紧，保持了气密性，在构造上还具有防冻性能。

侧拉门的有效宽度设定为 720 mm 和 1 010 mm 两种规格。另外，门的驱动机构为带有缓冲机构的直动式气缸，气缸的构造以及动作速度，都充分考虑了防夹功能。同时，CRH380A 统型动车组车门具有障碍物检测功能，车门关闭时如检测到障碍物则车门返回打开状态，防止夹伤旅客或夹坏物品。能检测到的最小障碍物尺寸：30 mm × 60 mm。

（二）主要技术参数

（1）进出口尺寸：

进出口宽度×高度　　790 mm（1 080 mm）×1 850 mm

有效开口宽度　　720 mm（1 010 mm）

拉门行程　　781 mm（1 071 mm）

注：（　）内对应为轮椅使用者用门。

（2）电源：　　DC 100 V（+10 V，-30 V）

（3）使用空气压力：　　780～880 kPa（来自总风缸）

（4）关门机械：

动作方式　　直动式复动缸

气缸直径　　30 mm（今创方案）32 mm（康尼方案）

缓冲气缸径　　20 mm

活塞径　　12 mm

缓冲行程　　150 mm

（5）开关门时间（见表 3.1）。

表 3.1　开关门时间

开关门时间	门型	标准/s	-25 °C 时的动作时间/s
开门时间	窄门	$2.5^{+1.0}_{-0.5}$	最大 7.5
	宽门	$3.5^{+1.0}_{-0.5}$	最大 10.5
关门时间	窄门、宽门	$6.0^{+0.5}_{-0.5}$	最大 22

注：开门时间指关门电磁阀励磁到开门到位开关触点状态改变为止时的时间；关门时间指关门电磁阀消磁到关门到位开关触点状态发生改变为止的时间。

（三）设备操作

CRH380A 型动车组客室侧拉门气控系统

侧拉门压紧装置为气压旋转杆式，通过锁紧气缸来顶住门的构造；速度达到 30 km/h 以上时压紧装置会启动，将门和车体紧密贴近，保持气密性。并且，在运行速度达到 5 km/h 以上时，因为关门保护电路在起作用，乘务员即使是在操作门开关时，侧拉门也不会打开，但是在紧急情况下，可通过操作车内门罩板上部的气阀，将门压紧气缸里的空气强行排空，然后手动可以开门。

（1）动车组集控关门操作流程如图 3.3 所示。

（2）5 车监控室操作步骤。

① 将开关门钥匙插入靠站台侧的侧开门操作开关。

② 旋转开关门钥匙到“合”位。

③ 按下开门开关（车侧灯亮灯、车门打开、乘客上下车）。

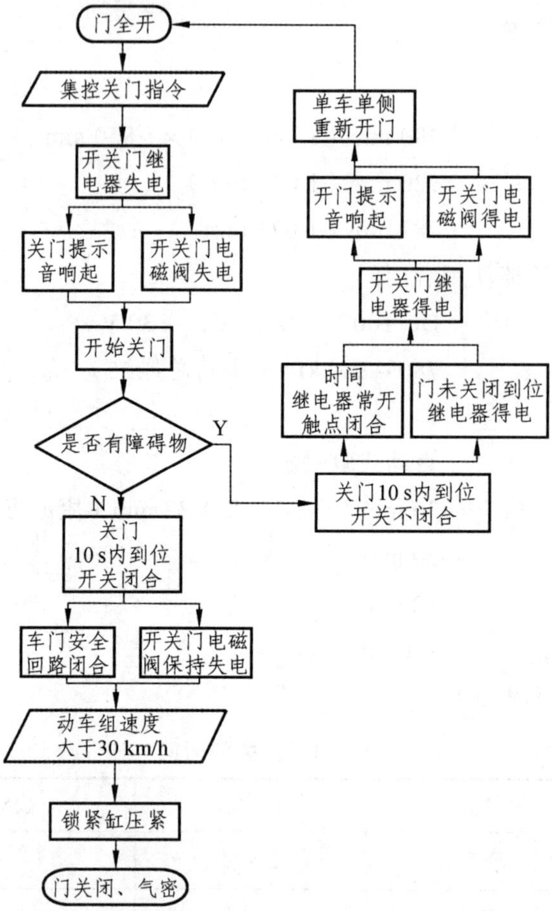

图 3.3　关门动作流程图

④ 确认已无乘客再上下车后，按下关门开关。

⑤ 确认车侧灯已熄灭。

⑥ 旋转开关门钥匙到“断”位。

⑦ 拔出开关门钥匙。

（3）单控侧拉门附加说明。

① 司机上车门、餐车上货门设置为单控侧拉门（全车 6 套）。

② 在司机室配电盘上和餐车配电盘内分别设置单控/集控转换开关。

③ 车内外设置开关门操作开关，给出开门信号、关门信号，车外开关旋至“关/压紧”可以将门关闭，门关闭后，该开关旋至“关/压紧”位置，保持 2～3 s，便可以压紧车门。

④ 门板上设置隔离锁，关门位置操作隔离锁后，实现该门的机械和电隔离。除隔离锁车采用保险钥匙外，其他采用动车组通用钥匙操作。

（4）单控侧拉门的运用操作。

① 头车司机等车单控门。

在头车上靠近司机室的侧拉门为可单控门，司机室设置有转换开关，可以根据需要选择车门的控制模式，以方便司机上下车，该车门既是运行中乘客通行的车门又是司机登乘的车门。

- 司机首次上车。

动车组在车库准备发车时，司机从车外用安全钥匙打开门板上的隔离锁，解除机械锁闭和电隔离。此时如果车门有电源和气源，则操作门口处的开门开关便可打开车门；如果没有气源，则可以直接用手拉开车门上车；如果有气源没有电源，则需操作车外裙板内的阀门（关闭门总阀门），切断门机构的气源，然后打开车门上车。上车后，给车门提供电源，把打开的裙板内门总阀门恢复，给侧拉门供气。在车上必须检查单控门车内紧急开门阀门是否有打开的，有打开的恢复原状。司乘人员上车并把车门检查完毕后，需要把头车上的转换开关都设置到集控位，整列车门集中控制，以方便旅客上下车。

- 运行途中需要单独开门。

运行途中，司乘人员如果需要上下车，则须由司机把转换开关设置到单位位置，然后可以操作开关门开关，打开或关闭该单控门。

- 动车组入库停车。

动车组入库司机下车前，首先集控关闭所有侧门，再操作车门锁紧，把所有车门压紧密封，然后操作单控/集控转换开关到单控位，下车前为防止无关人员随意从车外打开车门，应在车内把所有设置为单控的车门锁闭隔离锁（司机下车通行的门除外）。

司机下车时，如果侧拉门有电有气，用通用钥匙从车内打开车门，便可下车。下车后用通用钥匙操作关门开关关闭车门，并通过操作开关压紧车门。最后用安全钥匙锁闭隔离锁。司机下车时，如果侧拉门有气无电，则无法通过开关操作车门的打开和关闭，需要把下车门的车内紧急开门阀打开，切断侧拉门的气源，然后手动开门下车，下车后用安全钥匙锁闭车门，此时该车门无法压紧密封。下次司机若从此门上车，打开隔离锁后可直接拉开车门上车，上车后必须恢复车内紧急开门阀。

② 餐车单控门。

为方便装卸货物靠近餐车的侧拉门为可单控门，设置单控集控功能转换开关，在运用中根据需要可单独控制，由餐车工作人员操作车门。

- 开门上货。

靠近餐车的单控门处于有电有气的状态，餐车人员用安全钥匙打开单控门隔离锁，操作开门开关便可打开车门。上车后关闭车门，为安全起见，可以从车内锁闭隔离锁。运行途中，在动车组停靠站台后可以随时开关车门，供人员和货物通行。

如果存在有气源没有电源的情况，则需操作车外裙板内的门总阀门，切断门机构的气源，然后打开车门上车。上车后，打开该门横罩内紧急开门阀，然后把打开的裙板内的门总阀门恢复。车上通行完毕后，必须把横罩内紧急开门阀恢复。待车门供电后便可正常开关。

- 动车组入库停车。

动车组入库停车时餐车工作人员必须关闭车门，从车内锁闭隔离锁（下车通行的门除外），下车后用通用钥匙操作关门开关关闭车门，并通过关门开关压紧车门，锁闭隔离锁。

餐车工作人员下车时，如果侧拉门有气无电，则无法通过开关操作车门的打开和关闭，需要把下车门的车内紧急开门阀打开，切断侧拉门的气源，然后手动开门下车，下车后用安全钥匙锁闭车门，此时该车门无法压紧密封。下次若从此门上车，打开隔离锁后可直接拉开车门上车，上车后必须要恢复车内紧急开门阀。

③ 动车组长期停放时的操作。

动车组需要长期停放时必须锁闭车门。入库停车后，操纵关门开关，关闭全列的车门，在车内把所有车门的隔离锁手动锁闭，仅保留下车通行的单控车门不锁，车门锁闭完后，从车内打开要下车的车门处横罩板上的检查门，切断紧急开门阀（因此时车上有气，要手动开门必须切断气源），手动拉开该门，下车后，手动关上门，锁闭门板上的隔离锁。

下次登车时，由于车上紧急开门阀已切断，压紧缸没有气源，用安全钥匙打开隔离锁，便可手动拉开车门上车。上车后需要检查并恢复门口横罩内的紧急开门阀。

二、CRH380A 型动车组内车门

CRH380A 型
动车组客室内端门

CRH380A 型动车组内车门是车厢内各部分之间的通道门或进入各独立空间区域的通道门，内门主要由外端门、内端门、小间门、残疾人厕所门组成。其中内端门为感应式电动门，残疾人厕所门为按钮式电动门，小间门为手动拉门。

（一）外端门

外端门是装在两辆车之间的贯通口上为防火用而设置的不锈钢制的手动拉门，在 1 ~ 7 号车的二位端各设有一个外端门。并且，为了在全开、全关时能够依然保持其状态而设置了压紧装置。

在正常运用中该门藏于外端墙的内部，是不使用的，通过弹性定位装置保持固定状态。需要使用时，先把手动拉手从门板内取出，然后用力拉动拉手，便可以把门拉出，门板上的扣手露出，然后必须把拉手缩回到门板内部，才能继续关门，关门到位后，弹性定位装置把门板顶紧在外端墙上，起到隔断两辆车的功能。

（二）内端门

内端门为电动式的自动门，通过顶板内光电开关的检测来自动进行开、关。内端门有适用于轮椅使用者（4 号车二位端）的大宽度（净开度：890 mm）类型和普通宽度（净开度：750 mm）类型 2 种。门板主结构为玻璃，三面铝型材包边门上部的夹玻璃型材同时起到携门装置功能。人或物体通过时，门两侧的光电开关将检测信号传递给门控系统，从而实现自动开门。并且，自动开关门有故障时（停电时），用手动也能够轻松进行开闭。

1. 内端门结构

内端门由门扇部件、传动机构、门控器、检测开关、转换开关等组成。

（1）门扇部分。门扇部件包括：承载小车、前后挡、下挡组件、夹层钢化玻璃、扣手、后挡胶条、下滑块、门锁等零部件，如图 3.4 所示。

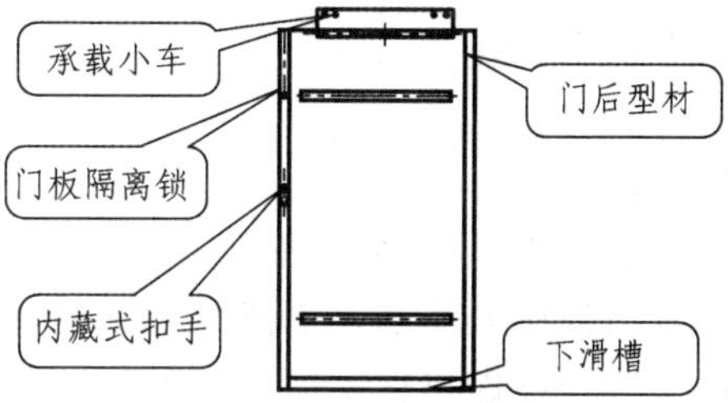

图 3.4 门扇部分

（2）承载部件。承载部件包括：上导轨组件、门控器组件、开关组件、传动机构、缓冲头组件、隔离锁组件等零部件。

（3）传动机构。传动机构包括：从动带轮、齿形皮带、支架、电机、皮带夹紧机构等零部件。

（4）电控系统。包括电子门控器（EDCU）、红外传感器、手动电动切换开关、关到位隔离开关、电机等，如图 3.5 所示。

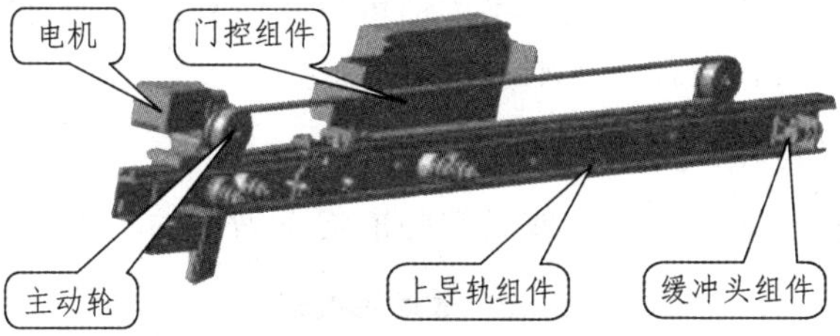

图 3.5 电控系统

2. 内端门主要参数

（1）尺寸参数。

普通门通过净宽（750 ± 5）mm

大宽门通过净宽（890 ± 5）mm（注：轮椅使用者）

门通过净高 1 950 mm

（2）电气参数。

供电电压 DC 70 ~ 125 V

3. 内端门操作及功能

内端门操作方式分为手动操作、电动操作，由手动/电动切换开关进行切换。通常状态下内端电动拉门为常闭状态，特殊情况下需将门锁闭时，可通过四角钥匙操作门扇上的四角锁锁闭内端门并且电控系统同时断电。

（1）手动操作。

手动电动切换开关拨到 OFF 位置，即断开电控系统输入电源，此时门系统处于手动操作状态，可通过推拉门板前端中部位置的门扣手以实现门板的开启和关闭。

（2）电动操作。

手动电动切换开关拨到 ON 位置时，电控系统上电，门系统将以低速进行第一次关门，初始化系统参数，初始化完成后，进入电动操作状态。

开门：手动电动切换开关拨到 ON 位置，门系统处于通电状态，人或物体进入光电开关检测区域范围内，感应开关将输入信号传输至电子门控器，门控器接收到开门信号后通过控制电机来实现开门动作。

关门：门开到位后，电子门控器未探测到有物体时，门控器控制延时 4 s 后（0 ~ 10 s 可调）自动关门。

（3）障碍检测。

门板在关闭过程中碰到障碍物，门会再次自动打开然后再重新关闭。如果障碍物依然存在，这一过程将重复，3 次关门试图之后，门将保持打开，并给出故障指示。30 s 以后门将关闭，故障指示消失并正常运行，如果仍遇到障碍物则重复以上过程。当门运动至最后约 25 mm 内的位置时，障碍检测功能失效。门板在开门过程中碰到障碍物，将自动停在那个位置然后重新关闭，并将继续通过传感器系统正常打开，3 次开门试图并且没有达到全开后，门控器要给出故障指示，并继续通过传感器正常开门，30 s 以后故障指示消失。当门运动至最后约 25 mm 内的位置时，障碍检测功能失效。

（4）门隔离。

当门处于关到位时，用四角钥匙操作隔离锁可以将门系统进行机械锁闭，在此过程中，隔离锁上的隔离开关动作后，电控系统电源被切断。

4．内端门常见故障的判断与排除

内端门故障诊断（在接线没有松动或异常的前提下做出的）如表 3.2 所示。

表 3.2　故障诊断表

序号	故障现象	原因	判断及排除方法
1	打开电源后，EDCU 上的“5VDC”LED 指示灯不亮	电源不通	检查输入电源是否正常，然后检查手动电动切换开关是否被拨到 ON 位置
2	在没有隔离的情况下，无法开门	红外传感器损坏	检查门系统机械部分是否正常开关门运动，若正常，则在红外传感器的感应区域使其探测到有物体运动，观察是否有开门动作，若无开门动作，则红外传感器损坏，需要更换
3	门无法隔离	隔离开关损坏	首先检查机械部分是否正常，然后检查门隔离后，隔离开关是否动作：若开关没有动作，请调整开关位置；若开关有动作，但 EDCU 有电源输入，则开关已经损坏，请更换隔离开关
4	门扇运动阻力大，或存在卡滞现象	1. 防跳轮组件与上导轨的圆弧面接触太深； 2. 承载轮组件或防跳轮组件的轴承润滑不良； 3. 上导轨变形（a）前后弯曲；（b）上下弯曲； 4. 下导轨与门扇下滑块的摩擦力过大； 5. 下导轨有异物	1. 重新调整防跳轮； 2. 润滑轴承或更换相应的承载轮、防跳轮组件； 3. 前后弯曲：通过在上导轨和导轨安装面间各个安装螺钉处增减垫片消除导轨变形；上下弯曲：更换导轨； 4. 调整下导轨位置保证下导轨中心和门扇中心共面，若下导轨上在下滑块内滑动的部分发生扭曲，则需要校直； 5. 清除下导轨异物

（三）小间门

1．乘务员室拉门、机械师室拉门

乘务员室拉门、机械师室拉门均为手动拉门，门板上设有乳白色聚碳酸酯玻璃窗和换气用的通风板。乘务员室门设专用锁，室内带内手动锁闭功能。机械师室门设专用锁，与司机室后端门采用同一把钥匙，钥匙编号 D002（本车型通用）。

2．厨房拉门

厨房门为手动转轴门，门板上设有乳白色聚碳酸酯玻璃窗和换气用的通风板，厨房内带内手动手把，厨房外为通用锁。

3．卫生间拉门

卫生间拉门不设窗户，设置了换气用的通风板，同时设门把手和在内侧锁闭的暗锁。适用轮椅使用者（一等车）的卫生间门加宽，通过按钮开关进行开闭。

4．司机室隔门

司机室隔门为手动转轴门，设于头车司机室与观光区之间，向观光区侧打开，该门为不透明玻璃门。

（1）司机室隔门的打开。

① 在司机室侧：用手握住把手，沿顺时针方向转动把手，此时门锁打开，向外推门，司机室隔门打开。

② 在观光区侧：用一只手握住把手，用另一只手拿钥匙沿逆时针转动锁芯，直到转不动为止，此时门锁打开，向内拉门，司机室隔门打开。

（2）司机室隔门的关闭。

① 在司机室侧：用手握住把手向内拉门，当门碰到门框时，门关闭。

② 在观光区侧：用手握住把手向外推门，当门碰到门框时，门关闭。

司机室隔门设专用锁，通过钥匙在观光区侧锁闭，在司机室侧采用内动把锁闭，该锁与机械师室采用同一把钥匙，钥匙编号 D002（本车型通用）。

【任务实施】

CRH380A 型动车组侧门检测及清洁（以康尼车门为例）：

修程：二级修

周期：3 万千米/30 天

作业人员：2 名地勤机械师

作业时间：60 分钟/辆（01～00 车）

供电条件：无电 + 有电作业

一、注意事项

（1）作业人员应按规定穿戴劳保用品。

（2）无电作业前应确认动车组受电弓已降下，接触网已断电，接地杆已挂，停放制动已施加。

（3）作业时防止磕碰伤。

（4）作业过程中作业工具、材料及配件定置摆放。

（5）作业过程中防止油品污染，周边无吹灰及清洗作业。

（6）作业时应严格遵守现场的安全规定。

二、作业准备

（1）工具清单。一字螺丝刀、十字螺丝刀、内六方扳手、通用钥匙、油枪、毛刷、检测块（30 mm × 60 mm）。

（2）物料清单。干净白布、克虏伯润滑油脂、橡胶手套。

三、作业程序及标准

1. 工前准备

（1）人员准备。2名作业人员（1、2号）按规定穿戴劳保防护用品（工作服、劳保鞋、安全帽）。

（2）工具、物料准备。

① 1号清点配送工装工具。

② 2号清点配送物料，并确认油脂的型号正确。

（3）作业手续办理。

① 工长确认作业车组号及股道正确，受电弓已降下，接触网已断电，接地杆已挂，停放制动已施加，放电完毕后到现场值班室领取无电作业牌，办理无电作业手续。

② 工长通知1号可以开始无电作业。

2. 侧门外侧外观检查

2号在车下检查侧门外观，确保各侧门无变形、油漆不脱落，若有腐蚀或油漆脱落，清洁腐蚀部位，重新喷涂油漆。

3. 侧门装置内各机构检查

（1）1号使用一字螺丝刀将门罩的两个安装螺栓卸下，打开侧门门罩，清除杂物，确保各机构干净无杂物。

（2）1号检查携门架、上滑轮、上导轨，确认携门架无变形，安装螺栓无松动，上导轨无变形损坏，上滑轮组件的导向轮和承载轮无裂纹、破损。

（3）1号检查开关门过程中，导柱套筒及携门架不与周围车体发生干涉、刮碰，携门架在导柱套筒上的安装螺栓与复位弹簧座之间的间隙不小于3 mm，下侧螺栓头与车体的间隙不小于3 mm。单控隔离锁盒与立罩间隙不小于5 mm。

（4）1 号检查关门到位开关的安装状态，确认关门到位开关安装紧固、无松动。关门到位开关的接线在上部电线支架的圆孔上固定良好。开关的接线固定整齐，与周围部件无干涉。车门关闭到位后，关门到位开关碰柱上的红线露出开关体 1 ~ 2 mm。

（5）1 号检查开门到位开关，确认开门到位开关的碰珠与开关碰臂配合良好，开门到位后开关被有效触发。开门到位开关与开门碰臂无干涉；开关碰臂与周围内装部件无干涉。开关门过程中，门机构运动部件与开关及安装紧固件无干涉。

（6）1 号检查侧门的机械安装状态：检查门机构与车体的连接座安装螺栓无松动；检查驱动气缸与上滑轮的连接件螺栓无松动；检查驱动气缸在基座上的安装螺栓无松动；检查门机构吊架的安装螺栓无松动；检查门架与门板之间的安装螺栓无松动；检查下滑轮安装螺栓无松动。

（7）1 号检查控制电磁阀模块、锁紧气缸以及其他供气管路的接头无松脱、漏气现象，接头的紧固螺母防松标记无错位，各尼龙管外表面无磨损。

（8）1 号检查控制电磁阀模块的安装状态：确认电磁阀模块的安装螺栓无松动，电缆接线整齐，各端子无松动、损坏。

（9）1 号检查锁紧气缸：确认锁紧气缸的安装螺栓无松动、检测开关无破损、压紧作用无异常，周围电缆固定整齐，连接器插头牢靠，确保插接到位，压紧杆在运动过程中不能与周围电缆等发生干涉。

（10）1 号检查锁紧气缸压紧杆与立罩的间隙在运动范围内不小于 3 mm。

（11）1 号对下导轨进行检查：确认下导轨安装牢固、无松动，关门到位时在车门未压紧气密的状态下，下导轨自动复位贴靠在下导轨内面，稍用力可自由向车外方向推出车门。

（12）1 号对侧拉门机构导柱进行润滑（每 6 个二级修润滑一次，此条部分动车组适用）：切断门机构气源，手动把侧拉门打开，露出直线轴承的注油口，采用注油枪加注克鲁伯润滑脂，直至导柱套筒两端溢出油脂，然后手动缓慢把门关闭，反复开关门 2 ~ 3 次，使润滑脂均匀覆盖在导柱表面，最后恢复供气。

4. 检查侧门附属装置

（1）1 号、2 号共同恢复侧门罩板。

（2）1 号检查门窗玻璃、侧门内侧的外观。确认玻璃无破损、裂纹，内侧外观无异常。

（3）1 号检查侧门门端橡胶和门碰橡胶。手动打开侧门检查，确认门板胶条、门框胶条无异常。

（4）1 号检查侧拉门门板下沿密封胶条压板的安装状态良好；门板下沿与排水槽之间的间隙不小于 3 mm。

（5）把车门控制转换开关设置到单控模式，2 号用通用钥匙分别操作每个单控门的车内和车外操作开关，单控开关转动灵活无卡滞，单控开关操作后能自动复位到中间位置。

（6）1 号检查车内侧隔离锁、单控门隔离锁功能良好。检查车外侧隔离锁盖板无损坏。

（7）1 号检查门板内侧与立罩之间无摩擦、剐蹭，通常其间隙不小于 5 mm。

5. 申请送电

（1）1 号在无电检查结束后，同工长联系“无电作业结束申请有电作业”。

（2）工长确认作业车组号及股道正确，停放制动已施加，送电完毕后到现场值班室领取有电作业牌，办理有电作业手续。

（3）工长通知 1 号可以开始有电作业。

6．手柄操作

2 号在 00（01）车司机室插入主控钥匙，将制动手柄打至快速位，按压受电弓升起旋钮，通过 MON 屏确认受电弓升起，按下 VCB 合按钮，通过 MON 屏确认 VCB 已合。将牵引手柄至切位；方向手柄至关位；制动手柄至快速位。

7．侧门开门时间测试

（1）2 号确认车侧门显示灯的性能无异常，确认各辆车侧门手动隔离置于开位。紧急门开门阀处于通位，单控门处于集控状态。

（2）2 号打开中央控制装置，按检修开关，进入检修模式。

（3）闭合“车上试验”“空挡”开关。

（4）2 号通过触摸监控显示器（MON）“车上检查实行”“试验项目”，再触摸车门开关试验、触摸确认；确认驾驶台关门显示灯亮，将“车门锁紧”开关闭合。

（5）2 号操作 1 位侧开门开关打开侧门，一位侧门开，显示灯灭。全列一位侧侧门打开，司机操作台关门显示灯「灭」。通过触摸监控显示器“下一页面”键后，触摸“确认”键。

（6）2 号操作 2 位侧开门开关打开侧门，触摸监控显示器“下一页面”键后，触摸“确认”键。

（7）2 号操作 1 位侧关门开关关闭侧门，触摸监控显示器“下一页面”键后，触摸“确认”键。2 号操作 2 位侧关门开关，关上侧门，确认“关门”显示灯亮。触摸监控显示器“下一页面”键后、触摸“确认”键，显示关门时间为 5.5 ~ 6.5 s，窄幅侧拉门开门时间为 2 ~ 3.5 s，宽幅侧拉门开门时间为 3 ~ 4.5 s。开关门时间偏离时，由侧门机构供应商立即进行开关门时间调整。

（8）触摸监控显示器“试验结束”键后，触摸“确认”键，断开“车上试验”开关。

（9）换端按照第（3）~（8）步骤操作。

8．侧门开关试验

（1）2 号打开中央控制装置，按一般开关，进入一般模式。

（2）2 号确认侧门关门显示灯亮。

（3）1 号将“车门锁紧”开关闭合，并一直保持；监控显示器显示各车“压”状态，对各车门压紧状态进行确认。

（4）2 号操作 1、2 位侧侧门开门开关，开 1、2 位侧侧门，确认两侧门无法打开。

（5）1 号松开“车门锁紧”开关，2 号操作 1、2 位侧侧门开门开关，确认各车门开启状态。

9．司机室、餐车厨房的单控门试验

（1）2 号将车门控制转换开关置于单控状态，操纵集控开门开关，确认车门不打开。

（2）1 号从车内和车外分别操作每个单控门开关，确认能够正常开关门。

（3）1 号打开单控门，操纵集控关门开关，确认车门不关闭。

（4）1 号从车外把单控门关闭，旋转开关到“关，压紧”位置并保持 2～3 s，确认车门能够压紧。

（5）2 号恢复单控门转换开关置于集控状态。

（6）2 号操纵靠近集控开、关门按钮（靠近平台侧），确认侧门集控开、关状态正常。

10. 障碍返回功能检测

（1）用 30 mm×60 mm 检测块放置门口，关闭车门，检测是否满足防挤压测试。

（2）集控关门时用手触发门板胶条，确认障碍车门立即返回打开。

11. 试验结束

2 号确认制动手柄打在快速位，按下 VCB 断按钮，通过 MON 屏确认 VCB 断开，按下受电弓降下按钮，通过 MON 屏确认受电弓降下，将制动手柄打至拔取位，拔取主控钥匙，归还主控钥匙。

12. 完工确认

1、2 号共同确认：各侧门恢复正常，侧门门罩关闭。

13. 整理工具物料

1 号、2 号将工具和物料整理齐全，作业区周边卫生干净无杂物。

14. 办理销号手续

1 号通知工长作业结束。

【任务自检】

1. 简述 CRH380A 型动车组的车门类型。
2. 简述 CRH380A 型动车组侧拉门的结构及功能。
3. 简述 CRH380A 型动车组集控关门操作流程。
4. 画出 CRH380A 型动车组侧门检测及清洁作业的工作流程。

任务二　CRH380B 型动车组车门系统维护与检修

【任务描述】

（1）了解 CRH380B 型动车组车门的分类、结构原理和作用；

（2）能够完成客室塞拉门、内端门、外端门、残疾人用卫生间拉门等的维修与保养。

【背景知识】

CRH380B 型动车组的车门可分为外门和内门两大类。外门是乘务人员和乘客上下车使用，设置在车辆端部的两侧。内门是车厢内各部分之间的通道，又可分为外端门（风挡门），位于头车的尾端和中间车的两端；内端门，位于各车通过台与客室之间；司机室门，位于头车前端的司机室与客室之间；乘务员室门，乘务员室与客室间的通道；卫生间门，卫生间与客室间的通道。

CRH380B 型动车组
客室塞拉门结构

一、CRH380B 型动车组外门

CRH380B 型动车组外门为单页电动塞拉门，沿动车组纵向对称布置，车厢功能不同侧门设置数量也不同，其中头车和带残疾人卫生间的车各 2 个车门，其他车 4 个车门。车门开度为 900 mm × 2 050 mm。该门专为高速列车设计，其显著特点是，能够承受 ± 6 000 Pa 的空气压力变动，以抵挡列车在运行过程中，由于出入或穿过隧道通过门而产生的压力波引起的剧烈振动，对门页周围采用双层密封来有效抵挡压力波造成的影响。外门的技术参数见表 3.3。

表 3.3　CRH380B 型动车组外门技术参数

驱动类型	电动和气动
供电电压/V	DC 110 V 允差为 − 30% ~ + 25%
压力范围/bar	8 ~ 10
自由宽度/mm	900^{+5}
自由高度（走线）/mm	2 050
入口宽度/mm	$1\,170^{+5}$
入口高度/mm	$2\,270^{+2.5}_{-2.5}$
上部最大摆出/mm	70^{+10}
下部最大摆出/mm	75^{+4}
开门时间/s	5 ± 1
关门时间/s	5 ± 1
门的挤压力/N	有效力 150，峰值力 200
障碍检测试棒/mm	符合 prEN14752 的 30×60，ϕ30

（一）外门组成

CRH380B 型动车组外门由门页及附件、驱动装置等部件组成，如图 3.6 所示。

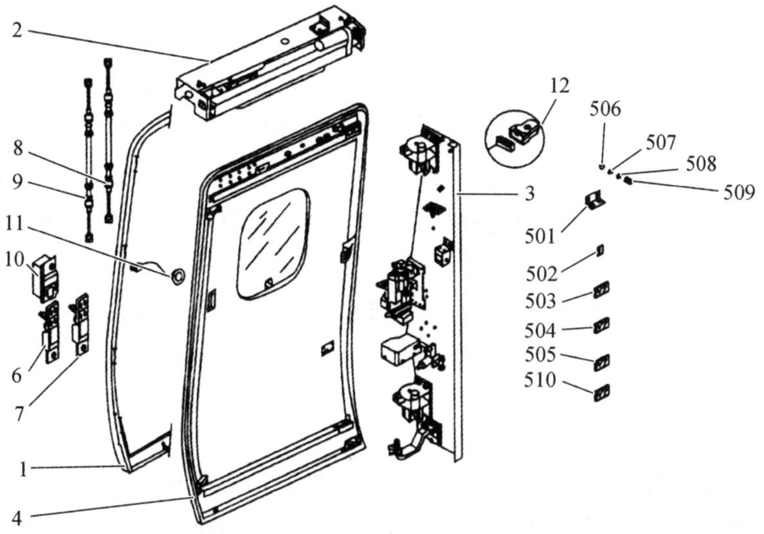

1—门框；2—驱动单元；3—设备安装架；4—门扇；6—内操作面板总成；7—外操作面板总成；
8、9—钢丝软轴；10—紧急开关；11—线束总成；12—电气件总成；501—角铁；
502、503、504、505、510—垫片；506—偏心轮；507—机螺钉；
508—沉头螺钉；509—弹簧垫圈。

图 3.6　塞拉门组成结构

塞拉门的机械系统均采用了集成化设计。电气系统中大多数线路均实现了插头插座式连接，大大提高了组装速度和检修速度。

门的控制通过每辆车中配备的门控器来实现。

（二）主要部件

外门为单页门，外形与车体侧墙一致。门页上带有窗、开门按钮和把手，安装有 RIC 钥匙锁，钥匙锁与门控系统电气联锁。

CRH380B 型动车组
客室塞拉门功能

1. 门　框

采用整体式门框，由铝型材和铸铝件拼焊而成。相对散装门框，该门框具有安装快捷、简单，调试容易等特点。

2. 驱动单元

该门的驱动机构采用直流电机驱动，相对于气缸驱动，可以更加容易地精确控制开关门时间，且开关门的速度，在行程内可实现多段可调，耐低温能力强。

3. DCU

每辆车中有一个门配有一个门控器 MDC2-110SMVB-I，其他门配备 MDC2-110-I。

DCU 包括一个 CAN 总线接口和一个 RS232 服务接口。解锁电机有一个输出通过一个辅助接触器来控制。主 DCU 是为 MVB 总线连接卡准备的，总线连接卡每辆车一个。

4. 设备安装架

设备安装架集成了门锁单元。锁闭系统主锁采用机械锁＋气动锁，解锁动作由电机或气缸实现。除主锁和隔离锁之外，上、下各设一个气动加压锁。可提高密封性能，增加系统的可靠性。内外操作装置设置了紧急操作手柄。在内外操作装置和主锁间的传动装置上设有电磁离合器，使门锁系统在列车高速运行时，具有即使操作紧急手柄也无法打开车门的功能，极大地提高了安全性能。

气动系统为气动加压锁的供气单元，其压力表安装位置，设置在人目视高度，便于查看读数。

5. 门　扇

门扇没有采用铝蜂窝结构，而是采用内部充填发泡隔热材的结构。该结构具有更高的隔音隔热性能。密封采用了双层密封，使其具有一定的气密性能。门的基本构造如下：

（1）门板。因车体为鼓形车体，所以门为弧形门。由铝型材、铝板及铸铝件焊接成铝框架，内、外面覆盖铝板，其间注入发泡剂，门扇四角为圆弧形。门表面涂油漆。

（2）窗户。窗户由多层平板玻璃构成，总厚39.5 mm，瞭望区的颜色与客室侧窗相同，边缘采用黑色丝网印刷，用胶粘接在门板上。

（3）胶条。门扇周边的密封胶条为双层密封，分为内层胶条和外层胶条，外层胶条的前端为护指胶条，胶条内部装有防挤压开关。

门扇下部安装有导轨。

（4）隔离锁。隔离锁集成在门板内。可以通过方形钥匙从内部和外部手动操作进行门的机械隔离，并通过隔离锁锁舌触动设备架上的限位开关，实现电气隔离。

内外部各设有一个扣手，集成在门板上。

（5）按钮。门板外部的中上部设有按钮。

6. 安装附件

安装附件包括门框调整垫片，安装螺钉，垫片（门扇和滑车之间），偏心轮（门扇和滑车之间）。

7. 内部控制面板

内部控制面板构成包括紧急入口装置，紧急开关（3ED00253R02），蜂鸣器，四角钥匙锁。

8. 外部控制面板

外部控制面板包括入口装置，乘务员钥匙开关（仅头车有）。

9. 钢丝软轴

钢丝软轴分为紧急输出装置配置的钢丝软轴（紧急装置内）和入口装置配备的钢丝软轴（外部入口装置）。

10. 紧急装置

安装在内部控制面板的紧急装置（开关）。

11. 电　缆

内部和外部操作面板及紧急开关电缆。连接处均采用插头式连接，安装和检修时，方便快捷。

12. 电器部件

电器部件包括 CAN 总线（线插）的计数连接器，CAN 总线（插座）的计数连接器，MVB 总线的计数连接器，18 管脚计数连接器。

（三）驱动及防夹功能

门的开关由电机驱动，开关车门的时间为 4 ~ 6 s。通过门边感应器，障碍物探测系统具有防止夹伤乘客或夹住其他障碍物的功能。在无电源供电的情况下，该门可手动控制。

（四）门的操作

1. 开门（$v < 5$ km/h）

打开按钮，前提是允许操作门才能用旅客开门按钮打开门。内侧是安装在门扇前缘附近控制屏内的一个按钮，外侧是安装在门扇中的一个按钮。

CRH380B 型动车组客室塞拉门气控系统

2. 关　门

（1）关门按钮关门。关门按钮安装在门上前缘附近控制屏内，如果按下门关闭按钮，激活报警蜂鸣器然后信号被发送至 DCU 将门关闭。

（2）由列车工作人员集中关闭（方形钥匙开关）。通过旋转方形钥匙开关（顺时针），给所有门一个集中关门命令（只有在门被完全打开时，关门命令才被发送至门控单元）。

CRH380B 型动车组客室塞拉门电控系统

（3）通过司机操纵台集中关门。司机能通过开门允许的撤销，关闭车辆一侧的所有门。

（4）零速联锁。当车门未关闭时，如果检测到速度大于零的信号，牵引系统将被封锁无法开车。

（5）用门控单元处的服务按钮关门。对于维护，报警装置可以通过操作门控单元上的服务按钮关门。

3. 门不工作且机械锁定

（1）内侧方形钥匙的工作锁定。可以通过安装在门上的方形钥匙从内侧和外侧机械锁定有缺陷的门，使其不能使用。在此操作以前，必须将过桥设置于不工作状态并且必须手动关门。必须通过方形钥匙锁门。

（2）过桥不能工作并机械锁定。将过桥置于“收缩”位置。最后用方形钥匙锁定过桥。

（3）主开关。驱动机构上提供有翻转开关，能切断服务用电源。在此情况下不执行门的任何功能并且无任何诊断代码产生并传递至车辆控制单元。在任何时候都能实现紧急解锁。

4. 门的紧急操作

（1）紧急出口装置。为释放门的机械闭锁装置，紧急出口装置安装在门扇后缘附近的门架中。如果速度小于 10 km/h，才可以使用应急装置开门。

当速度大于 10 km/h 或经门扇上的方形钥匙手动隔离并锁定各门时，应急装置不适用。对于门的紧急解锁，旅客必须先旋转应急开关上的按钮，即先将玻璃前板砸成碎片并按压按钮。列车员能够驱动应急开关上的方形钥匙开关。

门的紧急操作将持续激活声音报警系统。

通过应急出口装置的拉动并向外推门扇可以将门打开（须使用带凹槽的手柄），如果速度大于 10 km/h 并且应急出口装置未占用，门不能解锁。如果速度降低至 10 km/h 以下，必须在起始位置中再次操作手柄。

（2）紧急使用装置。紧急使用装置安装在门扇附近车体侧墙中。拉动紧急使用装置的手柄并通过在手柄凹槽处拉动门扇将门打开。

5. 门发生故障时，对门进行隔离操作

如果在主干线上额定运行期间门不能正常工作，必须将门置于隔离工作状态，直到故障解决为止。因此必须通过门扇上的方形钥匙隔离并机械锁定门。禁止锁定未处于完全关闭位置的门。在经方形钥匙隔离并机械锁定门时，门应处于下列状态：机械锁定，门的所有功能都切断。

二、CRH380B 型动车组内门

（一）外端门

外端门（即风挡门）共有两种结构形式——自动门和手动门。自动门和手动门的设置主要取决于运用需要，只有 BC05 车二位端是电动风挡门，其余车型为手动风挡门。

自动风挡门为电控电动式双开移动门，门页采用铝框和防火玻璃组成，左门上装有隔离锁，能在门关到位时将门锁定并隔离。左右门上各有一个拉手，在门系统断电、隔离锁未锁闭时能够将门打开。手动门没有电气系统。

这种门页结构简洁、大方，门系统的承载驱动机构具有结构简单，运动阻力小，安装方便，可靠性高以及具有自动复位功能等优点。

主要参数如下：最大开度为 1 100 mm；通过高度为≥1 900 mm；防火性能，满足 DIN5510，在发生火灾情况下，可保证隔离火势，15 min 内不蔓延至邻车。

1. 结构组成

主要由上部机构、门扇、下部导轨及开关、传感器、门控单元（仅自动门）等部件组成，

如图 3.7 所示，其主要作用是实现门扇与车体的连接以及实现门的运动。

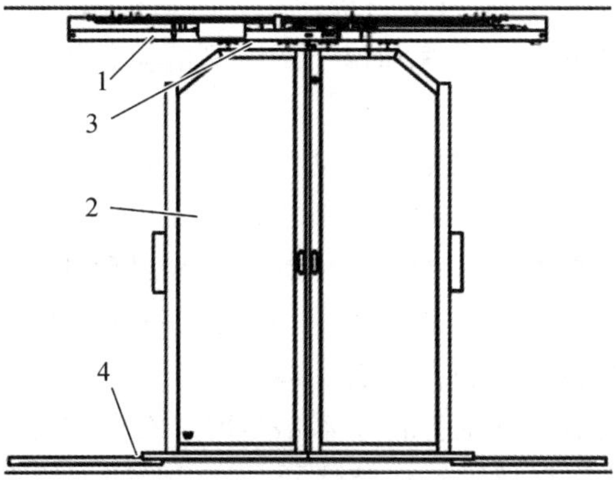

1—门机构；2—门板；3—安装螺栓；4—下导轨。

图 3.7　外端门组成机构

2. 系统原理

电机通过减速器驱动皮带轮旋转，带动齿形带运动，齿形带拖动上导轨上的滑车运行，滑车门扇移动，通过门控单元、开关和传感器实现门的控制。双开门是通过齿形带实现同步开关的。电气部分在环境温度超过预定极限时（例如，遇到火灾时），会自动切断总电源，防止产生误动作；机械部分具有自动关门功能；玻璃门扇的玻璃采用特种防火耐高温玻璃；门扇四周设有用特殊材料制成的遇火即膨胀的密封带，起到隔绝烟雾和火焰的作用。

手动门没有电气部分的部件。

（二）内端门

CRH380B 型动车组内端门为电控电动式单开移动门。

1. 内端门驱动机构

内端门驱动机构如图 3.8 所示。

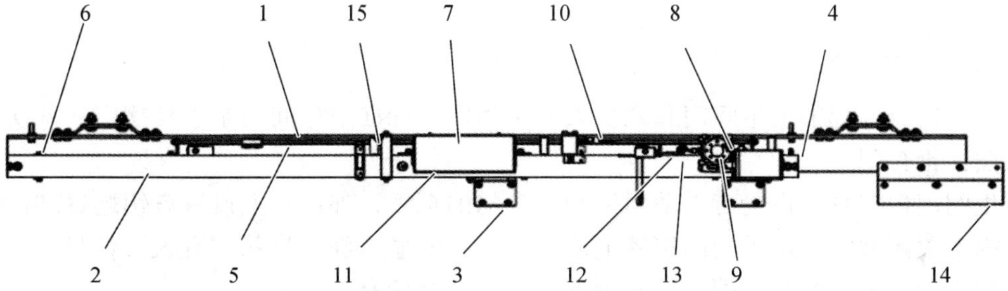

1—框架型材；2—顶部型材；3—携门架和门玻璃固定支架；4—电机单元；5—齿形带机构；
6—带磁铁的开门止挡；7—带集成变压器的数字控制单元（DCD）；8—脉冲传感器；
9—内部传感器；10—连接器/电缆；11—电源开关；12—开门锁紧机构；
13—锁紧指示传感器；14—侧墙玻璃支架；15—故障指示继电器。

图 3.8　单扇内端门驱动机构示意图

2．内端门的功能

该门系统由数字控制单元控制 24 V 直流电机、齿轮机构，门扇速度和位置传感器，门扇关闭位置传感器组成。在探测到有乘客和位于门两侧的应急按钮被按压时，门两侧的遥控传感器将启动开门机构。

（1）启动。接通数字控制单元的电源启动门系统，启动时门的初始位置不同，动作也不同，分完全关闭、完全打开、门处于中间位置 3 种情况。

（2）开门动作。位于门两侧的红外遥控传感器用来启动开门程序。传感器安装在门的上方，当有人处于红外线光束上，门将保持打开。门打开时间大约 5 s，当门抵达打开位置并且遥控传感器被激活后，门将保持在打开位置 10 s。

（3）关门动作。当不再有有效遥控传感器信号时，在开门等待时间 10 s 后，门将自动关闭。当关门动作开始时，开门保持磁铁将被断开。关门时间大约为 6 s，当一个遥控传感器在关门运动过程中被激活时，门将停止关闭动作，然后进行开门动作。

（4）门被阻挡时的安全功能。如果门在打开过程中受到阻挡时，安全功能将使门停止动作 3 s 时间，然后门将再次打开。如果障碍物仍然阻止门打开的话，安全程序将重复执行 4 次，此后门将停止在当前位置上。系统将发出故障指示，并在 1 min 后重新启动。

如果门在关闭过程中受到阻挡时，安全功能将使门朝相反的方向动作，直至完全打开。当没有传感器信号时，在开门等待 10 s 以后，门将开始关闭。该程序计数尝试关门的次数。如果尝试关门的次数超过设定极限 5 次，门将打开，并保持在该位置上 1 min 时间，然后再次尝试关闭。

（5）遥控传感器。在门的两侧，各安装有一个遥控传感器，用来探测乘客通过的情况。遥控传感器被激活，开门指令才有效。

（6）应急按钮功能。在门的两侧，各安装有一个应急按钮。任一个应急按钮被按压，数字控制单元将不起作用，不再向门发出任何动作指令，门可由人工推动。

（三）司机室门、乘务员室门

司机室门和乘务员室门均为手动摆门，门扇采用铝合金框架内衬大玻璃的复合结构，设置有手动门锁和开关门的把手，门锁使用专用钥匙开启。

（四）卫生间门

卫生间门分为标准卫生间门和残疾人卫生间门。标准卫生间门是手动摆门，残疾人卫生间门是曲面推拉门。

卫生间门内门页上设置有手动门锁和开关门的把手，外门页上设置有钥匙锁和门把手。当门从内部关闭并将门用手动门锁锁上后，门页上的显示屏上显示“有人”信号，同时通过动车组旅客信息系统在客室端墙的显示屏上显示“厕所有人”。

【任务实施】

以 CRH380B 型动车组客室侧门紧固件检查和运动机构润滑为例：

修程：二级修

周期：10 万千米/90 天
作业人员：4 名地勤机械师
作业时间：120 分钟/列［全列（除 5 车外）］
供电条件：无电 + 有电作业

一、注意事项

（1）关闭车门时注意挤压危险。
（2）检查时不能切断电源，因此当在门区域工作时必须很小心。
（3）在执行维护和检修工作之前，用“主开关”将各自门区域从电源断开。

二、作业准备

（1）工具清单。手电筒、四角钥匙、内六角棍（8 mm）、力矩扳手、套筒扳手、叉口扳手、手动胶枪、试验杆（30 mm × 60 mm）。

（2）物料清单。Klüber Isoflex LDS 18 Spezial A 润滑脂、Klüber Barierta L 25 DL 胶条润滑脂、酒精、吸油纸、海绵方块、抹布。

三、作业程序及标准

1. 工前准备

（1）人员准备。2 名作业人员（1、2 号）按规定穿戴劳保防护用品（工作服、劳保鞋、安全帽）。

（2）工具、物料准备。
① 1 号作业者清点配送的工具。检查力矩扳手校验不超期，力矩扳手力矩范围符合标准。
② 2 号作业者清点配送的物料。

（3）作业准备。
① 工长确认作业车组号及股道正确，受电弓已降下，接触网已断电，接地杆已挂，停放制动已施加，放电完毕后到现场值班室领取无电作业牌，办理无电作业手续。
② 工长通知 1 号可以开始无电作业。

2. 车门外观检查

（1）挡雨檐。挡雨檐外观状态良好，无变形、破损，焊接牢固，无脱漆。
（2）门扇。
① 外侧门板状态良好，表面光滑、平整，无损坏、变形、刮痕、凹凸不平现象。
② 表层油漆脱落面积不超限。
（3）门玻璃。
① 侧拉门玻璃外观及安装状态良好，表面无划痕、裂纹、残缺。
② 玻璃四周胶条状态良好，安装牢固，无缺失、脱落、撕裂、变形、老化现象。

（4）密封橡胶。门密封橡胶外观状态良好，在关门时压接紧密，无缝隙，胶条无老化、龟裂、脱落等。

（5）开门按钮。

① 外观状态良好，无变形、破损、裂纹、缺失等。

② 安装螺栓齐全、紧固，无松动、缺失等。

（6）隔离锁钥匙口。外观状态良好，锁芯无断裂，缺损；转动灵活，无卡滞、摩擦、异音。

（7）门外紧急解锁手柄。

① 外观状态良好，无变形、脱漆、异物击打痕迹。

② 安装螺栓齐全、紧固，无松动、缺失等。

③ 拉动手柄，活动顺畅，作用良好，可自动复位。

（8）登乘钥匙开关（01、00 车）。

① 护盖外观良好，无松动、裂纹、缺失等。

② 钥匙孔无堵塞、污物，转动钥匙运动灵活，无卡滞、摩擦等。

3. 车内外观检查

（1）门扇。

① 外观状态良好，无变形、脱漆等。

② 安装牢固，位置水平，无松动、脱落、下垂等。

③ 车门使用标识清晰、完整，无破损、翘边等。

（2）机械隔离锁。

① 外观状态良好，锁芯无断裂、缺失等。

② 安装螺栓齐全、牢固，无松动、脱落、缺失等。

③ 用四角钥匙操作，动作顺畅，无卡滞、摩擦、异音等；可将车门锁定在完全关闭位置，使车门无法打开。

（3）门玻璃。

① 内侧玻璃四周胶条状态良好，安装牢固，无缺失、脱落、撕裂、变形、老化现象。

② 外观状态良好，无破损、裂纹等。

（4）开门状态下检查。

① 拉动门反复开关几次，确认门运动灵活，无卡滞、摩擦、异音等。

② 门侧密封胶条外观状态良好，无变形、老化、破损、脱落等。

（5）站台补偿器。

① 外观状态良好，无变形、裂纹等；安装牢固，无松动，折页部位良好。

② 防滑条状态良好，作用良好。

③ 清洁脚踏板转轴处的脏物，保证脚踏板转动灵活。

（6）侧扶手。

① 外观状态良好，无变形、裂纹、划痕、脱漆等。

② 安装螺栓齐全、紧固，无松动、脱落、缺失等。

4．车门控制装置检查

（1）开关门按钮门。

① 外观状态良好，无破损、裂纹、划痕等。

② 安装牢固，无松动、脱落、缺失等。

③ 安装螺栓齐全、紧固，无松动、脱落、缺失等。

④ 周围压条外观良好，安装牢固，无变形、老化、破损、缺失等。

（2）紧急开关。

① 外观状态良好，无变形、裂纹等，锁芯无断裂。

② 安装牢固，无松动、脱落等。

③ 锁芯转动灵活，无卡滞、摩擦、异音等。

（3）紧急按钮。

① 外观状态良好，防护玻璃罩无裂纹、破损等。

② 紧急按钮外观状态良好，无损坏迹象。

（4）声音报警装置。

① 外观良好，格栅无破损、裂纹等。

② 蜂鸣器安装牢固，无松动、脱落等。

（5）紧急开门标识。标识齐全、完整，无破损、翘边等。

（6）紧急开锁手柄。

① 红色拉手外观良好，无破损、裂纹、脱漆等。

② 安装牢固，无松动、脱落等。

③ 拉动过程顺畅，作用良好，可自动复位。

5．门驱动机构检查

① 用四角钥匙打开门上部的检查盖板。

② 门控器外观状态良好，安装牢固，接线端子、电线、电缆、线插安装紧固，无松动、脱落、虚接等，电缆、电线捆扎牢固，无老化、龟裂、烧痕等；接口外观状态良好，插针无折断、弯曲等。

（1）M1 驱动电机。M1 驱动电机外观状态良好，安装牢固，表面无变形、裂纹、损坏等，表面安装螺栓齐全、紧固。

（2）门连接支撑装置。门连接支撑装置外观状态良好，连接臂无变形、裂纹、开焊等；与门安装螺栓齐全、紧固，防松标记清晰，无错位；接地线安装良好，无松动、脱落、老化、烧痕等；门碰止挡安装良好，橡胶无老化、龟裂，调整螺母防松标记清晰，无错位；内部滑轮无卡滞、摩擦痕迹等；坦克链良好，无裂纹。

（3）门滑动机构。门滑动机构外观状态良好，无变形、裂纹，各组成部位状态良好，电线、线插连接紧固，无松动、烧痕等。

（4）驱动杆。驱动杆外观状态良好，无变形、裂纹，连接牢固，防松标记清晰，无错位；连接板外观状态良好，螺栓齐全、紧固，防松标记清晰，无错位。

（5）门滑道。门滑道外观状态良好，无变形、裂纹、损坏、摩擦痕迹等。下部安装螺栓齐全、紧固，防松标记清晰，无错位。

6. 塞拉门设备架内部检查

用内六角棍拆下门侧立罩板上的两个螺栓。

（1）上部气动锁。

① 安装板外观状态良好，无变形、裂纹，螺栓齐全、紧固，防松标记清晰，无错位。

② 气动锁外观状态良好，转动部位无裂纹、变形，上部弹簧状态良好，连接紧固；下部气缸状态良好，本体、管路无漏风现象。

（2）风压表。风压表外观状态良好，无变形、裂纹、损坏；连接的气管外观良好，无变形、扭曲，管路及接头处无漏气现象，压力为 6 ~ 7 bar。

（3）线插。线插插接牢固，无松动、虚接、脱落现象，连接线无破损、裂纹、松脱等。

（4）机械解锁装置。

① 外观状态良好，电磁阀安装正位，电线无龟裂、烧痕，各转动机构状态良好，无卡滞、摩擦，解锁钢丝绳状态良好，无松动、断裂等。

② 解锁弹簧外观状态良好，无失效，钢丝绳状态良好，无断裂、松动。

③ 凸轮与继电器配合作用良好，凸轮无变形、裂纹，继电器外观状态良好。

④ 将门关闭，拉动车内红色紧急开门拉手和车外白色紧急开门拉手，机械锁运动灵活，无卡滞、摩擦，解锁作用良好。

（5）解锁电机 M2。解锁电机 M2 外观状态良好，安装牢固，下方两接线插安装牢固，无松动、虚接、脱落等。

（6）主锁。

① 外观状态良好，棘爪无变形、裂纹、损坏等，弹簧作用良好。

② 内部电气板外观状态良好，触点无变形、裂纹、热斑等。

③ 凸轮触点与接触器触点触碰良好，接触点配合良好。

（7）98%限位开关。

① 限位开关外观状态良好，凸轮传感器角度位置正确。

② 电磁阀外观状态良好，无变形、裂纹、损坏等，安装螺栓齐全、紧固，防松标记清晰，无错位。

（8）B5 电磁阀。

① 外观状态良好，无变形、裂纹、损坏等。

② 气动截断阀位置正位，关闭紧固，无漏气现象；气动管路头处无漏气现象。

③ 电气接线外观状态良好，无松动、裂纹、烧痕等。

（9）隔离锁。

① 外观状态良好，限位开关无变形、裂纹、损坏等，作用良好，无卡滞、摩擦、异音等。

② 将门关闭试验隔离锁，作用良好，门被正确隔离。

（10）下部气动锁。

① 安装板外观状态良好，无变形、裂纹，螺栓齐全、紧固，防松标记清晰，无错位。

② 气动锁外观状态良好，转动部位无裂纹、变形，上部弹簧状态良好，连接紧固；下部气缸状态良好，本体、管路无漏风现象。

（11）100%限位开关。

① 限位开关外观状态良好，凸轮传感器角度位置正确。

② 电磁阀外观状态良好，无变形、裂纹、损坏等，安装螺栓齐全、紧固，防松标记清晰，无错位。

（12）下部滚轮。下部滚轮外观状态良好，连接臂无变形、裂纹，滚轮无缺损、摩擦等。

（13）站台补偿器组成件检查。

① 电磁阀外观状态良好，安装牢固，接线良好，无老化、烧痕等。

② 支撑板外观状态良好，下部橡胶密封条状态良好，无老化、龟裂、脱落等；安装螺栓齐全、紧固，防松标记清晰，无错位。

③ 补偿器驱动杆外观状态良好，无变形、裂纹，各部螺栓齐全、紧固，防松标记清晰，无错位。

7．侧门各紧固件检查

检查客室侧门各部螺栓，应无松动，如螺栓松动，取下螺栓，清洁后涂抹规定的紧固胶，再次紧固，并涂打防松标记。

8．塞拉门润滑

对客室侧门各运动部件涂打“Klüber Isoflex LDS 18 Spezial A”润滑脂，用手动胶枪涂打，保证95%以上接触面有较好的润滑。

（1）驱动机构润滑。

① 打开过道顶板，清除驱动机构内旧的油脂和污垢。

② 长导柱和携门架中的直线轴承应采用手动油枪通过润滑嘴进行润滑，用量：直线轴承导轨用4～6 g润滑油。在导柱非运动区域将润滑脂均匀地涂抹在导柱圆柱表面，用量：每根长导柱圆柱表面用2～3 g润滑油。使用润滑脂对两个短导柱进行润滑，用量：每根短导柱圆柱表面用1～1.5 g润滑油。润滑后开关门动作3次。

③ 用润滑脂对安装在驱动单元上的上导轨（曲线区）润滑。

④ 用润滑脂对丝杆进行润滑，将润滑脂均匀地涂抹在丝杆的外圆和螺旋侧表面上，润滑完成后需手动开关2～3次。用量：每根丝杆用15～20 g润滑油。

（2）锁闭机构润滑。

① 打开锁闭机构所在侧的门罩板，清除锁闭机构旧的油脂和污垢。

② 用润滑脂对锁闭机构所有弹簧进行润滑。

③ 用润滑脂对下摆臂滚轮进行润滑。

④ 用润滑脂对主锁进行润滑。

⑤ 用润滑脂对辅助锁进行润滑。

（3）客室侧门门板密封胶条检查及润滑。润滑车门密封条前，使用清水清洁胶条周围的污垢并用清洁布擦干或自然风干，然后使用R40或者异丙醇清洁胶条，5 min后用手在车门密封胶条上均匀涂抹润滑脂，大约50 g。防尘和防挤压硬胶条润滑以润滑面光滑无白色润滑脂为宜，气密软胶条以润滑面光滑，用手指挤压胶条不出白色润滑脂或门关闭后在门框上不留明显白色润滑脂为宜，5 min 后使用干布清洁干净防挤压胶条。特别注意：密封胶条周圈涂抹完成后，擦除压力平衡孔周边 10 mm 区域，保持压力平衡孔畅通、无异物。

9. 作业恢复

（1）重新将立罩安装在固定位置。

（2）用 8 mm 六角棍将两个安装螺栓重新紧固。

（3）重新锁闭门上面的盖板。

10. 有电检查

接触网送电，动车升弓供电。

（1）开、关门检查。

① 在司机室操作集控开门按钮，在 HMI 屏上确认各门开、关状态良好。

② 触按本地开、关门按钮，门开启、关闭正常，且门控制单元无故障显示。

③ 检查 100%限位开关作用良好，门闭合、锁闭正常。

（2）障碍物检测。用事先准备好的 30 mm × 60 mm 小木块检查内、外敏感胶条是否为规定值。在车门处放置木块或者其他障碍物，当车门关闭时碰到障碍物，并已触碰到敏感胶条时，车门应该能够再次开启（此测试是检查内外敏感胶条是否能够向车门控制单元发出信号），如车门碰到障碍物无动作或者继续关闭时，应更换车门敏感胶条。

11. 完工确认

作业完毕后确认状态正常。

12. 整理工具物料

1 号、2 号将工具和物料整理齐全，作业区周边卫生干净无杂物。

13. 办理销号手续

1 号通知工长作业结束。

【任务自检】

1. 简述 CRH380B 型动车组的车门分类及作用。
2. 简述 CRH380B 型动车组外门的结构。
3. 当 CRH380B 型动车组外门发生故障时，对门进行哪些操作？
4. 简述 CRH380B 型动车组内端门的主要功能。

项目四　动车组给排水及卫生系统维护与检修

【思政课堂】

检车师门手艺　匠心铸就大师——黄望明

华灯初上，中国铁路武汉局集团有限公司武昌客车车辆段客车整备库里，身着蓝色工装的车间质检员黄望明正在一辆辆客车下不停地钻进钻出。小小的检车锤与轮轴、螺栓、弹簧等部件撞击发出的声音格外响亮，这一串串敲击声在他听来是隐藏奥秘的音符，任何“不合拍”的声音都可能成为发现安全隐患的线索。从事客车车辆检修工作的 29 年里，黄望明先后发现了 3 000 多处安全隐患，排除危及行车安全的重大故障 200 余件，被同事亲切地称为“检车状元”“客车神探”“技能大师”，获得了全国技术能手、火车头奖章等荣誉。

1989 年，黄望明从技校毕业到武昌客车车辆段从事检修工作。那一年，他刚满 19 岁，“只有靠技术吃饭，才能永远不落伍。”这是父亲说得最多的话，也是让他记忆最深刻的话。从第一天上班起，黄望明就像一个工作狂，无论白天夜晚他都能找到方法学习，练功场成了他第二个“家”。他一次次地在练功车下钻进钻出，一遍遍地把各种车辆配件拆装分解，向书本学、向实践学。每个技术步骤他都要琢磨成百上千次，就连检车员检车的最基本“形体动作”他都不知练了多少遍，直到成为肌肉记忆。就是凭着对业务技术的痴迷，黄望明掌握了客车检修的“十八般武艺”，连续多年在全路行业比武中摘得桂冠，并在 2005 年首届全国铁路职业技能竞赛中获得了全国技术能手称号。

黄望明给自己定下“三个不少”的标准，那就是质量检查不少走一步，不少看一眼，不少敲一锤。用心检查，不放过一丝一毫的隐患。每天黄望明都要在整备场徒步近 10 公里，为数万个车辆零部件进行“体检”，一套检车法重复几千遍。29 年间，凭着严谨和认真，黄望明检修客车 70 余万辆，先后发现防止车辆安全隐患 3 000 多起。经他检查把关后的列车，累计安全运行 900 余万公里，他先后获得火车头奖章等 30 余项荣誉成为全局车辆部门，享受国务院政府特殊津贴的第一人。一间荣誉展示室、一间创新成果展示厅、一间技术攻关室……2013 年 7 月“黄望明客车检车员铁路技能大师工作室”正式成立。

2018 年，作为铁路一线技术职工代表黄望明参加了第十三届全国人民代表大会相关会议，展现了铁路职工的亮丽风采。择一事终一生，用匠心谱华章，黄望明用手中的检车锤诠释工匠精神。在平凡的岗位上演奏了一曲“交通强国、铁路先行”的赞歌。

【项目描述】

动车组给排水及卫生系统是在列车运行期间保证司乘人员及旅客正常工作和生活所必备的系统设备。高速列车上为司乘人员（包括残疾人）设计制造了方便适用的给排水及卫生系统。

通过本项目的学习，使学生熟知动车组给排水及卫生系统的基本组成及工作原理，并能够按照要求规范操作、检测、维护给排水及卫生系统，并能进行应急处理。

【知识目标】

（1）熟悉 CRH380A、CRH380B 型动车组给排水系统的基本组成；
（2）熟悉 CRH380A、CRH380B 型动车组卫生系统的组成及工作原理。

【能力目标】

（1）能够按照要求规范操作、检测、维护给排水及卫生系统，并能进行应急处理；
（2）能够分析工作中的不安全因素并采取措施，注重保护环境；
（3）能够正确检查、评价与记录工作结果。

任务一　CRH380A 型动车组给排水及卫生系统

【任务描述】

（1）了解 CRH380A 型动车组给排水系统的基本组成；
（2）熟知 CRH380A 型动车组卫生系统的分类、结构及使用维护。

动车组给排水及卫生系统概述

【背景知识】

动车组的给排水及卫生系统主要包括供水系统及卫生系统。供水系统的主要任务是向列车提供各种用水，如冲洗集便器、洗漱用水、饮水机供水等；饮水机用于为乘客提供饮用水；卫生系统为乘客提供舒适的卫生环境，并负责收集污物。

一、系统概述

CRH380A 型时速 350 km 动车组（非高寒）每车均设置给水系统，分为车上水箱供水系统及车下水箱供水系统两种方式，其中 2、4、6 号车配置 400 L 车上水箱，5 号餐车配置 700 L 车下水箱，其他车配置 400 L 车下水箱。均采用电动水泵供水的方式，为卫生间便器与水阀、盥洗室水阀、洁具池水阀、电开水炉供水。

动车组在 1、8 号车均设有一个坐式卫生间，2、3、4、6、7 号车均设有 1 个坐式卫生间和 1 个蹲式卫生间，2、3、6、7 号车均设有 1 个盥洗室，供乘客盥洗、卫生使用。4 号车设有洁具柜，供冲洗拖布使用。卫生系统采用 Monogram 真空集便系统收集来自便器的污物，盥洗等废水通过水封排至车外。

给水卫生系统总体布置见图 4.1。

给水卫生系统主要设备配置见表 4.1。

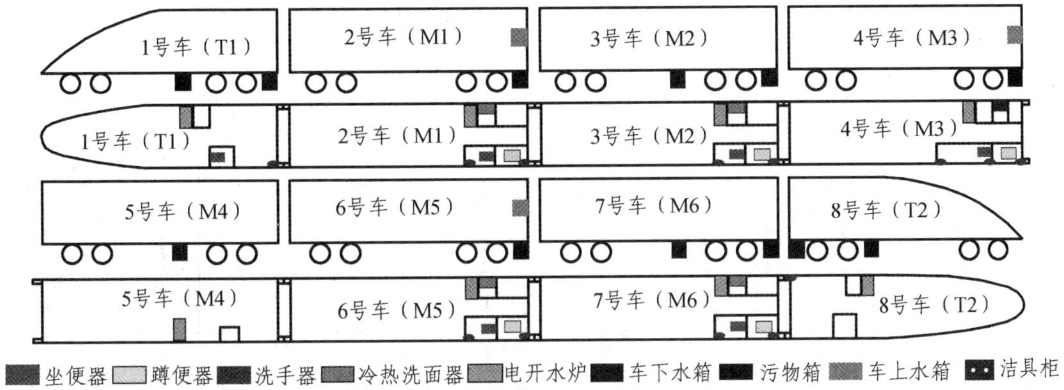

图 4.1　给水卫生系统总体布置

表 4.1　给水卫生系统主要部件主要设备配置数量

部件名称	每车数量							
	1 车	2 车	3 车	4 车	5 车	6 车	7 车	8 车
车上水箱组成（400 L）		1		1		1		
车下水箱组成（400 L）	1		1				1	1
车下水箱组成（700 L）					1			
电源转换模块					1			
车上水泵装置		1		1		1		
车上水泵电控箱		1		1		1		
车上液位/加热显示器（车上水箱、污物箱）		1		1		1		
车上液位/加热显示器（车下水箱、污物箱）	1		1				1	1
车上液位/加热显示器（车下水箱）					1			
车下液位显示器（水箱、污物箱共用）	2	2	2	2		2	2	2
车下液位显示器（仅水箱用）					2			
污物箱组成（450 L，1 拖 1）	1							1
污物箱组成（450 L，1 拖 2）		1	1	1		1	1	
坐式卫生间（节水阀）	1	1	1	1		1	1	1
蹲式卫生间（节水阀）		1	1	1		1	1	

续表

部件名称	每车数量							
	1 车	2 车	3 车	4 车	5 车	6 车	7 车	8 车
坐式便器（按钮）	1	1	1	1		1	1	1
蹲式便器（按钮）		1	1	1		1	1	
电气控制单元	1	1	1	1		1	1	1
气动控制单元	1	1	1	1		1	1	1
水增压单元	1	2	2	2		2	2	1
洗脸室（冷热节水阀）		1	1			1	1	
温水器		1	1			1	1	
电开水炉	1	1	1	1	1	1	1	1
洁具池（清洁水龙头）				1				
车下水封组成	2	2	2	2	1	2	2	2

二、给水装置

动车组在 2、4、6 号车设车上水箱供水系统，在 1、3、5、7、8 号车设车下水箱供水系统。车上水箱供水系统主要由车上水箱、车上水泵装置、车上水泵电控箱、注水管路、溢水管路、供水管路、排水管路、防冻装置、液位开关等组成。车下水箱供水系统主要由车下水箱、水泵装置、电气箱、注水管路、溢水管路、供水管路、排水管路、防冻装置、液位开关等组成。

CRH380A 型动车组给水系统是如何供水的

给水系统利用扬程压力开关控制水泵的启停，水泵间歇工作，控制系统采用 PLC 控制。系统具有供水控制、水箱液位指示、大流量保护、吸气保护、缺水保护、泄漏保护、给水系统故障报警、防冻排空等功能。为保证系统在低温环境下的正常使用，水箱、水泵、管路设有防寒及电加热装置。

（一）车上水箱供水系统

车上水箱供水系统主要部件集中布置于列车的三位角，车上水泵装置位于车上水箱下方，车上水泵电控箱位于车上水箱上方。车上供水系统组成如图 4.2 所示。

1. 车上水箱组成

车上水箱组成结构如图 4.3 所示。

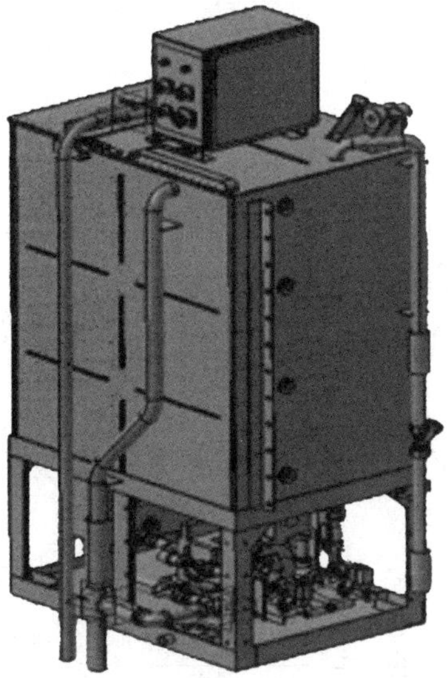

图 4.2　车上供水系统组成图

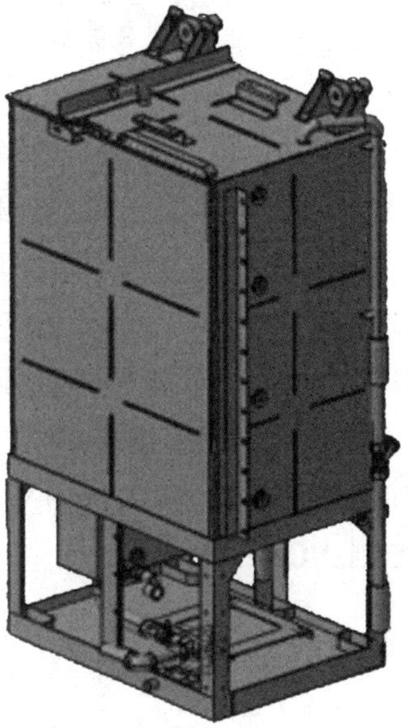

图 4.3　车上水箱组成结构

（1）主要技术参数。

① 水箱容积 400 L，空重：282.4 kg ×（1 ± 5%）。

② 水箱主体外形规格：550（长）× 770（宽）× 1 435（高）（不含安装座及隔热材）。

（2）结构特点。车上水箱主要由水箱体、底架、接水盘、管座及安装座等组成。

① 水箱体：由主箱体和下部的供水箱组成；箱内设防波板；不设水箱梁，采用整体承载结构；各部组焊成一整体；水箱体、防波板等与水接触的板材采用钢板 06Cr19Ni10 材质。

② 底架：采用钢板 06Cr19Ni10 焊接而成，结构上各梁形成封闭环，提高承载能力。

③ 接水盘：为防止车上水泵装置及管路漏水而设置，安装在水箱底架上，内设车上水泵装置安装座。

④ 管座：水箱体上设有溢水管座（DN25）、供水管座（DN20）、液位传感器管座（5 个 DN20）。

⑤ 安装座：水箱顶部设有车上水泵电控箱安装座、水箱辅助固定安装座、罩板安装座等；侧面设有固定管路螺丝座、绑线架等。

2. 车上水泵装置

车上水泵装置采用集成化设计，安装于车上水箱下方，主要由水泵（包含压力缓冲罐、流量开关、扬程压力开关）、吸气检测开关、泄漏检测开关、进水电磁阀、排水电磁阀等组成。车上水泵装置见图 4.4。

主要技术参数：

额定功率	270 W
额定电压	AC 100 V
额定电流	2.7 A

启动电流	8.9 A
水泵能力	扬程 14 m 时，（13 ± 2）L/min
扬程压力开关	ON　98 kPa，OFF　127 kPa
吸气检测压力开关	ON　59 kPa，OFF　98 kPa
流量开关	通 $2.6^{+0.5}_{0}$ L/min，断 $2.5^{0}_{-0.5}$ L/min
泄漏检测开关	通 1.2 L/min，断 0.8 L/min

水泵体设电加热块，通过温控器控制，技术参数如下：

加热电源：车供稳态 AC 100 V

泵体加热块加热功率：3 × 16 W

温度控制：ON：（5 ± 3）°C

　　　　　OFF：（15 ± 3）°C

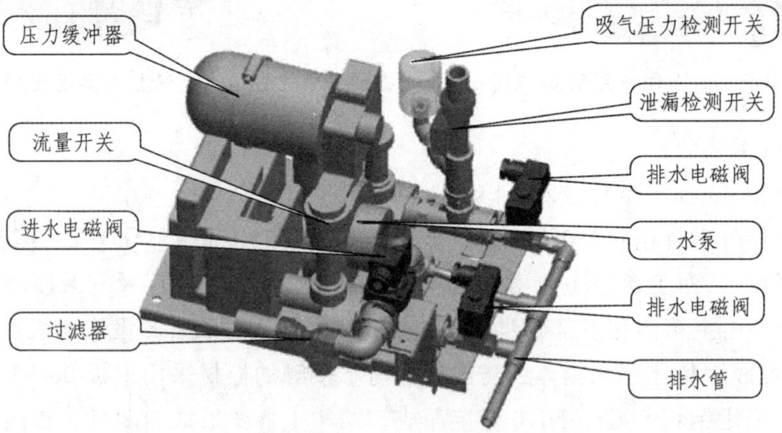

图 4.4　车上水泵装置

3．车上水泵电控箱

车上水泵电控箱安装于车上水箱上方，内部布有 PLC 控制器、继电器以及接线端子排等。电控箱与水箱液位开关、车上水泵装置、卫生系统电气控制单元之间通过电力连接器连接。车上水泵电控箱主要接口参见图 4.5。

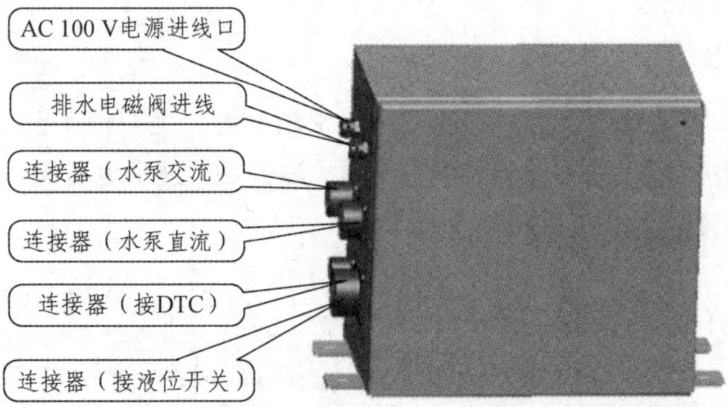

图 4.5　车上水泵电控箱

4. 车上液位/加热显示器

车上液位/加热显示器（见图 4.6）通过端子排与卫生系统电气控制单元、水箱、污物箱、车下液位显示器连接，装于车上配电柜内，用于指示水箱液位、污物箱液位和污物箱加热情况（颜色指示见表 4.2）。

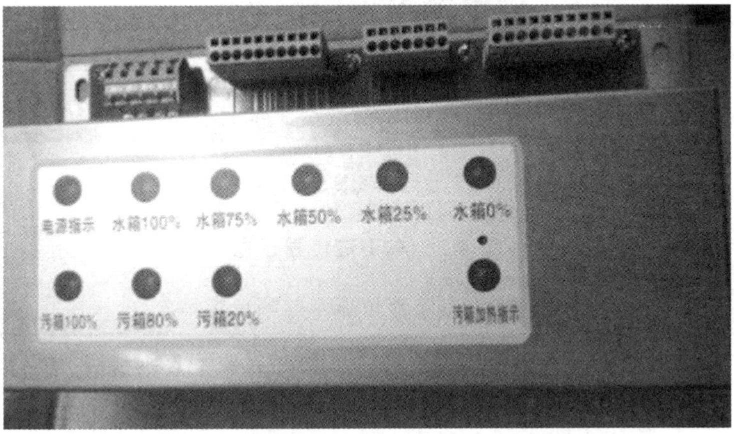

图 4.6　车上水箱供水系统车上液位/加热显示器

表 4.2　车上液位/加热显示器颜色指示

存水情况		水箱液位指示灯					污物箱液位指示灯			污物箱加热指示	电源灯
		100%	75%	50%	25%	0%	20%	80%	100%		
水箱	满水	绿	绿	绿	黄	无				绿	绿
	100% ~ 75%	无	绿	绿	黄	无				绿	绿
	75% ~ 50%	无	无	绿	黄	无				绿	绿
	50% ~ 25%	无	无	无	黄	无				绿	绿
	25% ~ 0%	无	无	无	无	无				绿	绿
	无水	无	无	无	无	无				绿	绿
污物箱	0% ~ 20%						无	无	无	绿	绿
	20% ~ 80%						绿	无	无	绿	绿
	80% ~ 100%						绿	黄	无	绿	绿
	满水						绿	黄	红	绿	绿

5. 车下液位显示器

车上水箱供水系统车下液位显示器（见图 4.7）通过电力连接器与车上液位/加热显示器连接，装于车下设备舱内靠近水箱注水口附近，用于指示水箱、污物箱液位情况。车下液位显示器颜色指示见表 4.3。

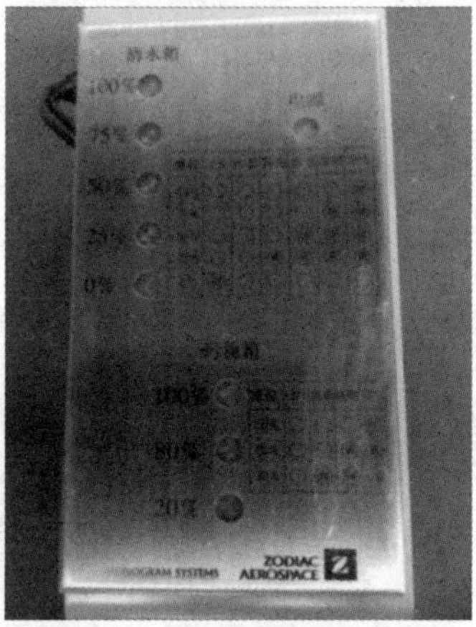

图 4.7　车下液位显示器

表 4.3　车下液位显示器颜色指示

存水情况		水箱液位指示灯					污物箱液位指示灯			电源灯
		100%	75%	50%	25%	0%	20%	80%	100%	
水箱	满水	绿	绿	绿	黄	无				绿
	100%～75%	无	绿	绿	黄	无				绿
	75%～50%	无	无	绿	黄	无				绿
	50%～25%	无	无	无	黄	无				绿
	25%～0%	无	无	无	无	无				绿
	无水	无	无	无	无	无				绿
污物箱	0%～20%						无	无	无	绿
	20%～80%						绿	无	无	绿
	80%～100%						绿	黄	无	绿
	满水						绿	黄	红	绿

6. 车上水箱供水系统电气控制

车上水箱供水系统电气部分主要包括车上水泵电控箱（包括 PLC 控制器、继电器以及接线端子排等）、按钮开关等，给水系统共用卫生系统控制电源。

车上水箱供水系统电气控制部分主要实现的功能：

（1）供水控制。

系统上电（直流、交流）后，排水电磁阀得电关闭，经水箱 0%液位 15 s 持续检测，判断水箱有水后，进水电磁阀得电打开，再经 15 s 后水泵启动。当供水管路压力上升至扬程压力开关设定的上限值时，PLC 控制水泵停止处待机状态。

车上用水，当供水管路压力下降至扬程压力开关设定的下限值时，PLC 控制水泵启动。车上停止用水，当供水管路压力上升至扬程压力开关设定的上限值时，PLC 控制水泵停止。

（2）水箱液位指示及缺水保护功能。

水箱五档液位（100%、75%、50%、25%、0%）可在车上液位/加热显示器和车下液位显示器上指示，当水箱液位低于25%或0%无水时，卫生系统电气控制单元及列车MON监控器上报警。当水箱水位低于25%高于0%时（为防止误报，液位信号持续15 s检测有效），水泵工作正常，便器可用，卫生系统电气控制单元显示相应代码，列车MON监控器报警。当水箱无水时（为防止误报，液位信号持续15 s检测有效），水泵停止工作，便器禁用，卫生系统电气控制单元显示相应代码，列车MON监控器报警。

注：水箱注水，0%液位开关OFF，信号持续检测15 s后，系统恢复正常。

（3）大流量保护功能。

当供水管路流量大于流量开关设定的上限值时，PLC控制水泵持续工作，以避免供水压力波动造成水泵频繁启停。

（4）吸气保护功能。

当吸气检测压力开关检测到供水管路压力降至设定的下限值，且信号持续30 s后，PLC控制水泵停止，等待30 s后（即第60 s）PLC控制水泵再次启动，当吸气检测压力开关再次检测到供水管路压力降至设定的下限值，且信号持续30 s（即第90 s）后，PLC控制水泵停止且不再启动，便器不可用，卫生系统电气控制单元显示相应代码。若在第 0 ~ 30 s（或第60 ~ 90 s），吸气检测开关OFF，系统恢复正常工作。

注：操作电气控制单元给水系统故障复位按钮后水泵重新启动。

（5）泄漏保护功能。

当泄漏检测开关检测到供水管路流量大于1 L/min，且信号持续3 min后，PLC控制水泵停止，等待3 min后（即第6 min）PLC控制水泵再次启动，若泄漏检测开关再次检测到持续3 min的流量信号，第9 min后PLC控制水泵停止且不再启动便器禁用，卫生系统电气控制单元显示相应代码，列车MON监控器报警。若在第0 ~ 3 min或第6 ~ 9 min时泄漏检测开关断开，系统自动恢复正常。

注：操作电气控制单元水系统故障复位按钮后水泵重新启动。

（6）防冻功能。

① 水泵加热。水泵泵体设有电加热块，受温控开关控制［开：（5 ± 3）°C，关：（15 ± 3）°C］。

- 系统首次上电（低温启动保护）。若温控开关处于OFF状态，水泵加热块不工作，水泵直接启动，此后水泵启停不受温控开关控制；若温控开关处于ON状态，水泵加热块通电加热，30 min（或加热至温控开关 OFF）水泵启动，此后水泵启停不受温控开关控制，加热至温控开关设定的上限值，温控开关OFF，加热停止。

- 正常运用过程中。若温控开关ON，水泵加热块通电加热，直至温控开关OFF，加热停止。

② 防冻排空功能。车上水泵装置设两个排水电磁阀，一位侧供水管路设1个排水电磁阀，二位侧供水管路设2个排水电磁阀，用于排空水泵进水管路及供水管路存水。

车上水箱供水系统设有断电排空、单车排空、集控排空功能，具体见表4.4。

表 4.4　车上水箱供水系统排空功能

排空方式	排空部位	工作过程	操作方式
断电排空	水泵进水管路、供水管路	系统断电后，水泵停止，进水电磁阀失电关闭，排水电磁阀失电打开，排空水泵进水管路、供水管路存水	断开给水卫生系统控制电源
单车排空	本车水泵进水管路、供水水管路，便器、水增压器、中转箱及其附属管路	给水系统排水 15 min 后，各便器系统依次执行排空控制（中转箱自动清空 1 次→便器依次自动进行 3 次冲洗→中转箱自动清空 3 次）	操作单车给水卫生系统电气控制单元上的排空按钮
集控排空	整列车水泵进水管路、供水水管路，便器、水增压器、中转箱及其附属管路	同单车排空	操作整列集控排空旋钮（位于 1、8 号车）

备注：水箱及水泵腔存水需手动操作排水阀排空。

（二）车下水箱供水系统

1. 车下水箱组成

（1）车下水箱主要技术参数见表 4.5。

表 4.5　车下水箱技术参数

	700 L 水箱	400 L 水箱
外形尺寸	2 400 mm（L）×625 mm（W）×715 mm（H）	2 400 mm（L）×625 mm（W）×505 mm（H）
容积	（700±15）L	（400±15）L
伴热功率	400×2 W	400×2 W
液位信号	可提供 0、25%、50%、75%和 100%的水位信号	

（2）结构特点。

车下水箱采用轻量化、集成化设计。水箱内箱由不锈钢薄板焊接，采用良好的焊接处理工艺，保证焊缝不出现泄漏；外箱采用铝板拉铆结构，降低水箱的质量；底板采用不锈钢结构，保证水箱良好的抗石击能力。5 号车餐车水箱容水量为 700 L，其余车车下水箱容水量为 400 L。水箱装置集内箱体组成、水泵组成、供水管路、注水管路、溢水管路、排水管路、保温层和外箱、电伴热装置等部件为一体，与车体横梁相连接固定，水箱结构如图 4.8 所示。

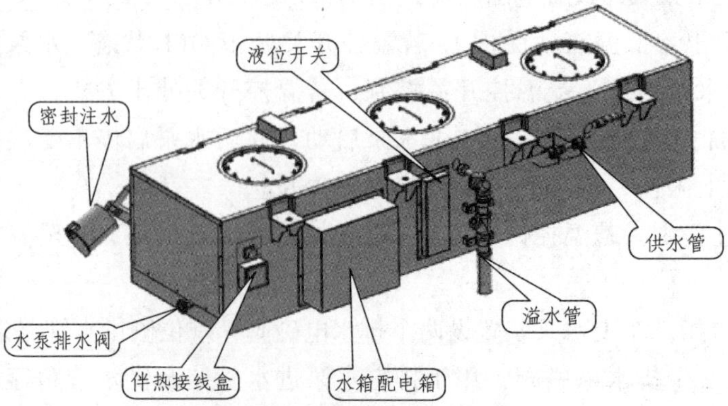

图 4.8　车下水箱结构图

2. 车下水泵装置

车下水泵装置采用集成化设计，位于水箱端部泵房内，主要由水泵（包含压力缓冲罐、流量开关、扬程压力开关）、吸气检测开关、泄漏检测开关、进水电磁阀、排水电磁阀、电气箱等组成，泵房布置见图 4.9 及图 4.10。

除泵房水管路增设电伴热外，车下水泵装置其他技术参数同车上水泵装置。

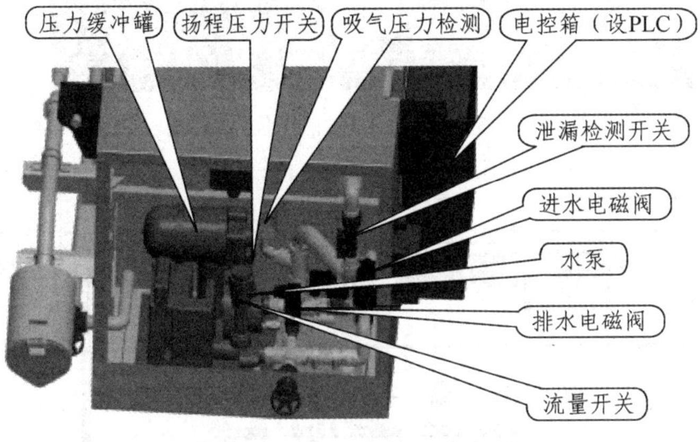

图 4.9　400 L 水箱泵房布置

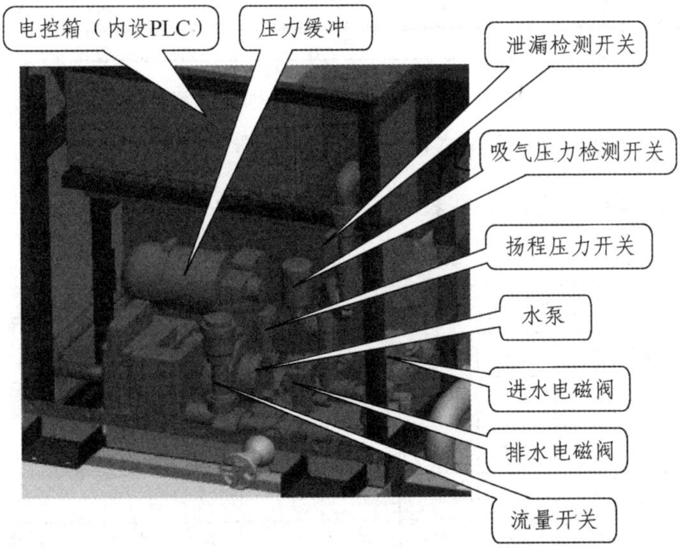

图 4.10　700 L 水箱泵房布置

3. 车上液位/加热显示器

车上液位/加热显示器装于车上配电柜内，用于指示水箱液位、水箱加热、污物箱液位和污物箱加热情况。1、3、7、8 车车上液位/加热显示器通过端子排与卫生系统电气控制单元、水箱、污物箱、车下液位显示器连接。5 车车上液位/加热显示器通过端子排与电源模块、水箱连接。车下水箱供水系统车上液位/加热显示器见图 4.11。

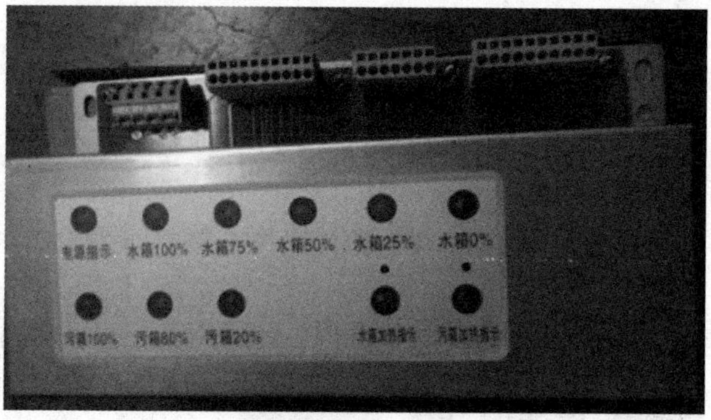

（a）1、3、7、8 车车上液位/加热显示器

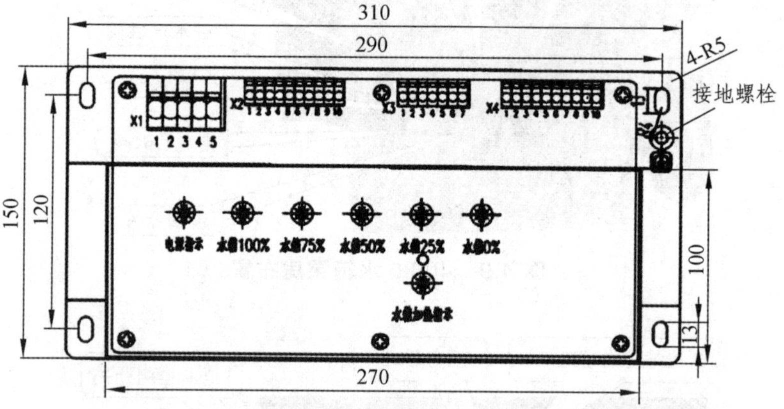

（b）5 车车上液位/加热显示器

图 4.11　车下水箱供水系统车上液位/加热显示器

车上液位/加热显示器颜色指示见表 4.6。

表 4.6　车上液位/加热显示器颜色指示

存水情况		水箱液位指示灯					污物箱液位指示灯			污物箱加热指示	水箱加热指示	电源灯
		100%	75%	50%	25%	0%	20%	80%	100%			
水箱	满水	绿	绿	绿	黄	无				绿	绿	绿
	100%～75%	无	绿	绿	黄	无				绿	绿	绿
	75%～50%	无	无	绿	黄	无				绿	绿	绿
	50%～25%	无	无	无	黄	无				绿	绿	绿
	25%～0%	无	无	无	无	无				绿	绿	绿
	无水	无	无	无	无	无				绿	绿	绿
污物箱	0%～20%						无	无	无	绿	绿	绿
	20%～80%						绿	无	无	绿	绿	绿
	80%～100%						绿	黄	无	绿	绿	绿
	满水						绿	黄	红	绿	绿	绿

4．车下液位显示器

车下液位显示器装于车下设备舱内靠近水箱注水口附近，用于指示水箱、污物箱存水情况。1、3、7、8 号车车下液位显示器通过电力连接器与车上液位/加热显示器连接；5 号车（餐车）车下液位显示器直接与水箱连接。

1、3、7、8 号车设有卫生系统，车下液位显示器同 2、4、6 号车用，设水箱、污物箱液位状态指示灯，5 号车（餐车）无卫生系统，车下液位显示器只设水箱液位状态指示灯。

5 号车（餐车）车下液位显示器见图 4.12。

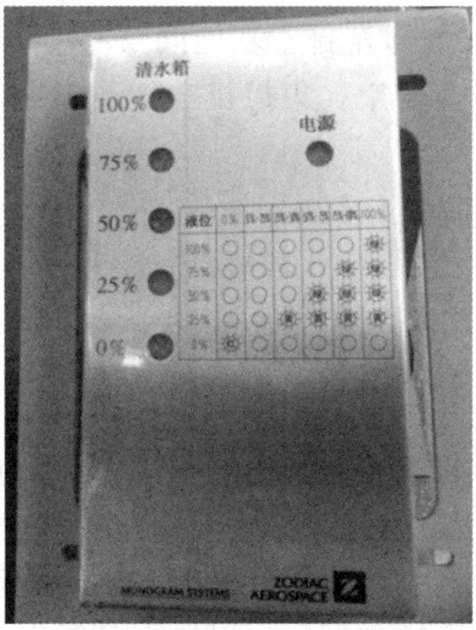

图 4.12　5 号车（餐车）车下液位显示器

5．车下水箱供水系统电气控制

车下水箱供水系统电气部分主要包括电气箱（包括 PLC 控制器、继电器以及接线端子排等）、按钮开关等，1、3、7、8 号车共用卫生系统控制电源，5 号车（餐车）自备 DC 100 V/DC 24 V 控制电源转换模块。

车下水箱供水系统电气控制部分主要实现的功能：

（1）供水控制。车下水箱供水系统供水控制同车上水箱供水系统。

（2）水箱液位指示及缺水保护功能。

1、3、7、8 号车：设有卫生系统，水箱液位指示及缺水保护功能同 2、4、6 号车。

5 号车（餐车）：无卫生系统，未设给水卫生系统电气控制单元，水箱液位低于 25%高于 0%或无水时，车上液位/加热显示器、车下液位显示器及列车 MON 监控器报警指示。

车下水箱供水系统车下液位显示器指示同车上水箱供水系统。

（3）大流量保护功能。车下水箱供水系统大流量保护功能同车上水箱。

（4）吸气保护功能。1、3、7、8 号车水泵吸气保护功能同 2、4、6 号车（车上水箱供水系统）。5 号车（餐车）水泵吸气保护时，系统通过执行吸气保护程序来防止水泵长时间连续空转。当吸气检测压力开关检测到供水管路压力达到设定的上限值时，系统恢复正常。

（5）泄漏保护功能。1、3、7、8 号车水箱泄漏保护功能同 2、4、6 号车（车上水箱供水系统）。5 号车（餐车）无卫生系统，未设给水卫生系统电气控制单元，只能在列车 MON 监控器报警指示。操作 5 号车泄漏复位按钮后水泵重新启动。

（6）防冻功能。

① 水泵及泵房水管路电加热。车下水箱供水系统水泵及水泵泵体加热块加热功能同车上水箱供水系统。泵房水管路增设自控温伴热带，且与水泵泵体加热块共用同一温控开关，伴热功能由伴热带自身和温控开关共同控制。

② 水箱加热。水箱设电加热器，受温控开关控制［开：（5 ± 1.5）°C，关：（7.5 ± 1.5）°C］，若温控探头感应温度低于温控开关设定的下限值，水箱电加热器通电加热，直至温控探头感应温度达到温控开关设定的上限值，加热停止。

③ 防冻排空功能。车下水箱泵房水管路上设两个排水电磁阀，用以排空水泵进、出水管路及供水主管路存水。1、3、7、8 号车排空功能同 2、4、6 号车（车上水箱供水系统），设断电排空及与卫生系统联动的单车排空、集控排空 3 种排空功能。5 号车（餐车）无卫生系统，排空部位为供水主管路。

（三）温水箱

1．概　述

CRH380A 型时速 350 km 动车组（非高寒）在 2、3、6、7 号车盥洗室均设置一个温水器，采用储水加热方式，为乘客提供温度相对恒定的盥洗温水，通过按压冷热节水阀即出温水。温水器设有温度调节旋钮，加热温度在 30 ~ 75 °C［出厂温度设定为（40 ± 5）°C］范围内连续可调，以适应不同的乘客需求。为防止异常工况下发生危险，温水器设有缺水、超温及干烧保护功能，温水器面板设有状态指示灯，用以查看其工作状态。

2．结构组成

温水器主要由外壳、状态指示灯、水胆、保温材料、温水管路、冷水管路、排水管路、附件、温控器、水位控制器及安装架等组成。水胆采用不锈钢材质，水胆外包覆保温材料，温水器冷水管路上设有减压阀，热水管路上设有限压阀，可满足较大范围内的进水压力要求。温水器结构组成如图 4.13 所示。

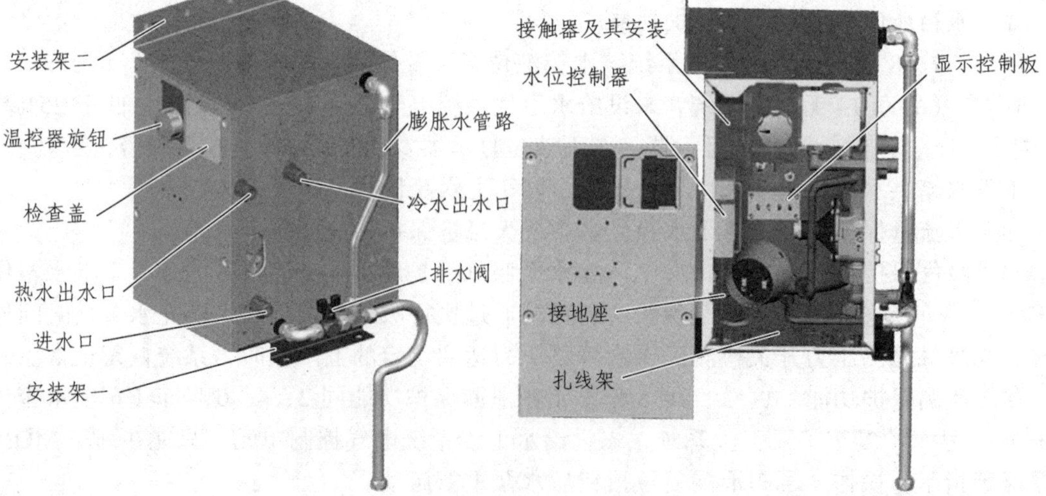

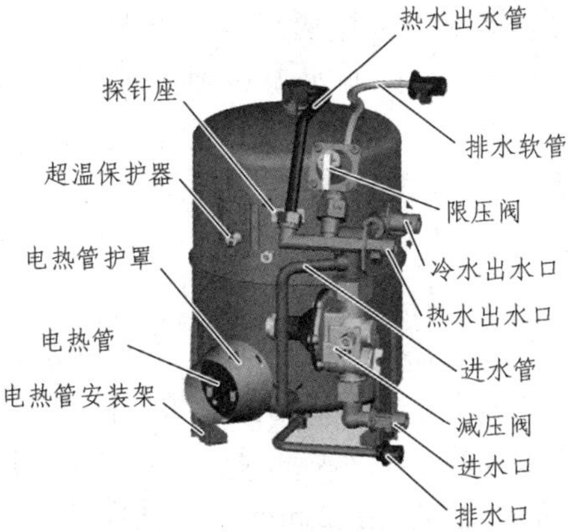

图 4.13　温水器结构组成图

3. 工作原理

电源由本体内连接的电源线供给，电源一接通电热管即被通电。控制电路主要包括控制沸水温度的液体膨胀式温控器、突跳式温控器、水位控制器、接触器等，温水器电气原理图见图 4.14。按动按压式冷热节水阀，水胆内热水在水压作用下通过热水出口进行供水。温水器通水路径见图 4.15。

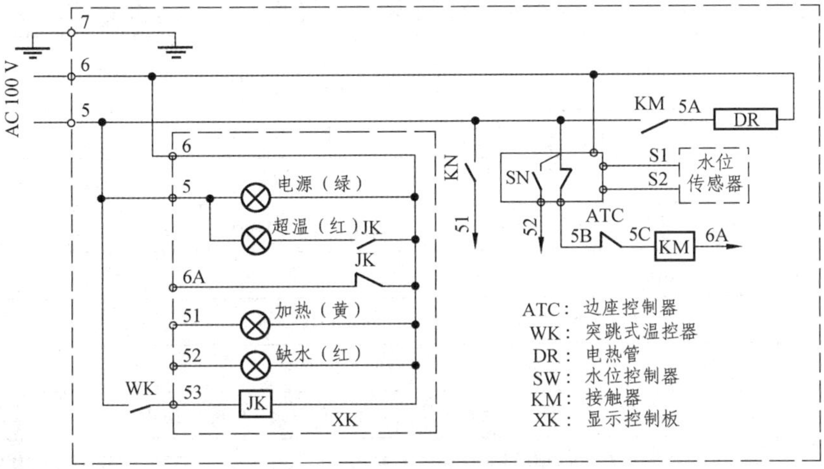

图 4.14　温水器电气原理图

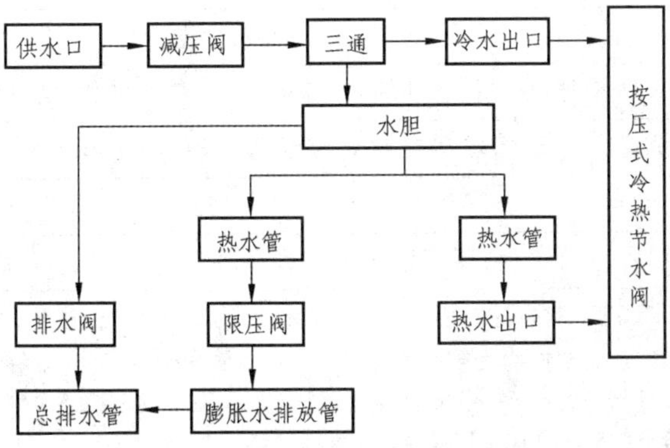

图 4.15　温水器通水路径

（1）正常使用。温水器满水情况下，接通温水器电源，温水器面板电源指示灯亮，温水器电热管通电加热，加热指示灯亮，当内胆水温达到设定值［（40±5）°C］时，温控器断开，加热停止，加热指示灯灭；若车上连续使用温水，冷水通过进水口补进温水器，使内胆水温下降，当下降至一定温度（设定值－4 °C）时，温控器闭合，加热恢复，加热指示灯亮。

（2）缺水保护。当温水器内胆水位降至水位探针以下时，水位控制器动作，电热管断电，加热停止，缺水指示灯亮。

（3）超温保护。若温控器故障，温水器持续加热，当内胆水温达到设定温度［（80±5）°C］时，突跳式温控器闭合，电热管断电，加热停止，超温指示灯亮。

（4）防干烧保护。若温控器故障，温水器持续加热，当温水器的加热箱表面温度达到设定温度［130±20］°C］时，防干烧装置在2 min内切断电源，并不可恢复。

4. 技术参数

温水器主要技术参数见表4.7。

表4.7　温水器技术参数

规格型号	E11WSQ-Y
质量	约27 kg（水满时），不包括箱体外附属管件及安装支架
外形尺寸/mm	250（厚度）×320（宽度）×403（高度）
电源电压	单相AC $100^{+26\%}_{-41\%}$ 50 Hz
额定耗电	1.1×（1±5%）kW
供水水温	5～40 °C
供水压力	0.1～0.6 MPa
供水连接	G1/2
排水连接	G1/2
热水贮存量	11.7 L
减压阀	设定压力：（0.078±0.004）MPa
排气阀	起始压力：（0.093±0.005）MPa；停止压力：≥（0.086±0.002）MPa
设定热水温度	（40±5）°C（能够设定温度范围：30～75 °C）
加热器	管状加热器
温度调节器	液体膨胀式温控器［动作：30～75 °C，恢复：≥（动作值－4）°C］
安全装置	超温保护器［自动复位型突跳式温控器，动作：（80±5）°C，恢复：（65±5）°C］
安装用紧固件	M8
保温性能	在环境温度25 °C条件下，降温速率≤2 °C/h
加热能力	在标准试验条件下，温水器灌满水并设定好加热温度，在自动温度调节器动作后切断电源，从热水口连续出水，热水流出量相当于温水器容量的1/2时，出水温度在设定值的±5 °C以内。［标准试验条件：供水温度（15±5）°C；外部温度（15±5）°C；流量（5±0.5）L/min］

续表

规格型号	E11WSQ-Y
泄漏电流	工作状态下，泄漏电流不大于 0.5 mA/kW
绝缘电阻	主回路绝缘电阻值： 冷态时不小于 50 MΩ； 热态时不小于 20 MΩ（断电 30 s 内测量）。 控制回路绝缘电阻值不小于 50 MΩ（需拆除电子线路）。 加热元件绝缘电阻值： 冷态时不小于 200 MΩ； 热态时不小于 50 MΩ（断电 30 s 内测量）
介电强度	整机及加热元件介电强度在 AC 1 500 V/50 Hz 状态下，历时 1 min，无击穿、闪络现象

三、卫生系统

揭秘 CRH380A 型动车组卫生系统

（一）卫生间

1、8 车在车辆中部设置卫生间；2、3、6、7 车在二位端均设置了卫生间及盥洗室；4 车在二位端设置了卫生间及洁具池。卫生间采用 Monogram 真空集便系统，分为坐式便器卫生间和蹲式便器卫生间，每个卫生间内设有一个按压式洗手阀。卫生间及盥洗室的具体配置见图 4.16。

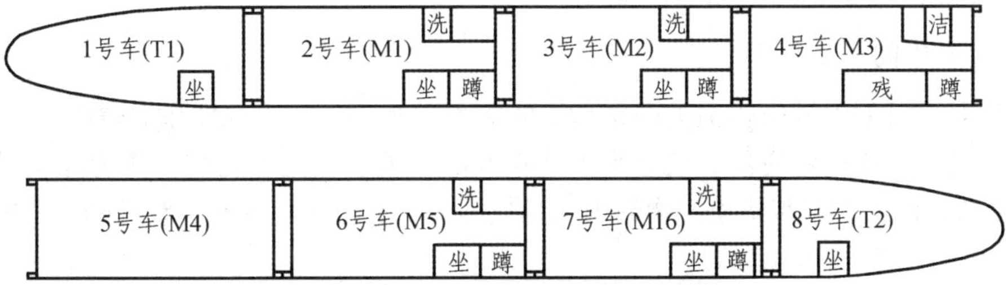

洗：盥洗室　蹲：蹲式卫生间　坐：坐式卫生间　洁：洁具池　残：残疾人卫生间

图 4.16　卫生间·盥洗室配置

1. 坐式卫生间

二位侧坐式卫生间门为拉门。门是从内侧能够锁上的结构（外侧为暗锁，能从外面打开实施救援）。坐式卫生间为男女共用，采用真空保持式便器（见图 4.17）。

坐式卫生间采用整体 FRP 形式，安装了色理石台面、按压延时洗手装置、便器冲洗按钮、紧急呼叫按钮、坐垫盒、扶手、镜子、便纸支架等。另外，作为消臭对策，便器为真空保持式。当按压便器冲洗按钮时，便器排污管内抽真空，将污物吸入车下中转箱内并且在便器部分设置了瓣阀防止污物箱内的臭气回流。在卫生间顶部增加了开孔，为卫生间提供新风；另外，卫生间内通过排气格栅持续排气时，卫生间内的气压与风道内的气压相比为负压。

图 4.17　坐式卫生间

残疾人卫生间的拉门设置了按钮式的自动门，卫生间内安装了坐便器、婴儿尿布床、可折叠扶手等。卫生间的供水设备及管路在冬季低温条件下，如长期存放且列车存放环境无保温措施时，必须进行排水操作：

（1）车上水箱供水系统在坐式卫生间、残疾人卫生间接水盘上设有排水电磁阀，通过排水电磁阀排尽管路存水。

（2）在水泵关闭电源及管路排水完成后，操作排空按钮，系统自动执行防冻排空动作，排出供水设备及管路中的存水。坐式便器使用清水高压冲洗，分为两次冲洗，首次冲洗耗水不超过 0.4 L/次，二次冲洗耗水不超过 0.2 L/次。在便器的排污口设置有密封用蝶阀，通常为“关闭”状态。为减少污物的附着，便器内表面采用特殊聚四氟乙烯涂层。

2．蹲式卫生间

蹲式卫生间门为内侧能够锁上的结构（外侧为暗锁，能从外面打开实施救援）。蹲式卫生间内安装了真空保持式蹲便器，便盆为不锈钢制品，外表面抛光处理。作为除臭对策，便器为真空保持式，设置了瓣阀防止污物箱内的臭气回流，卫生间内设置了废排隔栅（见图 4.18）。

图 4.18　蹲式卫生间

蹲式卫生间的供水设备及管路在冬季低温条件下，如长期存放，列车存放环境无保温措施时，须进行排水操作：

（1）车上水箱供水系统在蹲式卫生间接水盘上设有排水电磁阀，通过排水电磁阀排尽管路存水。

（2）在水泵关闭电源及管路排水完成后，操作排空按钮，系统自动执行防冻排空动作，排出供水设备及管路中的存水。

蹲式便器便斗采用不锈钢材质，使用清水高压冲洗，分为两次冲洗，首次冲洗耗水不超过 0.4 L/次，二次冲洗耗水不超过 0.2 L/次。在便器排污口设置有密封用蝶阀，通常为「关闭」状态。为减少污物的附着，便器内表面采用特殊聚四氟乙烯涂层。

3. 水增压单元

水增压单元的主要作用是为便器冲洗提供压力水，采用压缩空气增压方式。水增压单元上还布有用于控制便器蝶阀关闭、控制污物箱 Hose 开闭的电磁阀。水增压单元外形图见图 4.19。

图 4.19　水增压单元结构外形图

4. 气动控制单元

气动控制单元的主要作用是为集便系统用风部件提供不同压力等级的风源，过滤调压阀设定值为 620 kPa，HOSE 阀的供风压力调节阀设定值为 450 kPa，中转箱用调节阀设定值为 140 kPa。气动控制单元外形图见图 4.20。

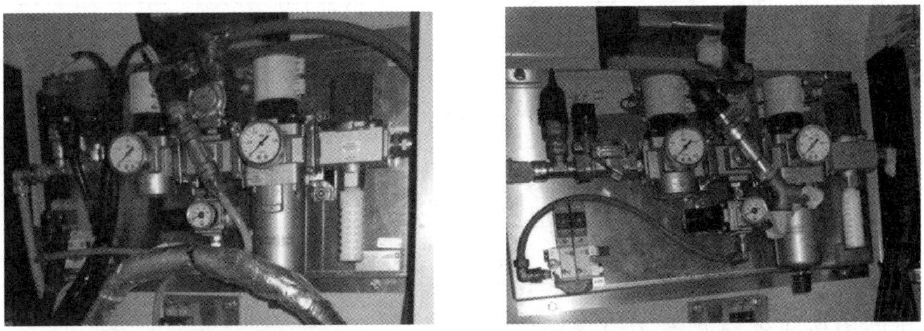

（a）1、8 车气动控制单元　　（b）2、3、4、6、7 车气动控制单元

图 4.20　气动控制单元结构外形图

5. 电气控制单元

电气控制单元安装于配电柜内。主要由控制器、电路板、接线端子、按钮开关等组成。电气控制单元外形图见图 4.21。

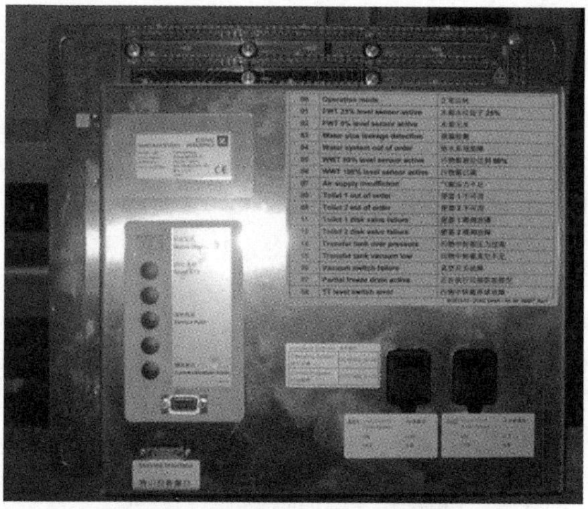

图 4.21　电气控制单元结构外形图

电气控制单元用于控制整个系统的工作，包括：集便系统各部件的动作控制、集便系统故障保护与报警、水箱与污物箱液位指示、缺水保护、箱满保护、泄漏保护、防冻排空等。

电气控制单元面板上设有系统故障显示窗口，故障代码如表 4.8 所示。

表 4.8　故障代码表

代码	含义	代码	含义
00	正常运转	10	—
01	水箱水位低于 25%	11	便器 1 蝶阀故障
02	水箱无水	12	便器 2 蝶阀故障
03	泄漏检测	13	—
04	给水系统故障	14	污物中转箱压力过高
05	污物箱液位达到 80%	15	污物中转箱真空不足
06	污物箱已满	16	真空开关故障
07	气源压力不足	17	正在执行局部防冻排空
08	便器 1 不可用	18	污物中转箱浮球故障
09	便器 2 不可用		

6. 卫生间用按压延时水龙头流量调节

用内六角扳手插入水龙头上方流量调节孔内。

通过旋转内六角扳手，调节出水量。顺时针旋转，出水量增大；逆时针旋转，出水量减小。要求一次出水量约为 180 mL（见图 4.22）。由于水压对水龙头出水延时时间有影响，延时时间（6～8 s）作为参考。出水量调节完毕后，把蓝色堵（水龙头附件）安装在流量调节孔上。

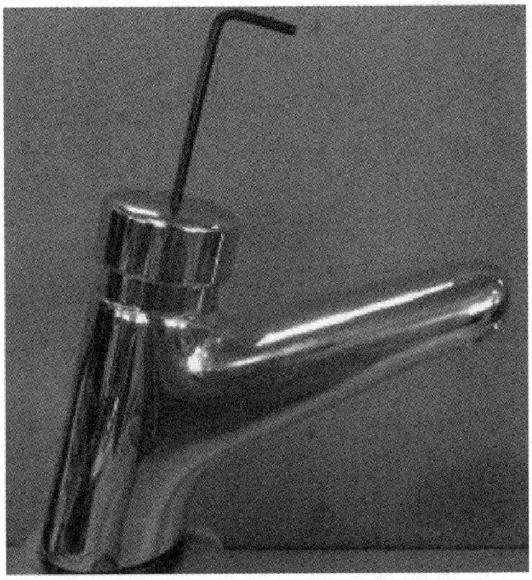

图 4.22　按压延时水龙头流量调节

（二）排污系统

卫生系统采用 Monogram 真空集便系统收集来自便器的污物，车上盥洗废水通过排水管路经车底水封装置排至车外。

真空集便系统主要由污物箱（含中转箱及真空发生器）、便器、水增压器、气动控制单元、电气控制单元、管路等组成。按动便器冲洗按钮，真空发生装置开始工作，中转箱内真空度达到设定值后，水增压单元提供压力水冲洗便器，便器蝶阀打开，污物在负压作用下进入中转箱，蝶阀关闭，水增压单元提供压力水对便器进行二次冲洗，水增压单元补水，1 次冲洗循环结束。当便器连续使用设定次数（12 次）或中转箱内污物达到设定液位时（约 20 L），系统会向中转箱注入正压空气，污物在正压的作用下进入污物箱。为保证系统在低温环境下的正常运用，污物箱、真空发生装置、管道阀、排污阀、水封及管路等设有防冻装置。列车冬季停放且无保温措施时，须进行防冻排空操作，并通过吸污设备排空污物箱。

1. 污物箱

污物箱采用不锈钢制成，有效容积为 450 L。每车污物箱均配置有 1 个中转箱及 1 个真空发生装置。污物箱两端各设一个排污阀。为了避免冲水或清空过程中在箱内产生的正压对污物箱造成损害，污物箱配备了通气阀。

打开箱体两侧的任意一个检查口盖，可对其内部进行清理及检查。在紧急情况下，可通过检查口盖清空污物箱。污物箱及中转箱外形图参见图 4.23。

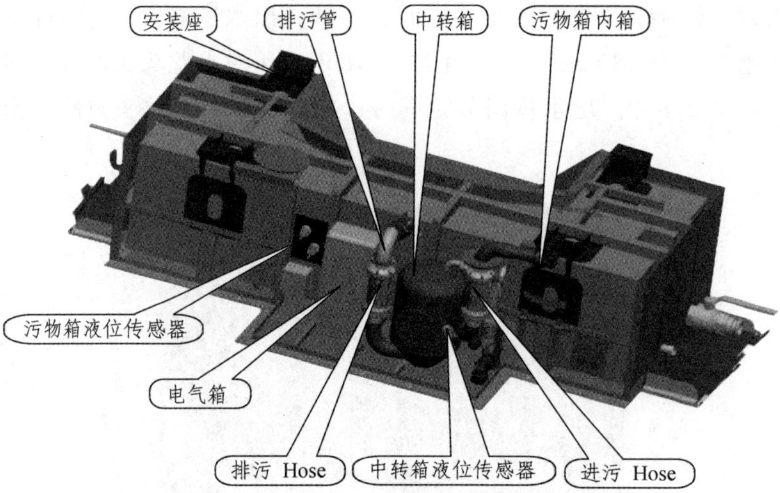

图 4.23　污物箱及中转箱外形图

2．中转箱

中转箱容积为 35 L，设定真空度为 – 50 kPa，可以承受不小于 180 kPa 的压力，并设有 DN50 进污 Hose 阀、DN50 排污 Hose 阀、控制抽真空用 DN20Hose 阀、液位开关等。为保证冬季的正常使用，中转箱设自控温电伴热线，可自动根据外温调节加热功率。

中转箱的真空度通过真空发生器产生，真空发生器安装于污物箱侧壁。

3．液位传感器

污物箱装有 3 个液位开关，用于指示污物箱 20%、80%和 100% 3 种液位，80%、100%液位可在卫生系统电气控制单元、车上液位/加热显示器、车下液位显示器及 MON 监控器上指示；20%液位可在车上液位/加热显示器、车下液位显示器显示。当污物箱液位达 20%、80%时，便器可正常工作；当污物箱 100%满时，本车所有便器不可用。

4．水封装置

1 ~ 4 号车、6 ~ 8 号车卫生间和洗脸间车下以及 5 号车开水炉车下均设有水封。为了防止堵塞，造成车内积水事故，需对车下水封定期进行清理，建议应两个月对车下水封进行脏物清理。

【任务实施】

CRH380A 型动车组给排水装置检查及清洁作业：

修程：二级修

检修周期：3 万千米/30 天

供电条件：无电

作业人数：2 名机械师

人员分工：1 号主要负责拆除；2 号主要负责清洁；详细分工见作业步骤。

作业时间：30 分钟/辆

注意事项：

（1）作业人员应按规定穿戴劳保用品。

（2）无电作业前应确认动车组受电弓已降下，接触网已断电，接地杆已挂，止轮器已设置。

（3）作业人员需做好防护，防止检查过程造成人身伤害。

（4）作业过程中作业工具、材料及配件定置摆放。

工具清单：六角套筒（10 mm、16 mm 和 21 mm 各一个）、力矩扳手（0 ~ 40 N · m）、棘轮扳手、小棘轮扳手、地垫、物料盒、通用钥匙、头灯、毛刷。

CRH380A 型动车组供排水装置检查及清洁作业内容与步骤见表 4.9。

表 4.9　CRH380A 型动车组供排水装置检查及清洁作业内容与步骤

序号	作业项目	作业内容及标准	图示
1	工前准备		
1.1	人员准备	2 名作业者（1、2 号）按规定穿戴劳保防护用品（工作服、劳保鞋、安全帽）	
1.2	工具、物料状态确认	工具过期风险：力矩扳手校验不超期。 1 号负责领取作业工具，检查力矩扳手校验不超期，力矩扳手力矩范围符合标准。 2 号负责领取物料	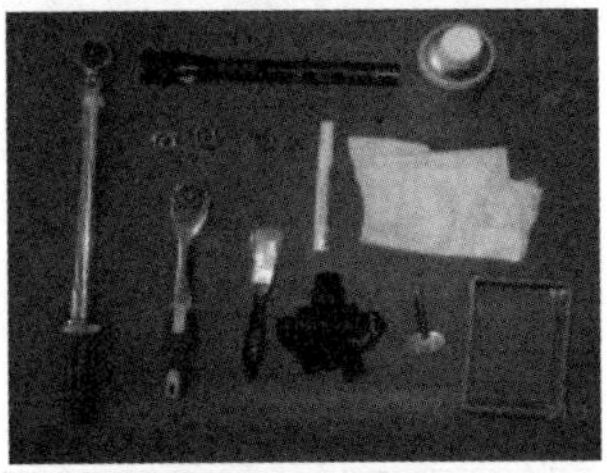
1.3	作业手续办理	触电风险：确认作业车组号及股道正确，动车组受电弓已降下，接触网已断电，接地杆已挂，止轮器已设置。 工长确认作业车组号及股道正确，受电弓已降下，接触网已断电，接地杆已挂，止轮器已设置，放电完毕后到现场值班室领取无电作业牌，办理无电作业手续。工长通知 1 号可以开始无电作业	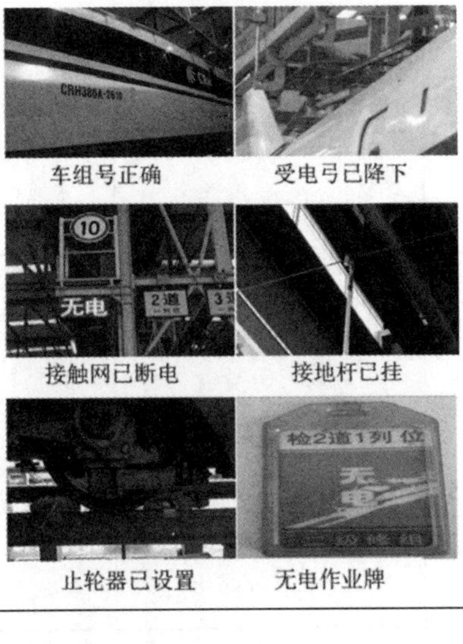

续表

序号	作业项目	作业内容及标准	图示
2	拆下车下水箱两侧裙板	1 号使用棘轮扳手、六角套筒（16 mm）逆时针旋转，拆除相应车组裙板螺栓，并检查螺栓、垫片状态，放于配件盒内。1、2 号配合拆下裙板并整齐摆放至地垫上	
3	车下检查		
3.1	检查水箱箱体	1 号负责在 1 列位，2 号负责在 2 列位分别检查箱体，无变形、破损、泄漏，防寒材料无缺损或脱落	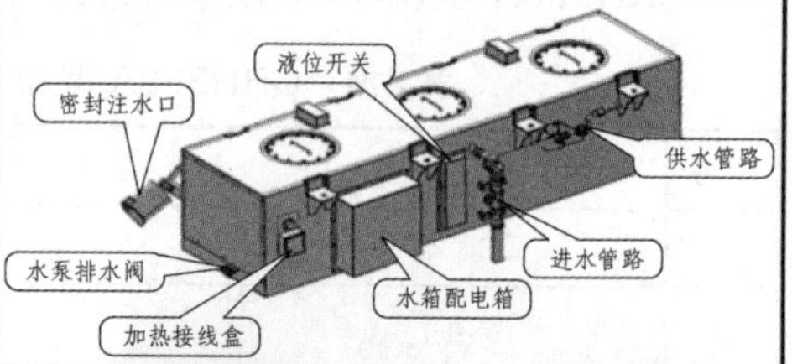
3.2	检查注水口	检查注水口，护盖和胶垫齐全良好	
3.3	检查排水阀	检查排水阀，外观正常，作用良好	
3.4	检查溢水管	检查溢水管，外观良好	
3.5	检查液位传感器	检查液位传感器，液位传感器安装牢固，无松动	
3.6	检查水箱安装座	检查水箱安装座，水箱安装座不松动	

续表

序号	作业项目	作业内容及标准	图示
4	车下水箱泵室检查		
4.1	拆除水箱泵室门盖板	1、2 号配合拆除车体二位侧水箱泵室门盖板，拆下的盖板及螺栓整齐放置在地垫及配件盒内	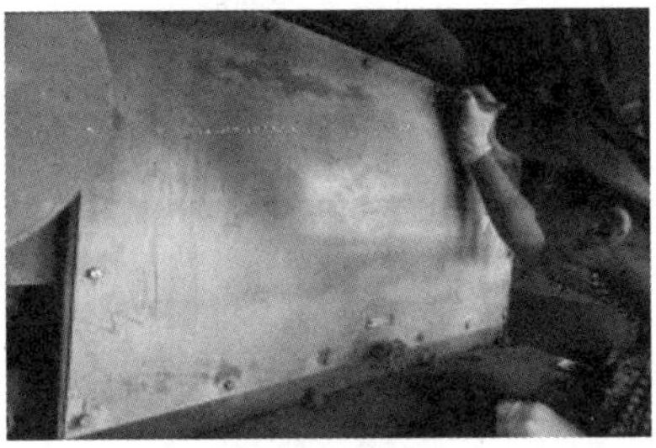
4.2	检查及清洁泵室	（1）2 号使用毛刷及白布进行清洁，确保泵室各部干净、无异物。 （2）2 号检查各设备外观完整；接线无松脱、烧损；各管路和阀连接牢固，无漏泄；泵室防寒材料无缺损或脱落	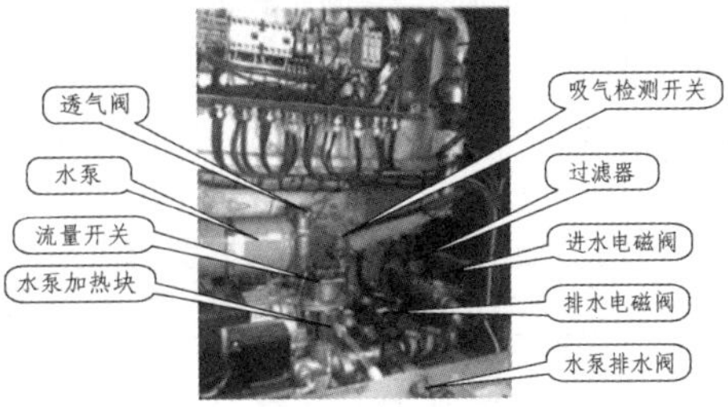
4.3	清洗过滤器滤网	（1）1 号使用棘轮扳手、六角套筒（21 mm）逆时针旋转拆下水泵进水口过滤器螺栓，拆下过滤器滤网。 （2）1 号使用清水清洗过滤网。 （3）1 号将清洗后滤网插入，使用棘轮扳手、六角套筒（21 mm）顺时针旋转安装过滤器螺栓，并涂打防松标记	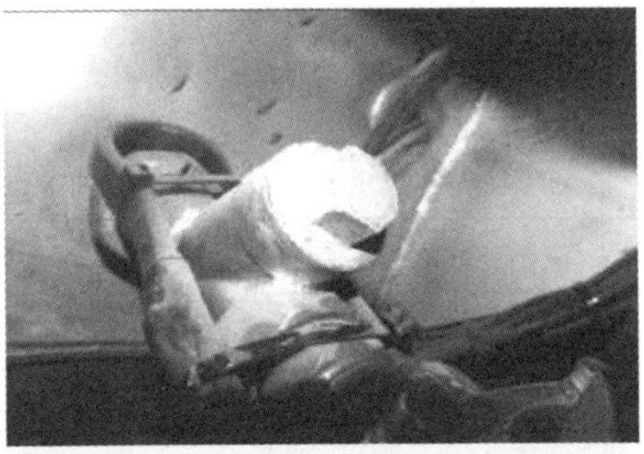 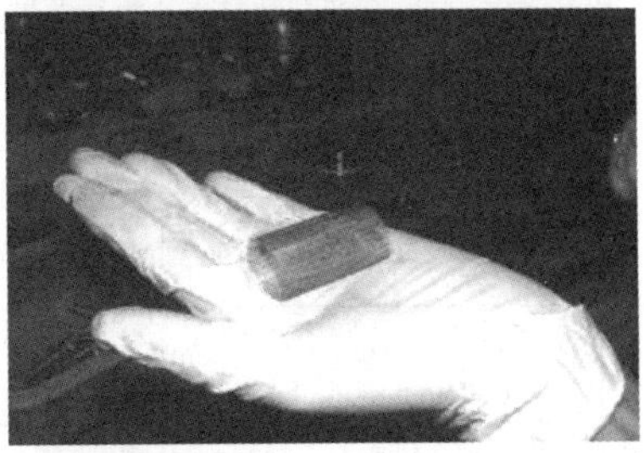
4.4	安装泵室盖板	1、2 号配合安装泵室盖板，螺栓紧固到位	

续表

序号	作业项目	作业内容及标准	图示
5	安装车下水箱两侧裙板	1 号使用棘轮扳手、六角套筒（16 mm）按照 25 N · m 力矩顺时针旋转，紧固裙板螺栓，紧固后涂打防松标记	
6	车上水箱检查		
6.1	检查箱体	箱体无变形、破损、泄漏，防寒材料无缺损或脱落	 车上水箱(400L)
6.2	检查水箱管路	各管路完整无泄漏	
6.3	检查液位传感器	液位传感器安装牢固	
6.4	检查水箱安装座	水箱安装座不松动	
7	车上水箱泵室检查		
7.1	检查及清洁泵室	（1）使用毛刷及白布进行清洁，确保泵室各部干净、无异物。（2）检查各设备外观完整，接线无松脱、烧损，各管路和阀连接牢固，无漏泄，泵室防寒材料无缺损或脱落	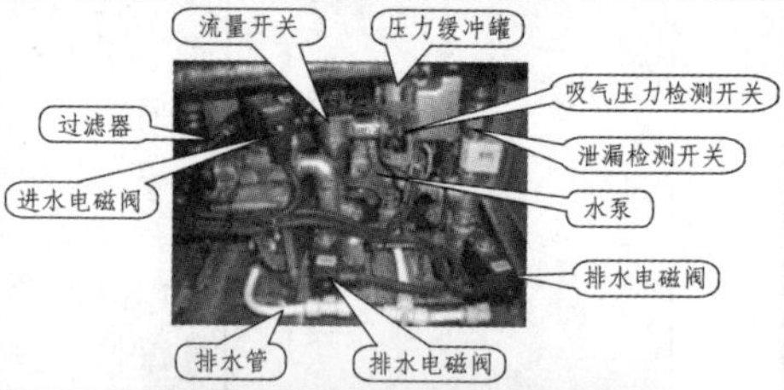
7.2	清洗过滤网	（1）使用六角套筒（21 mm）、棘轮扳手拆除拿出过滤器滤网。使用清水清洗过滤网。（2）将滤网插入，使用六角套筒（21 mm）、棘轮扳手安装过滤器滤网，并涂打防松标记	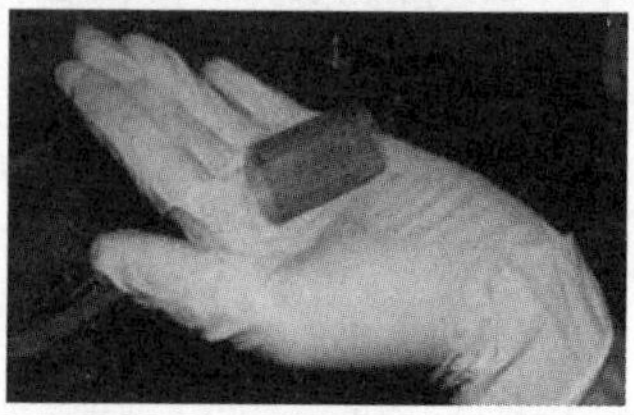
8	完工确认	关闭检查门，目视检查门关闭良好	
9	整理工具物料	将工具和物料整理齐全，作业区周边卫生干净无杂物	
10	办理销号手续	通知工长作业结束	

任务二　CRH380B 型动车组给排水及卫生系统

【任务描述】

（1）了解 CRH380B 型动车组给排水系统的基本组成；

（2）熟知 CRH380B 型动车组卫生系统的分类、结构及使用维护。

CRH380B 型动车组给水系统

一、系统概述

给水卫生系统主要包括净水箱、净水管路、卫生间模块、洗面间模块、集便系统、排污管路、污物箱、电开水炉、排水管路等。各设备具体位置见图 4.24。

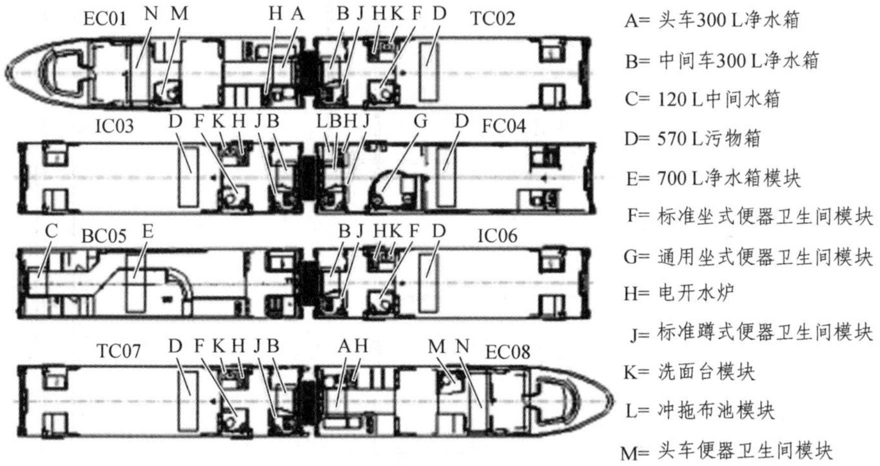

图 4.24　给水卫生系统设备分布示意图

全列设置 7 个电开水炉、5 个蹲式卫生间模块、7 个坐式卫生间模块、4 个洗面间模块、1 个拖布池、5 个容量为 570 L 的负压污物箱、2 个容量为 300 L 的负压污物箱，系统采用保持式真空集便。排污管路缠伴热线并包裹防寒材。卫生间模块分为标准坐式便器卫生间模块、通用坐式便器卫生间模块（供残疾人士使用）和标准蹲式便器卫生间模块 3 种。标准坐式便器卫生间模块和标准蹲式便器卫生间模块组成标准卫生间模块，全列共 4 对，安装在 TC02/TC07、IC03/IC06 车上；通用坐式便器卫生间模块（供残疾人士使用）和标准蹲式便器卫生间模块组成通用卫生间模块，全列共 1 对，安装在 FC04 车上；EC01/08 只安装一个标准坐式便器卫生间模块；BC05 车无卫生间模块。

全列设置 7 个容量为 300 L 的净水箱，餐车设置 1 个容量为 120 L 的车上水箱和 700 L 的车下水箱。2、3、4、6、7 车在一位端走廊平顶板上方设置容水量为 300 L 水箱，1、8 车在二位端走廊平顶板上方设置容水量为 300 L 水箱，水箱的水位显示仪安装在水箱的底部，水箱的水通过支管分别向电开水炉、洗面间、拖布间和卫生间供水。5 车车下设置 700 L 净水箱，车上设置 120 L 中间水箱给厨房供水，车下两侧分别设有注水口，可任意向水箱注水。给水卫生系统原理图见图 4.25 ~ 图 4.28。

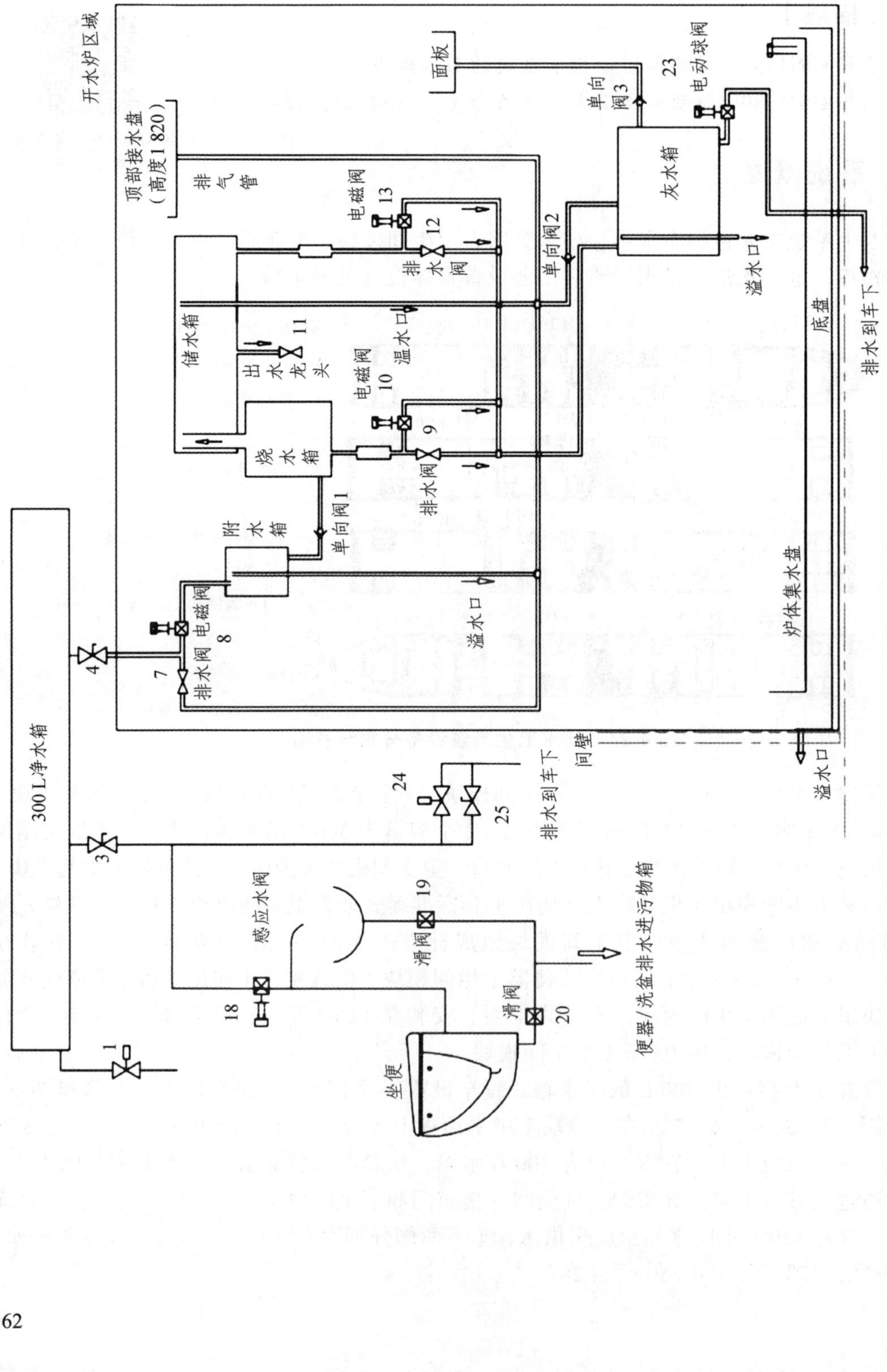

图 4.25　1/8 给排水卫生系统原理图

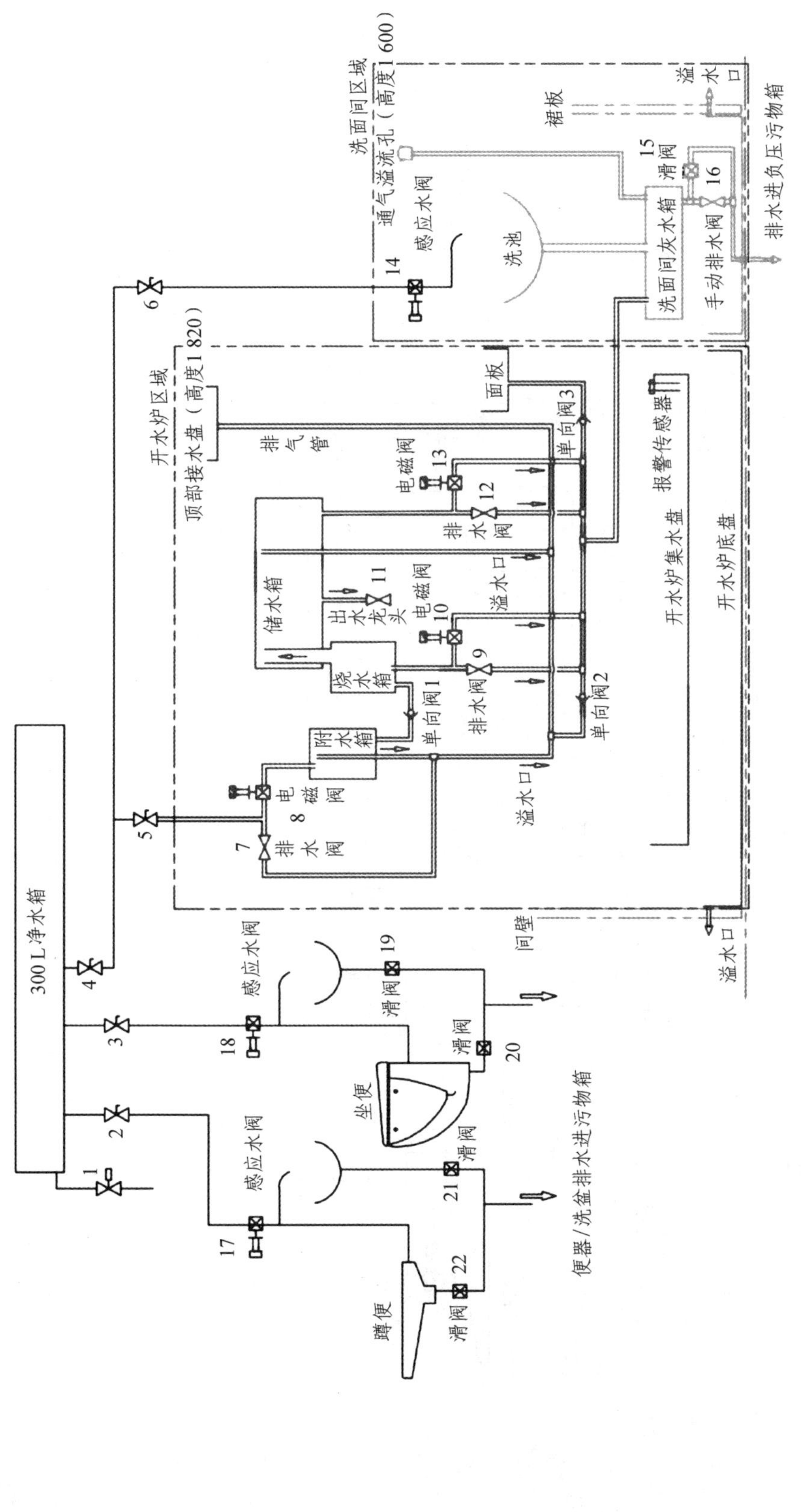

图 4.26　2/3/6/7 车给排水卫生系统原理图

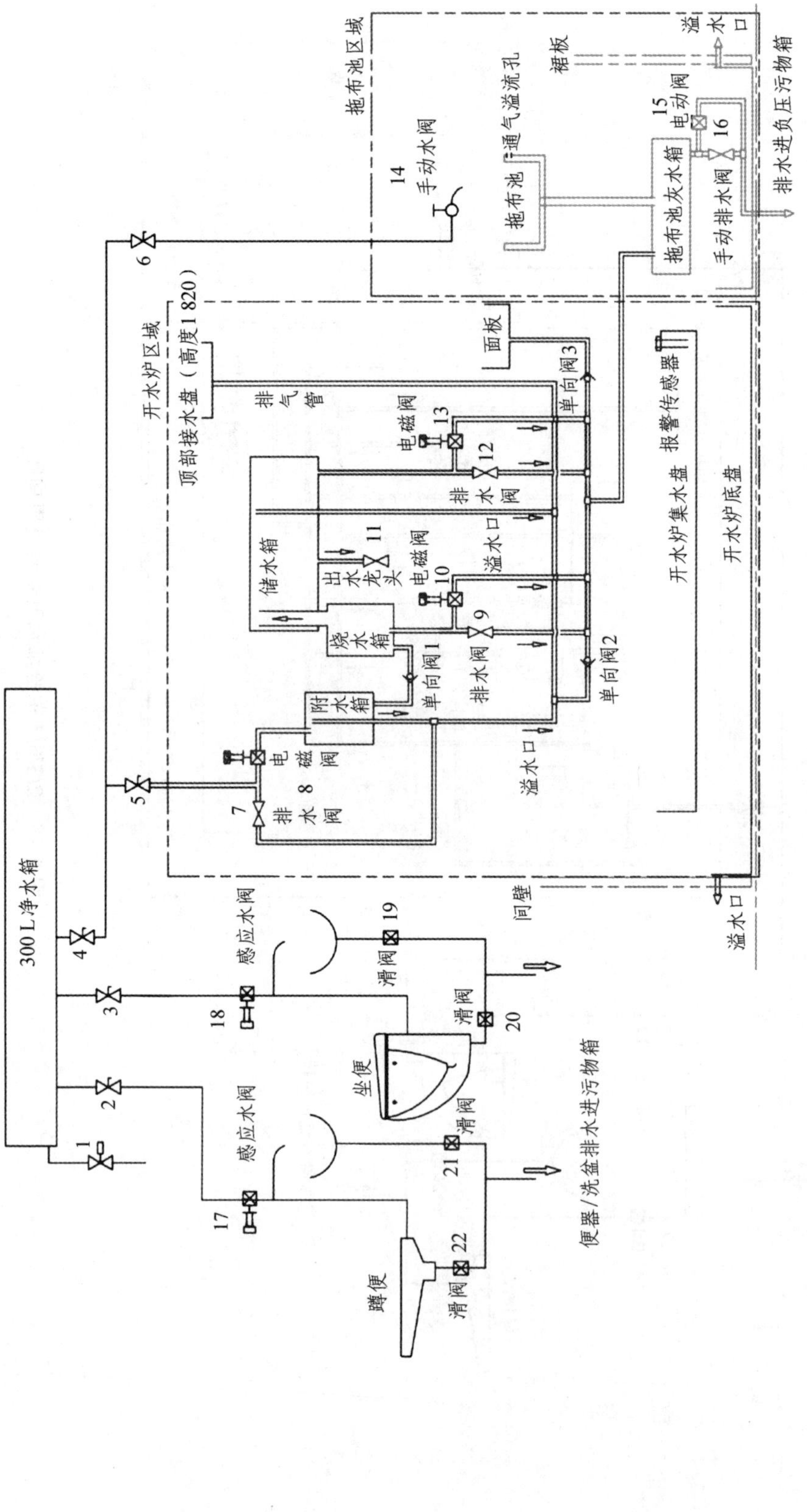

图 4.27　4 车给排水卫生系统原理图

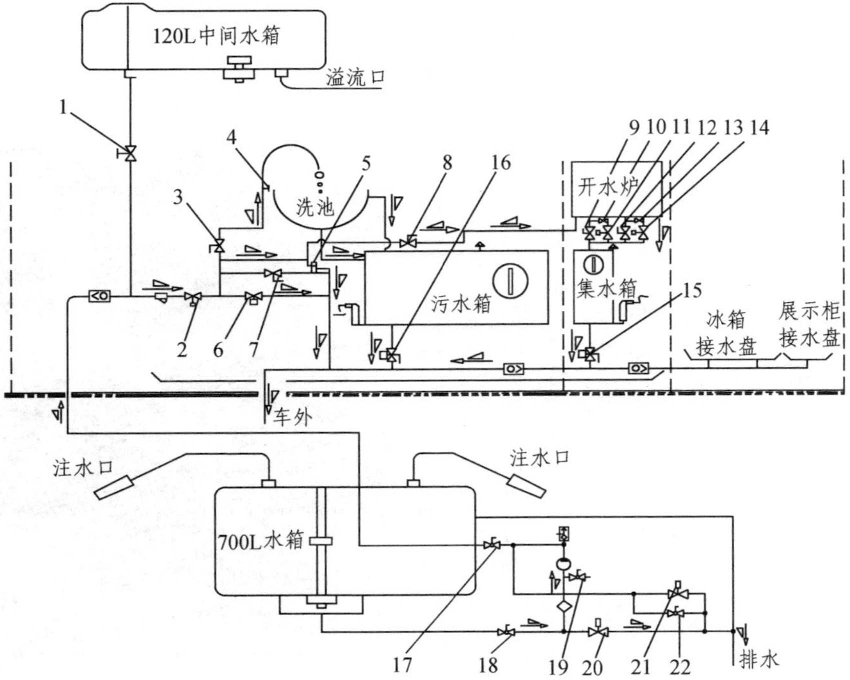

各阀体用途见下表：

名称	用途	名称	用途
手控阀 1	维护设备使用	手控阀 12	排空开水炉
电磁阀 2	漏水保护	手控阀 13	维护设备使用
手控阀 3	维护设备使用	电磁阀 14	排空开水炉
手控阀 4	开关水龙头	电动球阀 15	排空集水箱
溢流阀 5	管路保护	电动球阀 16	排空污水箱
电磁阀 6	排空车上管路	手控阀 17	维护设备使用
手控阀 7	排空车上管路	手控阀 18	维护设备使用
手控阀 8	维护设备使用	手控阀 19	排空水泵
手控阀 9	排空开水炉	电磁阀 20	排空车下净水箱
手控阀 10	维护设备使用	电磁阀 21	排空车下管路
电磁阀 11	排空开水炉	手控阀 22	排空车下管路

图 4.28　5 车给水及卫生系统原理图

二、给水系统组成

给水系统由卫生间、电开水炉、洗面间、拖布间的给水设施及水箱装置，车下给水管路、车下排水系统、车上供水管路等组成。

（一）净水箱装置

净水装置包括净水箱、注水管路、供水管路和排水管路，其大体位置见图 4.29。

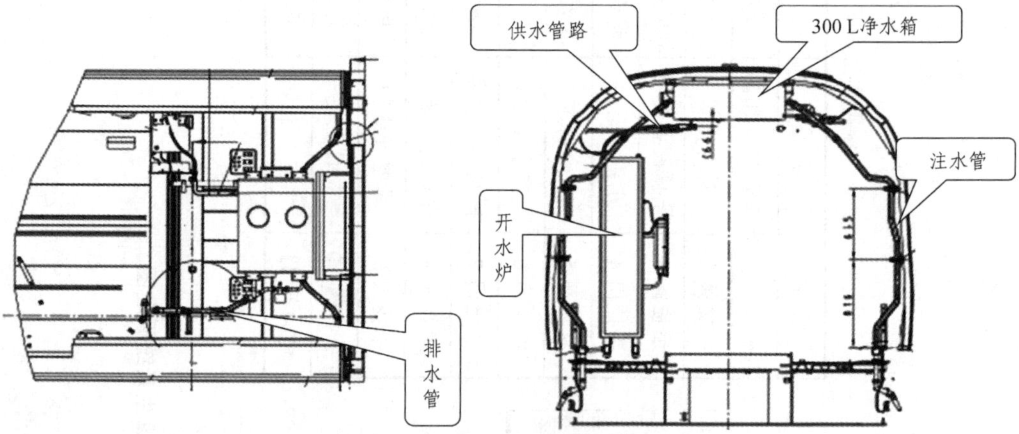

图 4.29 净水箱装置位置图

1. 净水箱组成

120 L 和 300 L 水箱具有相同的结构形式，均安装于车体顶部。车上净水箱是一种重力驱动水系统，通过与用水点的高度差产生的水压实现供水。水箱体采用 2.5 mm 厚不锈钢板焊接而成，箱体两端设注水接口，一端设带电磁阀的防冻排空管，另一端部设接线箱，箱体底部设供水接口和水位传感器。箱体内部设防波板。箱体底部铺设电热毯，同时整个箱体外部粘接防寒材。

净水箱为非承压容器（见图 4.30）。根据水箱的容积不同，防冻加热装置的输出功率不同。净水箱具有两个注水接头，一个通风和排空接头，供水管接头根据用水设备的数量确定。在车体两侧均设有注水接头。此净水箱会一直加注水，直到列车工作人员听见并看见水从溢流管中流出。

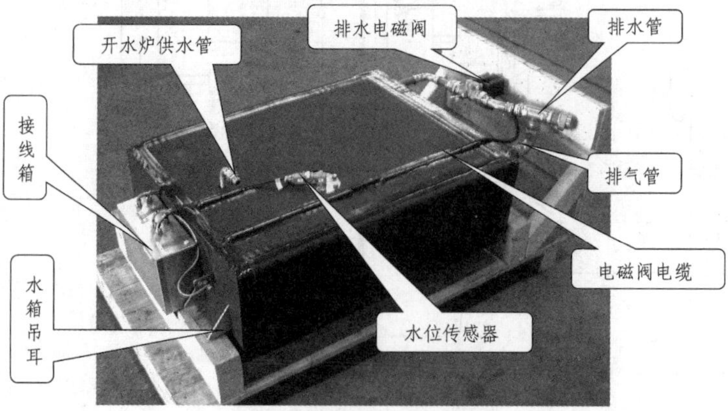

（a）净水箱实物结构图

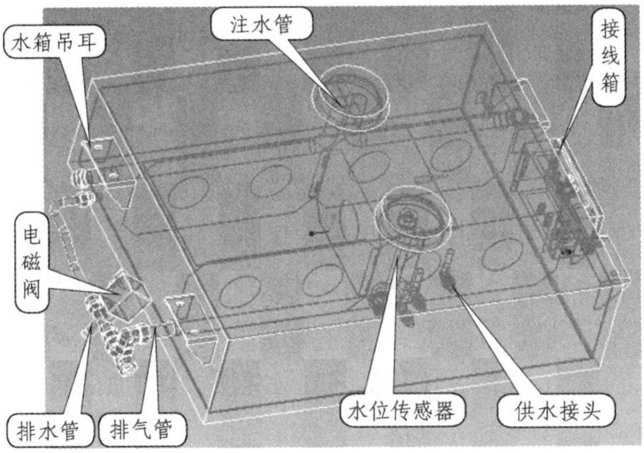

（b）净水箱三维结构图

图 4.30　净水箱

2. 净水箱安装

120 L 和 300 L 水箱安装采用相同的安装方式，通过长螺栓将水箱吊耳与车顶 U 形座内带螺纹孔的滑块相连，同时螺栓紧固时施加 61 N · m 的扭矩，见图 4.31。

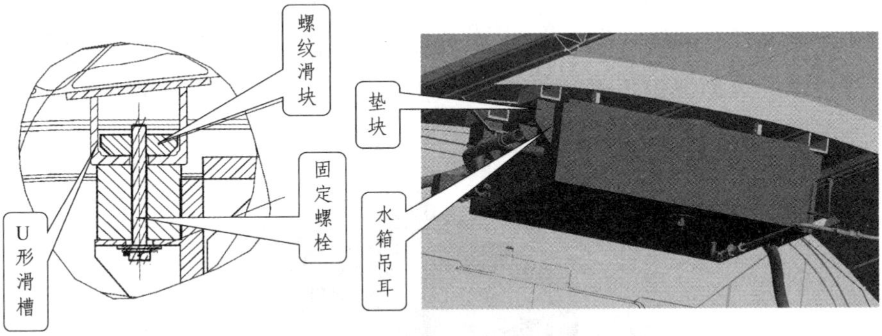

图 4.31　净水箱安装位置及方式

3. 管路安装

注水管采用 2 mm 厚的薄壁不锈钢立体焊接弯管，弯管一端焊接螺纹管接头，通过金属软管与水箱注水管接口相连，另一端通过管接头与注水口伸向地板上的直管相连。管路穿过车体地板采用螺纹接头连接，既满足了管路固定又有利于车体的密封（见图 4.32）。

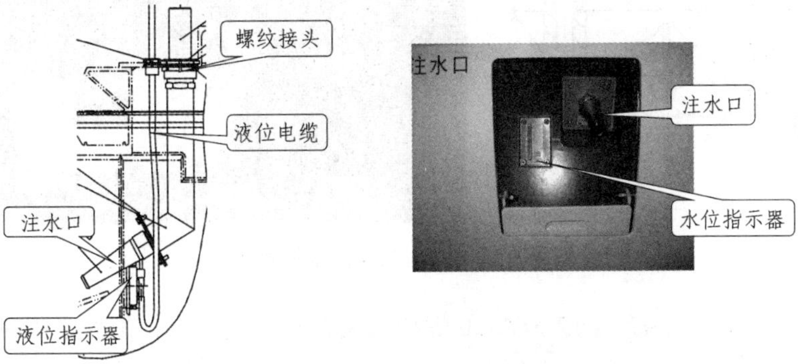

图 4.32　注水口外观图及安装图

4．应用情况

注水：从车体两侧注水口注水。（注意：① 绝不允许在车体两侧注水口同时注水，因为另一个注水管路在注水过程中兼起空气管作用。② 注水过程中，注水口旁边的液位指示器能够准确反映车上水箱的水位；当注满水时，溢流口开始有水流出。）

供水：水箱通过供水管路向卫生间、开水炉供水。

排水：在卫生间模块内的控制系统可以控制水箱排水管上的电磁阀开关，打开电磁阀对净水箱进行排水；在列车无电的情况下，可以通过手动打开电磁阀手动阀柄进行排水。冬季为防止水箱内水结冰，需要开启水箱伴热装置。水箱底部的加热毯有两个单独的加热线圈，万一有一个线圈出现故障，另一个可以继续工作。

（二）餐车给水系统

餐车给水系统主要由车下 700 L 水箱模块、车上 120 L 中间水箱和供水管路组成。车下 700 L 水箱通过压力向车内厨房 120 L 中间水箱供水。

1．水箱模块组成

水箱模块由 700 L 净水箱、支撑框架、泵水单元组成（见图 4.33）。水箱设两个注水管路，水箱底部装有浮球开关的液位传感器和可拆卸的加热管。支撑框架用于将水箱安装在车下。泵水管路用于餐车的水循环、防冻排空。

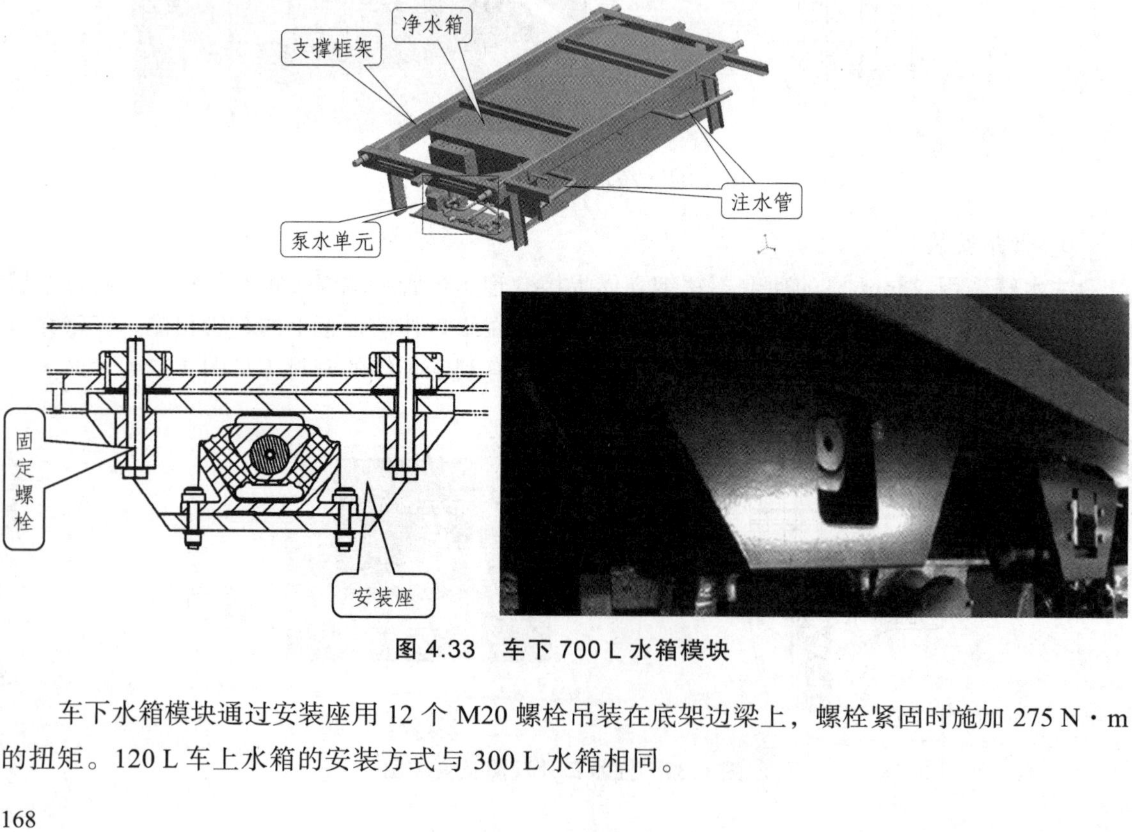

图 4.33　车下 700 L 水箱模块

车下水箱模块通过安装座用 12 个 M20 螺栓吊装在底架边梁上，螺栓紧固时施加 275 N · m 的扭矩。120 L 车上水箱的安装方式与 300 L 水箱相同。

2. 应　用

水循环过程：泵水系统将水从车下 700 L 净水箱泵到 120 L 中间水箱，中间水箱内的水再通过重力向厨房各用水点供水，在 700 L 净水箱达到低液位时，自动关闭泵水系统，但在系统重新注水后，泵水系统可自动恢复到正常工作状态。泵水系统的控制系统安装在厨房的控制柜内，控制方式分为自动控制和手动控制，两种控制方式由转换开关进行手动切换。

（1）自动控制模式。控制方式处于自动控制模式时，当中间水箱的液位达到低液位时，低液位传感器发出相应的信号启动水泵，向中间水箱供水；水满后水泵停止工作。

（2）手动控制模式。控制方式处于手动控制模式时，司乘人员按下“泵水”按钮后，水泵启动，向中间水箱泵水，110 s 后水泵停止供水工作，当中间水箱的液位传感器低液位发出感应信号时，发出报警指示信号（在厨房内控制单元的面板上设声光报警指示设备），提示司乘人员中间水箱已经缺水，需要向中间水箱泵水。

排水：在列车有电的情况下，开启水箱模块上的电磁阀，可以对水箱进行排水；列车无电情况下可以手动打开水箱上的电磁阀手柄进行排水。

防冻装置：为防止冬季水箱里的水结冰，需要启动水箱模块加热装置。水箱模块的防冻装置包括：箱体底部的电热毯、各管路的伴热线、水泵的伴热线以及水箱外表面的防寒材。

（三）洗面间

洗面间在装车前组装为一个模块（见图 4.34），安装在 2、3、6、7 号车，用手靠近水龙头下部感应器，水龙头即出水，可持续出水 5 ~ 8 s，出水量 100 ~ 200 mL 左右。有下列部件：洗面间玻璃钢模块、骨架、检查门、清水管路、灰水管路。

（1）洗面间玻璃钢模块。主要材质为玻璃钢壳体，并集成如下部件：镜子、洗手台面及水龙头、垃圾桶组成、抽纸盒组成、皂液器、各系统设备件。

（2）骨架。骨架由台面下骨架和背部骨架组成。台面下骨架由铝合金型材焊接而成，背部骨架由碳钢焊接而成，二者由螺栓连接。

（3）检查门。检查门有垃圾桶检查门和灰水检查门，由多层复合结构制成，表面贴防火板。

（4）清水管路。清水管路由铝塑管及各种接头组成，连接清水箱和水龙头，由光电感应器及电磁阀控制。

（5）灰水管路。灰水管路连接水盆下水及车体污水接口，包含灰水单元。

图 4.34　洗面间

三、卫生系统

卫生系统包括集便系统、洗面间、卫生间设备附件。其中集便系统包括坐便器、蹲式便器、灰水单元、污物箱组成及排污管路等。卫生间模块与外界通信由蹲式卫生间内的系统控制板与系统进行，坐式卫生间的控制板与蹲式卫生间内的控制板相接。便器冲洗时，通过控制部件一系列动作，污物箱内形成真空，污物被吸入污物箱内。

（一）卫生间

卫生间分标准卫生间和通用卫生间（残疾人坐式卫生间）两种，其中标准卫生间可分为标准蹲式卫生间和坐式卫生间。卫生间采用模块化设计，地板、墙板、洗手系统便器等集成为一个模块，减少了卫生间与车上接口，而且接口形式简单，便于安装与调整。每套卫生间都是自承载、轻量化结构，由地板、墙板、顶板和门组成。卫生间装车前应先预组装（通用卫生间除外）。

蹲式卫生间作为卫生系统的主模块（卫生系统的主控制板安装在此间里），坐式卫生间作为辅件，安装在 2、3、6、7 号车一位端；4 车一位端布置有残疾人坐式卫生间和标准蹲式卫生间组成的卫生间模块；1 车和 8 车分别安装一个标准坐式卫生间。具体情况见图 4.35。

坐式卫生间　蹲式卫生间　残疾人坐式卫生间　蹲式卫生间　坐式卫生间

TC02/07/IC03/06　FC04　EC01/08

图 4.35　卫生间模块

1. 标准卫生间（以坐式卫生间为例）

卫生间由地板、墙板、顶板、门、洗手系统、坐便器以及内部的设备件组成，如图 4.36 所示。

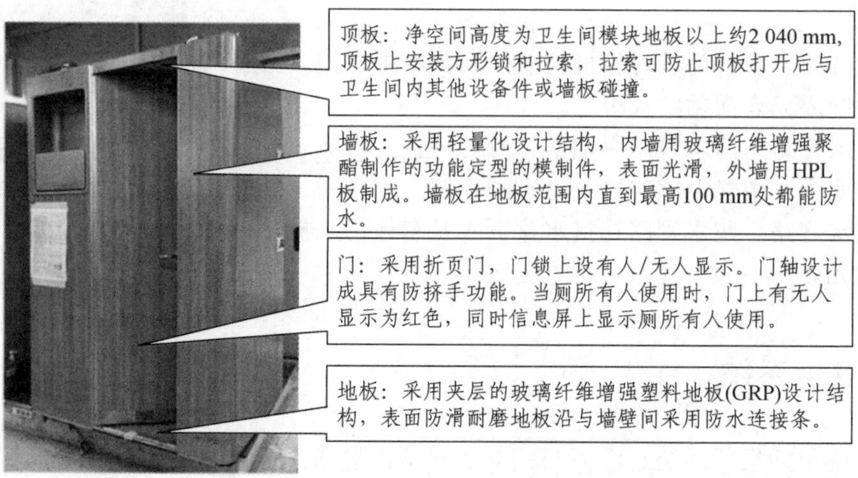

图 4.36　标准卫生间

卫生间内基本设施有：

- 真空便器。
- 面镜（由双层安全玻璃制成）。
- 洗面盆。
- 纸巾盒。
- 垃圾箱：带一个轻便的不会发出声响的盖板，投递口门用压柄能够打开。
- 照明设备：内顶装有卤素灯。
- 水阀。
- 水阀控制感应器。
- 便纸架：设在洗面盆下方，用方钥匙打开才能更换便纸。
- 便纸转轴：转轴安装牢固，能方便更换纸卷。
- 扶手。
- 采暖：洗面盆下方的洗面柜内装有一个带风扇和过热保护装置的电加热器（大约 0.5 kW）。热风从洗面台门下方的底座开口处吹出送入卫生间内，再从镜柜下吸入。排风口在洗面盆侧上方的内顶区。
- 扬声器。
- 衣帽钩。
- 皂液器。
- 皂液储存器。
- 冲便按钮。
- 烟雾报警器。
- 坐便纸垫盒。

2. 通用坐式卫生间

通用卫生间组成包括地板、墙板、顶板、门、洗手系统、坐便器以及内部的设备件组成，地板面积大，能容纳一个轮椅在卫生间内转动，见图 4.37。通用卫生间为乘客提供一个舒适的空间，有残疾乘客使用的专用设备，照明设施良好，洗面器能保证轮椅接近洗面器前，卫生间内设置一个紧急按钮和折叠扶手，卫生间的电控门可由乘客按下按钮后自动进行开、关和锁闭。

图 4.37　通用坐式卫生间

地板：其结构和性能与标准卫生间地板相同。

墙板：采用轻量化设计结构，内墙用玻璃纤维增强聚酯制作的功能定型的模制件，表面光滑，外墙由 HPL 板制成。墙板在地板范围内直到最高 100 mm 处都能防水。

顶板：净空间高度为卫生间模块地板以上约 2 040 mm，顶板上安装方形锁和拉索，拉索可防止顶板打开后与卫生间内其他设备件或墙板相碰。

门：采用按钮控制的电动门，在门口左侧内墙板上设置“关闭”按钮，在门口左侧外墙板上设置“打开”按钮。

- 当厕所有人使用时，门上有无人显示为红色，同时信息屏上显示厕所有人使用。
- 通用卫生间的门控器控制门的 3 个开度：10%、90%、100%，当门关闭到开度 10%时，如果检测到门口有物体门会再次打开；当门开启到开度 90%时，门停止片刻再开到 100%的开度，从而减轻门体与门限位的冲击。
- 隔离锁：遇到紧急情况时，该锁可以关闭门的控制系统，并可以打开卫生设施的门。

冲洗按钮：用于触发便器系统冲洗过程。带有冲洗便器按压此钮图案的薄膜下装有微行程开关。按钮区域上方的 LED 灯可以显示便器的状态，通常情况下，常亮表示待命状态，闪烁表示冲洗循环正在进行中，熄灭表示便器不可用。

SOS 按钮：按下便器附近的紧急呼救按钮，触发紧急呼叫信号可以向列车员报警。在带有 SOS 图案的耐磨薄膜下装有微行程开关。按下按钮后，红色 LED 灯（显示待命模式）会熄灭，蜂鸣器响起，继电器动作。此状态将持续直到再次按下按钮为止。

（二）真空集便系统

CRH380B 型动车组集便系统

动车组采用真空保持式集便系统，通过持有真空度的污物箱收集来自便器的污物。冲洗环装在便器内，这些冲洗环能保证通过高水压有效地冲洗便器。真空集便系统最大耗气量为 75.1 NL，平均耗气量 44.4 NL，用水量 0.5 L/次。

集便装置组成包括两套便器、冲洗按钮、车上排污管及伴热、车下排污管及伴热、车下污物箱以及系统控制板（安装在卫生间墙板后）。两套便器工作相对独立，共用一个污物箱。

1. 系统控制板

控制板集中了全系统的电气连接，包括来自便器、气动控制板、基本单元、清水箱和污物箱，以及卫生间控制板的信号。板上安装的 STC 系统控制器内部的软件按照规定的逻辑控制整个系统的运行。DC-DC 直流转换器负责将来自车上的 110 V 直流电源转换为系统部件工作所需要的 24 V 直流。系统状态显示盒可以显示状态代码。只有蹲式卫生间内的系统控制板与列车上的相关接口对应，坐式卫生间的控制板与蹲式卫生间内的控制板相接。

（1）主控制板（蹲式卫生间控制板，见图 4.38）。

主控制板的主要作用：作为卫生间与车辆的电气接口；在卫生系统内接收和分配电源；控制卫生间模块内不同子系统的功能，如便器、门、水箱、水系统等；通过定义的 I/O 接口实现与 TMS（列车管理系统）的通信；作为列车乘务人员、维护保养人员诊断、维修、处理故障的接口。

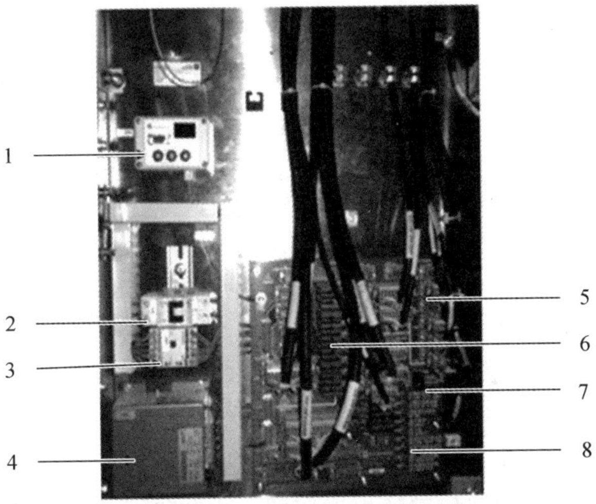

1—RS 控制盒（故障代码显示）；2—断路器（照明供电）；3—接触器（照明控制）；
4—直流转换器（110-24VDC）；5—印刷电路板；6—继电器（信号转换）；
7—防冻排空按钮；8—LED 故障显示灯。

图 4.38　蹲式卫生间主控制板

（2）从控制板（坐式卫生间控制板，见图 4.39）。

坐式卫生间控制板安装于坐式卫生间模块内，与主控制板配套使用，分别用于控制坐式便器与蹲式便器。从控制板上的气动控制板对车供压缩空气进行过滤减压，并分配到喷射器等用气设备。该板集成了气源截止阀，空气压力过滤调节器，压力开关，喷射器供气电磁阀，以及污物箱真空开关。一个集中的电气连接器便于电气连接。气源过滤压力调节器可以将车供气压调至系统所需的 6.2 bar。压力开关监视空气压力，一旦压力供应低于 3.5 bar，压力开关向控制器发出信号，控制器在接收到信号后将停止系统运行。

喷射器电磁阀给喷射器提供气源在污物箱内产生真空，它由系统控制器控制。真空开关通过系统控制器和喷射器的运行保持污物箱内的真空度在 – 0.25 ~ – 0.31 bar 之间。

1—压力开关；2—真空开关（真空调节）；3—真空表（真空值显示）；
4—调压阀；5—关闭阀；6—消音器；7—过滤器。

图 4.39　坐式卫生间控制板

从控制板的气动原理图如图 4.40 所示。

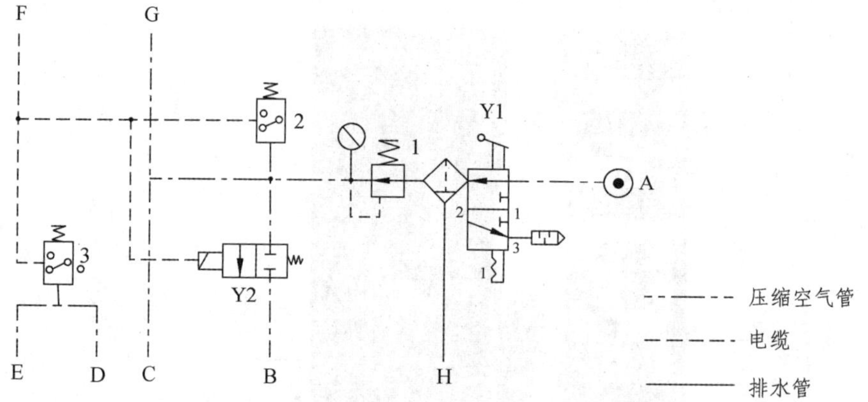

图 4.40　从控制板气动原理图

（3）电/水控制板（见图 4.41）。

电/水控制板是和蹲便器配套使用的水增压器。它包括一个 PE 制水罐，一个控制冲洗功能的电磁阀，一个快速通气阀和安装底板。在水罐的顶部装有一个自动进水截止阀，利用水的浮力，当水罐满时，自动停止向水罐注水。便器每次冲洗需大约 0.5 L 水。

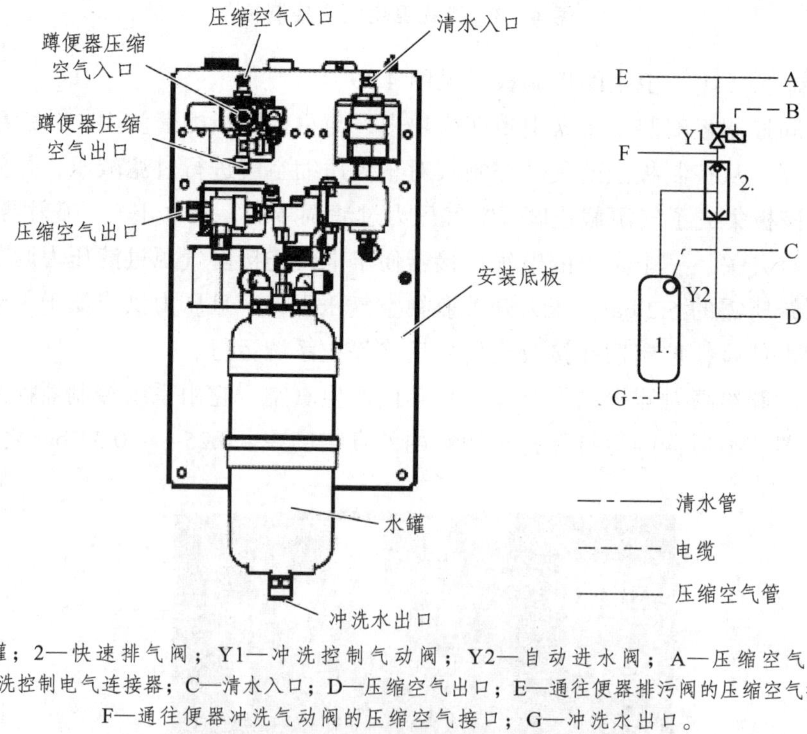

1—水罐；2—快速排气阀；Y1—冲洗控制气动阀；Y2—自动进水阀；A—压缩空气入口；B—冲洗控制电气连接器；C—清水入口；D—压缩空气出口；E—通往便器排污阀的压缩空气接口；F—通往便器冲洗气动阀的压缩空气接口；G—冲洗水出口。

图 4.41　电/水控制板及其原理图

（4）气动控制板（见图 4.42）。

气动控制板对车供压缩空气进行过滤减压，并分配到喷射器等用气设备。该板集成了气源截止阀，空气压力过滤调节器，压力开关，喷射器供气电磁阀，以及污物箱真空开关。一个集中的电气连接器便于电气连接。气源过滤压力调节器可以将车供气压调至系统所需的

6.2 bar。压力开关监视空气压力，一旦压力供应低于 3.5 bar，压力开关向控制器发出信号，控制器在接收到信号后将停止系统运行。

喷射器电磁阀给喷射器提供气源在污物箱内产生真空，它由系统控制器控制。真空开关通过系统控制器和喷射器的运行保持污物箱内的真空度在 – 0.25 ~ – 0.31 bar 之间。

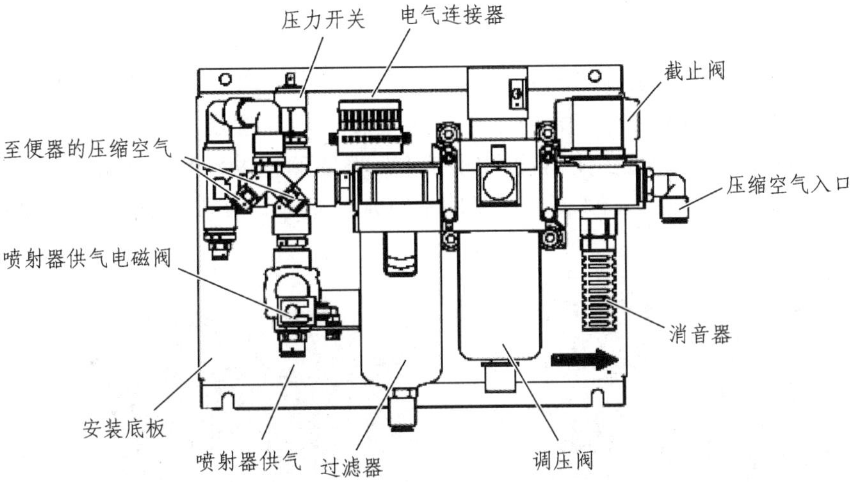

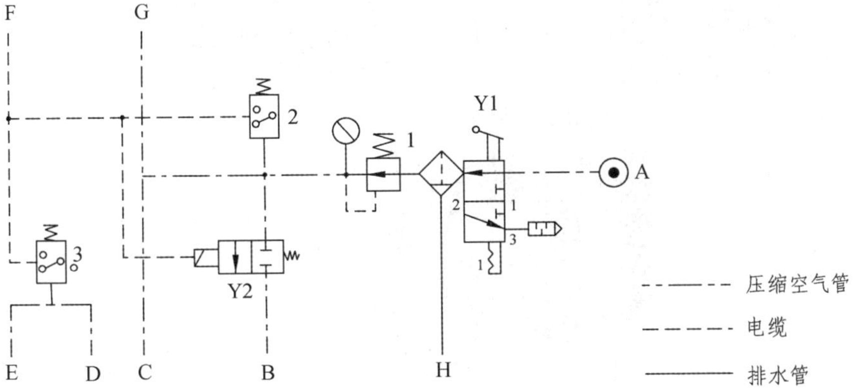

1—气源过滤压力调节器；2—压力开关；3—真空开关；Y1—气源截止阀；Y2—喷射器电磁阀；A—压缩空气入口；B—去喷射器压缩空气口；C—去基本单元压缩空气口；D—真空表接口；E—污物箱真空接口；F—电气连接器；G—去卫生间基本单元压缩空气口；H—过滤器排水口。

图 4.42　气动控制板及工作原理图

2. 卫生间控制装置通信

蹲式卫生间模块承担两个相邻卫生间模块同列车控制装置（外部通信）的通信。

外部通信：多功能车辆总线 MVB 和蹲式卫生间模块之间的间接数据传输。在蹲式卫生间模块控制装置上采集、处理、存储卫生间模块的诊断信号，通过单芯电缆传送控制柜 KLIP（最多 9 个输出信号），并且由 KLIP 间接提供给多功能车辆总线。蹲式卫生间模块的控制装置也接收 KLIP 信息。

内部通信：对蹲式卫生间和坐式卫生间模块之间的数据进行传输，将蹲式卫生间模块的数据传给坐式卫生间模块和将坐式卫生间模块的数据返回蹲式卫生间模块。通过蹲式卫生间模块的控制装置，可进行两个卫生间模块的（集便系统、洗手水设备和净水箱）完全防冻排空和故障排除。

3．集便装置

（1）坐便器。

坐便器单元包括不锈钢便盆和排污滑阀等部件。具体结构见图 4.43。便盆由不锈钢制成，表面经过特殊处理以保证不易粘连污物。便盆装有 3 个冲洗喷嘴，以最少的洗水量能充分冲洗净便盆的内表面。排污滑阀在便器冲洗时打开，将便盆里的污物排入排污管。另外，便器包括一个水增压器，罐体由 PE 制成，确保冲水时水压适中。便器每次冲洗大约 0.5 L 水。系统原理见图 4.44。

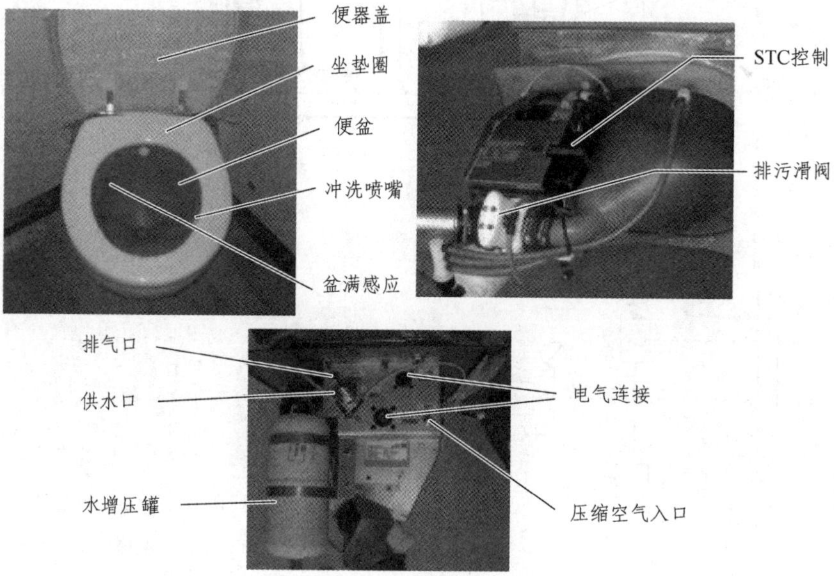

图 4.43　坐便器结构图

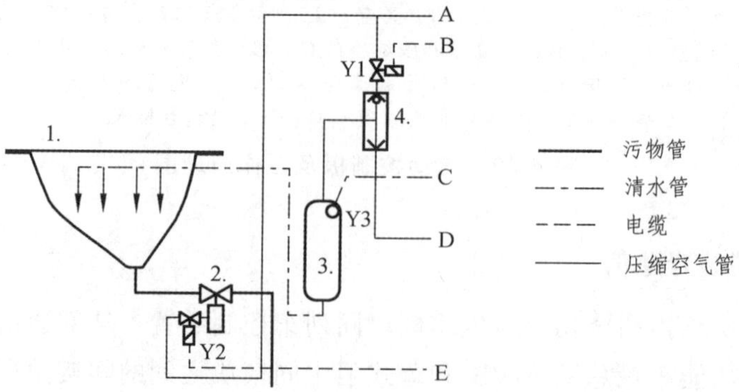

1—便盆；2—排污滑阀；3—水增压器罐体；4—快速通气阀；Y1—冲洗控制电磁阀；Y2—排空控制电磁阀；Y3—自动进水阀；A—压缩空气入口；B—冲水控制电气连接器；C—清水入口；D—压缩空气出口；E—排空控制电气连接器。

图 4.44　坐便器原理图

（2）蹲式便器。

便器单元包括不锈钢便盆和排污滑阀，如图 4.45 所示。便盆由不锈钢制成，表面经过特殊处理以保证不易粘连污物。蹲式便盆装有 5 个冲洗喷嘴，以最少的洗水量能充分冲洗净便盆的内表面。排污滑阀在便器冲洗时打开，将便盆里的污物排入排污管。

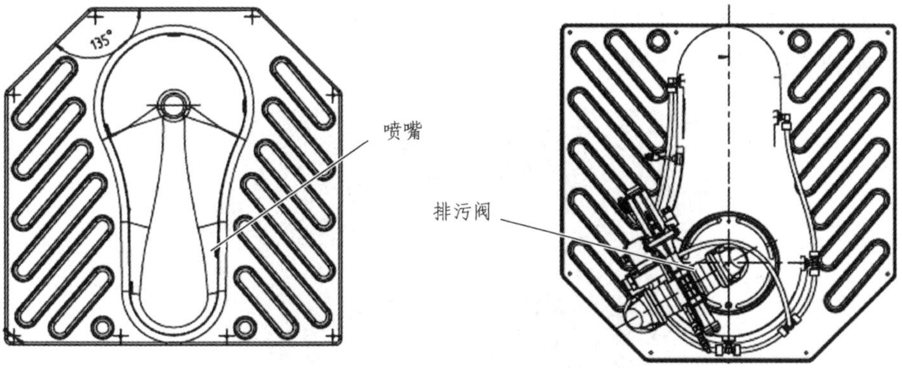

图 4.45　蹲式便器结构图

蹲式便器的冲洗水来自基本单元，包括一个水增压器，罐体由 PE 制成，确保冲水时水压适中。便器每次冲洗大约 0.5 L 水，系统原理见图 4.46。

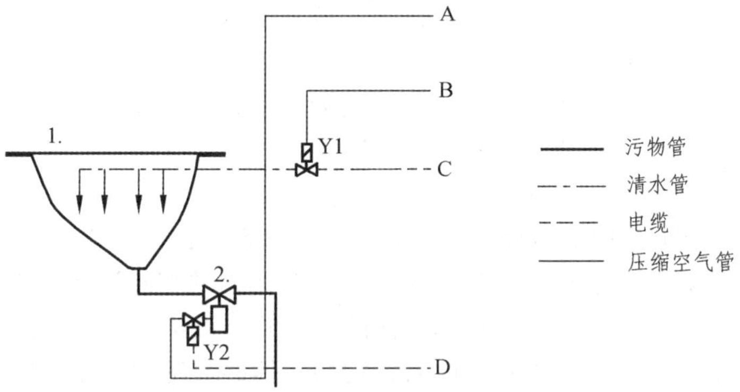

1—蹲便盆；2—排污滑阀；Y1—冲洗控制气动阀；Y2—排空控制电磁阀；
A—压缩空气入口；B—冲水控制压缩空气入口；C—清水入口；
D—排污阀控制电气连接器。

图 4.46　蹲便器原理图

（3）灰水单元。

灰水单元由灰水箱、进水管路、出水管路、通气管路和通气阀组成，安装在洗手台的下方，用于收集洗手池的灰水；进水管路与洗手池相连，出水管路与真空污物箱相连；灰水单元的工作程序由灰水单元控制，当灰水单元控制板发出排空信号后，出水管路的滑阀打开，灰水箱内的灰水被吸入真空污物箱内，然后滑阀关闭，完成排空。为了保证抽吸顺利进行，灰水箱连接通气阀。

列车产生的灰水需采用灰水收集模式。灰水经灰水单元流向带有 1.5 L 或 20 L 容积的灰水箱。灰水箱内安装有液位仪，当液位仪被触发或水龙头电磁阀开闭动作达到 6 次时，灰水箱内的水将被收集至污物箱。

4. 污物箱组成

CRH380B 型动车组有容量为 300 L 和 570 L 两种污物箱，污物箱用不锈钢材质制作，是一个真空容器，如图 4.47 所示。箱体两端设有排水凸轮锁紧接头，冲洗管和空气管并有相应的球阀，箱体上设置 20%、80%和 95%液位传感器，箱体内 80%满和 95%满的信号将传输到列车的诊断系统。箱体内部设防波板。箱体外部包有 32 mm 的防寒材，与加热棒和伴热线一起来防止箱体和管路内的液体冻结。

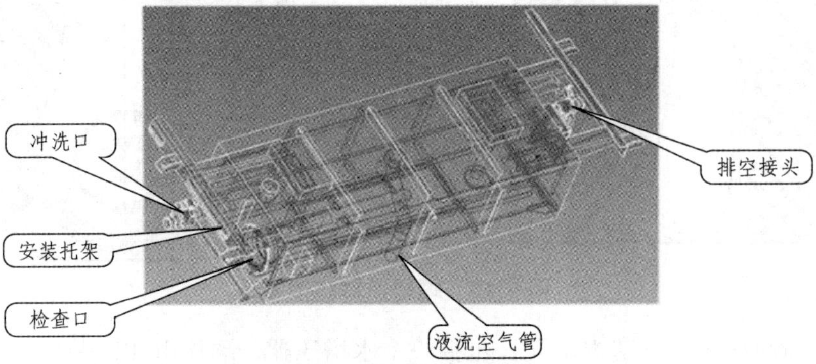

图 4.47　污物箱组成

污物箱用作真空保持系统的污水收集容器。箱体通过箱体顶部与喷射器连接的管路产生真空。箱体通过通风管路通风。箱体内的真空通过连接在箱体顶部的进污管路把污物吸入箱体内。箱体两端安装 2.5 吋的球阀及快接凸轮机构用于真空抽吸。抽吸时确保箱体的通风管路和冲洗管路能正常工作。打开通风管路和冲洗管路的联动球阀，在排污管路上连接并锁住抽吸管路，打开排污球阀，一切就绪后可以进行抽吸工作。箱体内的真空度不得超过 0.5 bar 以免对箱体造成机械损坏。抽吸过程持续直到箱体及排污管内的污物全部被排空，关闭球阀。在箱体两端的抽吸管路接头上拆下抽吸设备。当然箱体内的相对压力也不要超过 – 0.5 bar，以免对箱体造成永久性损害。如果箱体某一侧的排污管路被堵塞，需立即停止正在进行的排污工作，可在箱体的另一端继续排污。此后，利用箱体的冲洗功能小心冲洗箱体被堵塞的一侧，再次对箱体进行重复排污工作。排污工作结束后将有少量的液体留在箱体内。由于少量液体的存在，残留在箱体底部的沉淀物不会干结在箱体壁上。便器系统可以检测到箱体内部的液位状态。箱体液位信号 95%时，便器系统停止工作。

箱体安装一个加热棒用于对箱体加热。自动温控器控制加热棒的工作状态，温度低于 3 °C 时，加热装置开始工作，温度高于 7.5 °C 时，加热装置停止工作。只有在列车通电时，加热装置才可工作。如果列车停止供电，箱体必须排空，避免污物冻结损害箱体。

【任务实施】

CRH380B 型动车组卫生间设施检查作业：

车型：CRH380B 型动车组

修程：二级修

检修周期：80 万千米/720 天

供电条件：有电

作业人数：1 名机械师

作业时间：20 分钟/辆

注意事项：

（1）作业人员应按规定穿戴劳保用品。

（2）无电作业前应确认动车组受电弓已降下，接触网已断电，接地杆已挂，停放制动已施加。

（3）作业人员需做好防护，防止检查过程造成人身伤害。

（4）作业过程中作业工具、材料及配件定置摆放。

（5）更换水阀给水管路时，卫生间控制和加温用的电气部件上没有电压转换装置，如果电气零件附近的管路内有残留的水应当排出。

（6）更换镜子时，必须采取措施保护眼睛，应戴手套和头罩。

（7）必须确认使用的硅树胶交错固定，分布均匀固化时间至少要达到 24 h。此后检查是否牢固。

（8）切勿用侵蚀性酸液或含氯的清洁剂等物质清洁或操作此真空厕所装备。

（9）在开展维护工作期间不得同时手动操作入口阀和出口阀，防止堵塞。

工具清单：手电筒，四角钥匙，毛刷。

CRH380B 型动车组卫生间设施检查作业内容及标准见表 4.10。

表 4.10　CRH380B 型动车组卫生间设施检查作业内容及标准

序号	作业项目	作业内容及标准	图示
1	工前准备	（1）确认作业计划单中的作业车组号及股道。 （2）确认作业股道接触网已供电，动车组已供电。 （3）按照工具清单和物料清单清点工具和材料	
2	卫生间门检查		
2.1	门扇检查	（1）外观状态良好，操作光滑，表面平整，无划痕、掉漆、裂纹、凹陷等。 （2）标识齐全、完整、清晰，无卷边、撕裂、缺失等	 卫生间门
2.2	门框检查	（1）铝制门框外观状态良好，铝型材完整，无裂纹、变形、脱落等。 （2）门挡安装牢固，无松动、脱落等；橡胶垫外观良好，无老化、龟裂等	
2.3	门折页	（1）外观状态良好，无变形、裂纹等；安装牢固，无松动、脱落、移位等。 （2）摆门开闭过程平滑、无卡滞，门板无下垂、磨碰门框的现象	

续表

序号	作业项目	作业内容及标准	图示
2.4	门锁及把手		
2.4.1	门锁	（1）门锁外观良好，无松脱，使用钥匙转动灵活。 （2）锁芯状态良好，无折断、缺失等，位置指示正确。 （3）门锁机械转换功能良好，锁闭位置锁舌伸出量约 2.5 cm	 门锁
2.4.2	内划锁	内划锁锁闭良好，安装固定良好，操作时转动灵活，平滑，无卡滞、摩擦	 内划锁
2.4.3	锁舌	（1）推杆组件无丢失或损坏。 （2）锁销装置移动平滑，无卡滞、摩擦。 （3）锁销装置必须能从外面移动，用四角钥匙从外面检查锁销装置的上锁和开锁情况良好。 （4）把手移动轻松，锁钩没有移开	 锁舌
2.4.4	插销板转换接点	（1）检查机械控制插销板转换接点，用手触碰转接点活动良好。 （2）外观状态良好，无裂纹、变形、破损；安装牢固、正位，内六角螺栓无裂纹、变形、松动。 （3）转换插孔无裂纹、变形、破损；转换接点无裂损、缺失	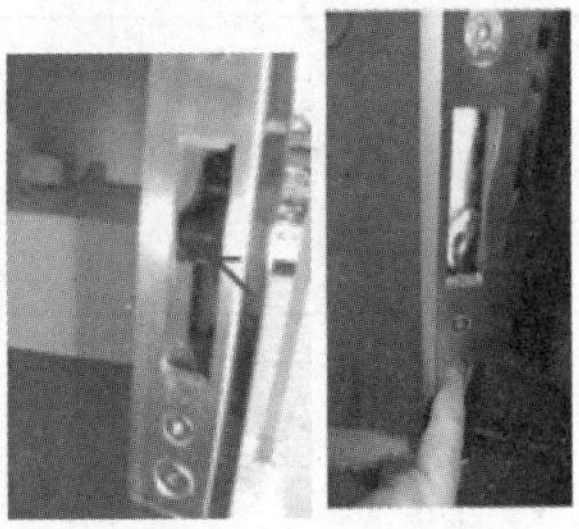 插销板转换接点

续表

序号	作业项目	作业内容及标准	图示
2.4.5	把手	（1）外、内部把手无松动、缺失、变形、破损，安装牢固，转动顺畅，无卡滞、摩擦等。 （2）开关标识清晰、完整，正位、牢固	 把手
3	卫生间设施检查		
3.1	洗漱台		
3.1.1	台面	（1）洗漱台表面光滑、平整，无划痕、裂纹、掉漆、凹凸不平等；边缘无掉块、磕碰、残缺等。 （2）安装牢固，与墙体连接良好，无松动	 台面
3.1.2	洗面盆	（1）洗面盘内表面光滑，平整，无划痕、裂纹、掉漆、凹凸不平等。 （2）水漏良好，中间丝堵无缺失、破损、堵塞等	 洗面盆
3.1.3	感应水龙头	（1）外观良好，组件齐全，无变形、裂纹、破损等。 （2）安装牢固，位置正确，未使用时无滴水现象	 感应水龙头
3.1.4	红外感应器	（1）外观良好，无变形、裂纹、破损等 （2）安装牢固，位置正确，无松动、脱落等。 （3）玻璃孔外观良好，安装牢固，无破损、裂纹等。 （4）作用良好，手置于水龙头下方时，水龙头被激活	 红外感应器

续表

序号	作业项目	作业内容及标准	图示
3.1.5	镜子	（1）外观良好，无变形、裂纹、划痕等，镜面洁净。 （2）安装牢固，无松动、脱落、翘边等。 （3）检查镜面门锁闭机构及折页作用良好，无损坏	 镜子 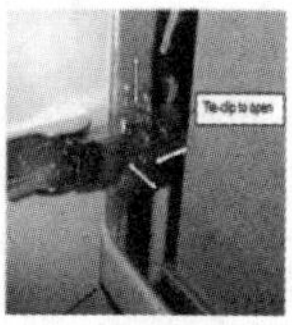 镜面门折页
3.1.6	给水管路	检查给水管路中的水能够自由流动，螺纹连接处无漏水	
3.2	厕纸架	（1）柜门外观良好，无变形、裂纹等。 （2）安装牢固，无松动、脱落等。 （3）门折页外观良好，安装牢固，转动灵活。 （4）外观及安装状态良好，无变形。 （5）目视检查内部不锈钢结构状态良好，安装牢固，无变形、开焊等。 （6）卷筒纸架外观良好，安装牢固，无变形、松脱、缺失等。 （7）标贴粘贴牢固，字迹清晰，无破损、翘边等	 厕纸架
3.3	废物箱	（1）外观良好，表面无变形、脱漆、裂纹、划痕等。 （2）目视检查配件齐全，锁闭良好。 （3）垃圾箱盖板外观良好，安装牢固，无变形、裂纹、松脱等，复位弹簧复位功能良好。 （4）四角锁外观良好，安装牢固，无变形、裂纹等，锁芯无断裂。 （5）标贴粘贴牢固，字迹清晰，无破损、翘边等	 废物箱
3.4	衣帽钩	（1）外观良好，无变形、裂纹等。 （2）安装牢固，无松动、脱落、缺失等	 衣帽钩
3.5	扶手	（1）安装牢固，无移位、松动；固定螺栓无松动、脱落、缺失等。 （2）外观良好，无变形、裂纹等	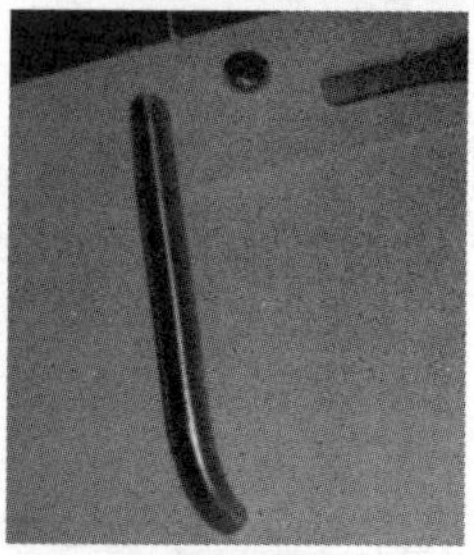 扶手

续表

序号	作业项目	作业内容及标准	图示
3.6	卫生间地板	外观状态良好，无开裂、塌陷等	 地板
3.7	顶板检查	（1）外观良好，无变形、破损、裂纹、漏水等。 （2）安装牢固，各板面连接良好，无松脱、翘边等。 （3）四角锁外观良好，安装牢固，无变形、裂纹等，锁芯无断裂	
3.7.1	照明装置（20 W 卤素聚光灯）	（1）外观良好，灯罩表面清洁，无变形、裂纹、污迹等。 （2）安装牢固，无松动、脱落、缺失等。 （3）照明作用良好，灯色一致，无灭灯	 顶板
3.7.2	顶棚扬声器	（1）格栅外观良好，无变形、破损、裂纹、掉漆等。 （2）表面清洁，无烧痕	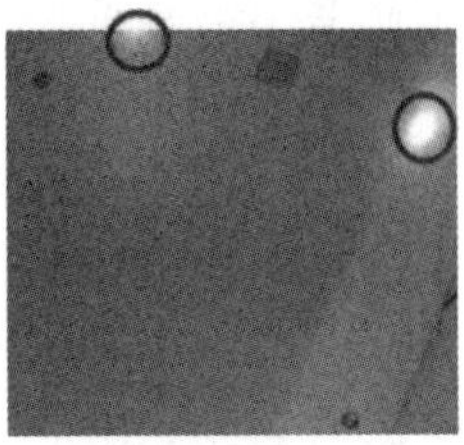 卤素聚光灯
3.7.3	空调进风口	（1）天花板格栅外观良好，无变形、破损、裂纹、掉漆等。 （2）表面清洁，无异物、脏堵等	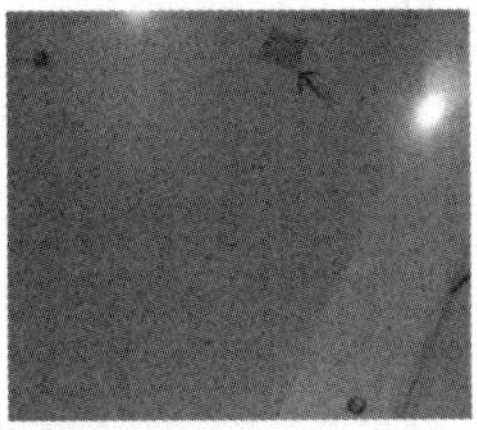 顶棚扬声器
3.7.4	火灾探测器	（1）格栅外观良好，无变形、破损、裂纹、掉漆等。 （2）表面清洁，无烧痕。 （3）探测器安装牢固，固定螺栓齐全，无松动、脱落、缺失等	 火灾探测器

续表

序号	作业项目	作业内容及标准	图示
3.7.5	空气加热器	（1）外观良好，无变形、破损、裂纹等。 （2）表面清洁，无异物、脏堵等	 空气加热器
3.7.6	供水系统面板	（1）用四角钥匙打开供水系统面板盖。 （2）内部清洁，无金属碎屑、脱落零部件、螺栓等；无异味、煳味等。 （3）检查各元器件外观良好，安装牢固，无松动、脱落、缺失等。 （4）水管路外观良好，连接牢固，管系无变形、松动、漏泄、锈蚀。 （5）防松标记清晰无错位，水管路中的水能够自由流动。 （6）配线外观良好，连接牢固，无破损、松动、脱落等。 （7）接插件外观良好，连接牢固，无变形、松动、脱落等。 （8）关闭面板盖	 供水系统面板
3.7.7	电气控制面板检查和清洁	（1）用四角钥匙打开卫生间内电气控制面板，检查内部接线是否完好，有无烧损；电气元件外观状态是否良好，各元件安装螺栓是否紧固到位。 （2）使用毛刷或抹布清洁配电柜内的灰尘及杂物	
4	清理工作	作业完毕对作业现场进行清理。确保作业工具、材料无遗漏，做到“工完、料净、场地清”	
5	填记纸质记录		
6	填管理信息系统		

【任务自检】

1. 简述 CRH380A、CRH380B 型动车组给排水及卫生系统的组成和作用。
2. 简述 CRH380A、CRH380B 型动车组给水系统的组成和供水原理。
3. 简述 CRH380A 型动车组温水箱的工作原理。
4. 简述集便装置的作用和形式。

项目五　动车组车内其他电气设备维护与检修

【思政课堂】

29 年坚守标准零违章——杨卫华

杨卫华，中国铁路广州局集团有限公司首席技师、娄底车务段冷水江东站调车长，1971 年 10 月出生，1988 年 7 月参加工作，在调车岗位连续 29 年零违章、零违纪、零事故，先后获得火车头奖章、铁路优秀共产党员、全国铁路劳动模范，2016 年获“全国优秀共产党员”荣誉称号。

29 年来始终坚守作业标准，实现零违章、零违纪、零事故，这是中国铁路广州局集团公司娄底车务段冷水江东站调车长杨卫华参加铁路工作 29 年来创造的安全奇迹。

一段时间不违章很容易，但是，要做到 29 年零违章、零违纪、零事故，却非常不容易。从板道员、连接员、调车长，一路行来，杨卫华一直坚守在苦脏累险的铁路调车作业一线，付出常人难以做到的努力，一丝不苟、务实苦干、任劳任怨地坚守标准，不断刷新着自己创造的零违章、零违纪、零事故纪录。

杨卫华常说一句话“任何情况下都要严格执行作业标准，任何情况下都不能存侥幸心理。不清不楚的活从来不干，不明不白的话从来不说，违章违纪的事从来不做。这始终是我坚守的一个作业原则。”

“按章作业是铁路职工的天职。”杨卫华认为，如果没有对业务规章学习透彻、观速测距等实作技能的完全掌握，仅仅依靠体力输出，是做不好调车工作的。因此，1988 年参加铁路工作开始，他就养成了良好的学习习惯，如饥似渴地学习调车理论知识。杨卫华把《技规》《行规》《调规》等规章带在班上、放到家里，当班工余背，休班在家啃，有时为了记得更牢固，他的老婆经常当“考官”。经过长久的积累，杨卫华的学习笔记达 6 万余字，每条规章都熟记于心，同事们都称他是“活规章”“土专家”。

凭着扎实的理论知识和丰富的实践知识，杨卫华练就了“规章一口清、观距一眼准、连挂一把稳”的调车绝活。1995 年，杨卫华以全段第二名的成绩，通过了连结员考试；1996 年又以娴熟的技能在工作中脱颖而出，成为一名调车长。

随时近年来铁路的发展，铁路技术装备不断变化、调车机车几易机型、规章制度多次修改。对此，杨卫华始终坚守良好的学习习惯，第一时间学习和掌握新技术新规章，总是站在技术变革的最前沿。并且，在深入学习和实践的基础上，杨卫华还总结提炼出“杨卫华安全调车法”和 24 句“调车作业七字诀”，内容通俗易懂、简单易记，覆盖了调车作业的关键环节，提示了安全风险的联防互控，提高了作业安全系数，被广泛推广运用，同事们都称杨卫华为“调车专家”。

正所谓“业精于勤，行成于思”这句话在杨卫华学习业务身上被展现得淋漓尽致。他徒步勘测路线，数百次用脚步丈量，站场内每一条作业线，反复练习数枕木、看道砟，细心观察股道边的参照物，详细标记每条线路。这种专注的学习精神，这种专研的学习态度，这种谨慎的工作作风，让我们看到了敬业，追求精益求精的“工匠精神”，正是新时代铁路人应该学习和坚守的地方。

【项目描述】

高速动车组随车备品知多少？

通过本项目学习，使学生熟知动车组车内设备的布局及特点，能够完成动车组照明的检查维护和常见故障的处理；能够根据电茶炉的状态判断其运行情况并完成基本检修；能够完成车内影视、烟火报警设备的状态维修及基本检修。

【知识目标】

熟悉 CRH380A、CRH380B 型动车组车内设备的布局、功能。

【能力目标】

（1）能够按照要求规范操作、检测、维护各电气负载，并能进行应急处理；

（2）能够分析工作中的不安全因素并采取措施，注重保护环境；

（3）能够正确检查、评价与记录工作结果。

任务一　动车组车内设备布置

【任务描述】

（1）熟悉 CRH380A、CRH380B 型动车组车内设备的布局和功能；

（2）掌握 CRH380A、CRH380B 型动车组车内设备的特点及使用方法。

【背景知识】

动车组要求在既安全又简便的操纵下获得各种不同工况的良好运行性能，而这些要求是通过一系列不同电气设备的安全工作来满足的。动车组车内电气设备包括接触器、继电器、照明系统、火灾探测系统、广播系统、旅客信息显示系统、电茶炉与电热水箱等。

一、CRH380A 型动车组车内设备

（一）概　述

CRH380A 型动车组以 6 辆动车和 2 辆拖车共 8 辆车构成一个编组，编组形式为 T1 + M1 + M2 + M3 + M4 + M5 + M6 + T2，动车组设 VIP 观光区、一等座车及二等座车以满足运送中短途旅客的需要。其中 1 号车（T1）为带观光区的一等座车，8 号车（T2）为带观光区的二等座车，4 号车为带残疾人使用设施的二等车，5 号车为带有厨房的二等座车，其余为普通二等座车。司机室设在 1 号车（T1）和 8 号车（T2）。全列车定员 610 人。各车厢内主要设备见表 5.1。

表 5.1　各车厢内主要设备表

车号	代号	定员	主要设备	其他
1	T1	42	一等车、司机室、坐式厕所、洗脸室、观光区	禁烟车厢
2	M1	85	二等车、坐式厕所、蹲式厕所、洗脸室、	禁烟车厢
3	M2	38	二等车、坐式厕所、蹲式厕所、洗脸室、备品柜	禁烟车厢
4	M3	51	二等车、残疾人厕所、蹲式厕所、洗脸室、物品存放处	禁烟车厢
5	M4	55	二等车、酒吧餐饮区、监控室	禁烟车厢
6	M5	100	二等车、饮水机	禁烟车厢
7	M6	51	二等车、多功能室、乘务员室、坐式厕所、洗脸间、小便间、备品室	适应残疾人使用、禁烟车厢
8	T2	64	二等车、司机室、饮水机、观光区	适应残疾人使用、禁烟车厢

1. 一等车

1 号车为一等车。一等车座椅采用 2 + 2 布置，座间距为 1 060 mm，走廊宽度为 600 mm。座椅数为 51，一等车布置效果如图 5.1 所示。

图 5.1　一等车车内布置效果图

2. 二等车

2、3、4、6、7、8 号车为二等车，座椅采用 2 + 3 布置，座间距为 980 mm，走廊宽度为 600 mm，二等车布置效果如图 5.2 所示。

图 5.2　二等车车内布置效果图

3. 餐座合造车

5 号车为餐座合造车。一位端为餐饮区，设有 16 个座椅、4 个餐桌，还设有立食台、小卖部、送餐小车放置处及储藏室。二位端为二等车客室，采用 2 + 3 布置，共 55 座。餐饮区及小卖部效果如图 5.3 所示。

餐饮区　　小卖部

图 5.3　餐饮区及小卖部效果图

（二）动车组车内设备

车内设施及配置主要包括车内设备件、车内供水供热及配电盘设备布置组成，设备件主要包括客室座椅、行李架、内部门、厨房设备等设施；车内供水供热主要包括开水炉、车内卫生间、盥洗室等设施。配电盘设备主要包括车辆控制用的开关、继电器、接触器等电气元件及控制装置。各车辆主要设备布置情况如图 5.4 ~ 图 5.11 所示。

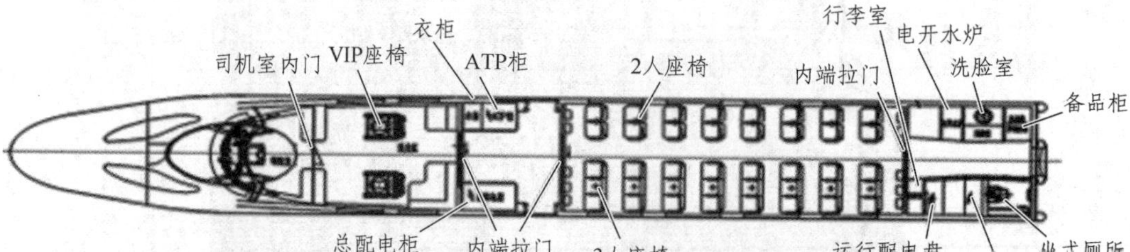

图 5.4　1 号车（T1c）车内设备布置情况

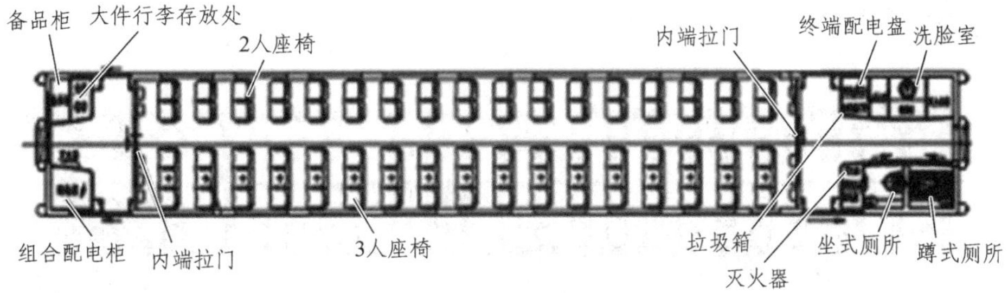

图 5.5　2 号车（M1）车内设备布置概况

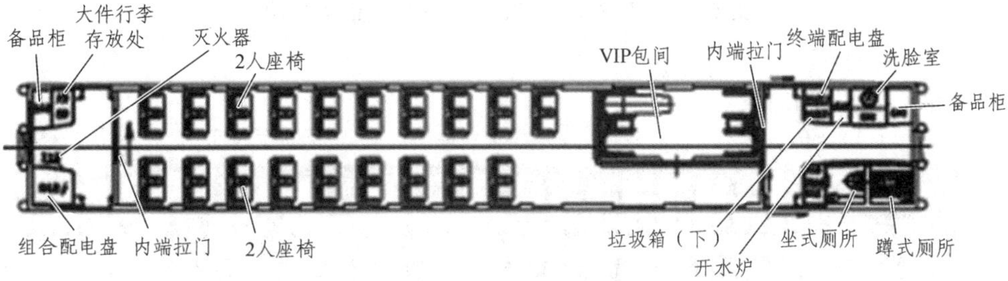

图 5.6　3 号车（M2）车内设备布置概况

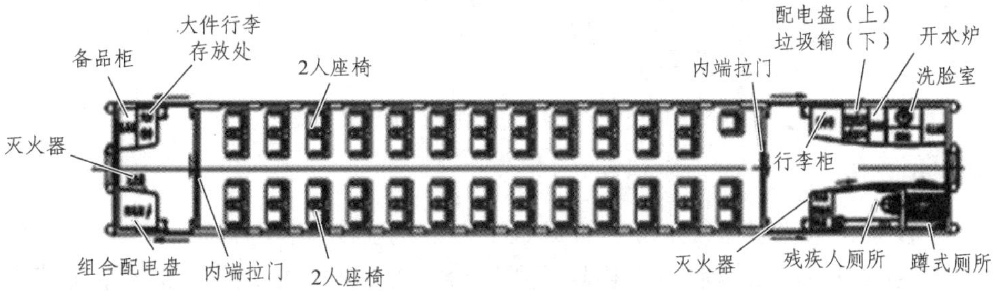

图 5.7　4 号车（M3）车内设备布置情况

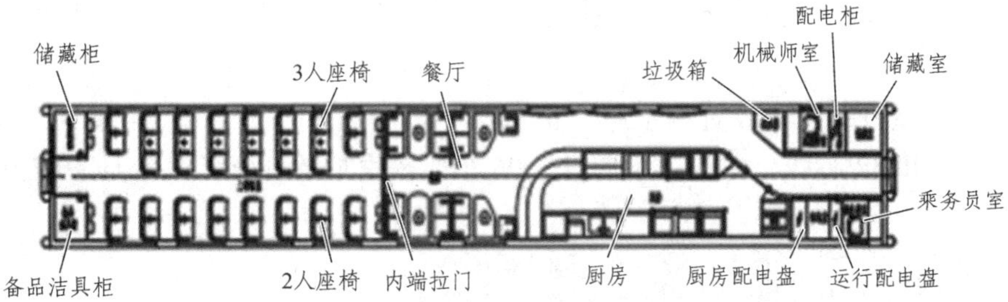

图 5.8　5 号车（M4）车内设备布置概况

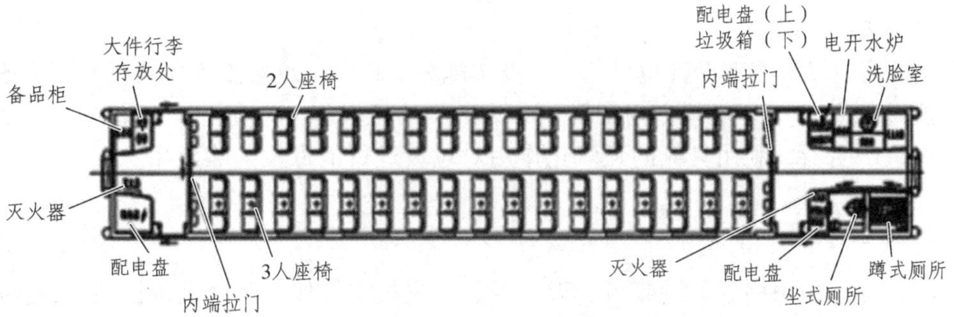

图 5.9　6 号车（M5）车内设备布置概况

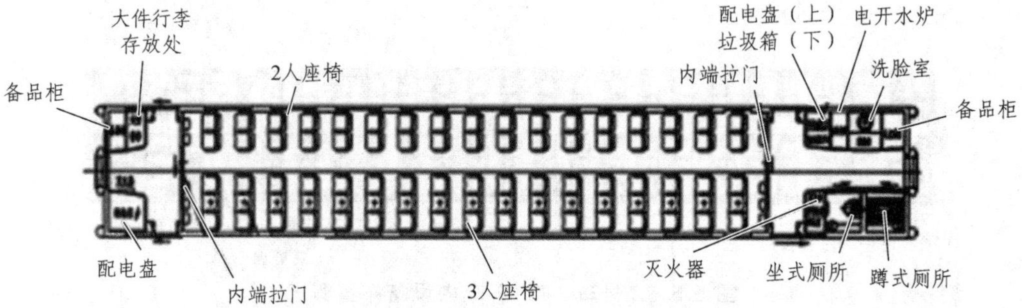

图 5.10　7 号车（M6）车内设备布置概况

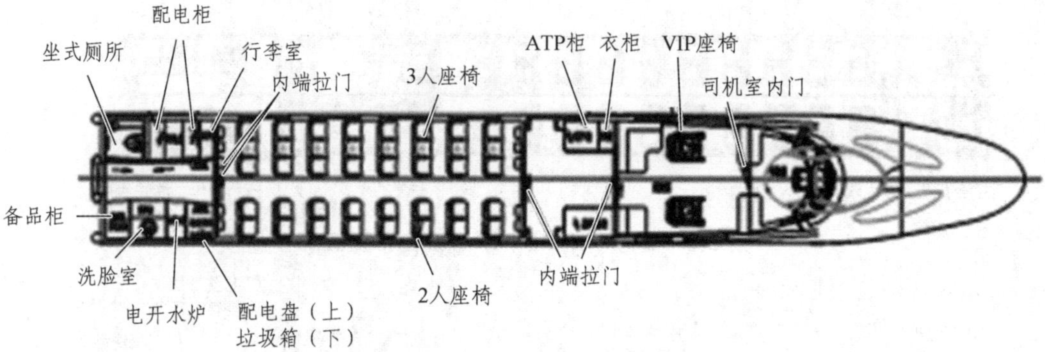

图 5.11　8 号车（T2）车内设备布置概况

1．**乘务员室**

在 5 号车设置了乘务员室。乘务员室设置了办公桌、转椅和电器柜。办公桌设置了抽屉，方便文件等东西放置，办公桌和电器柜均采用胶合板外贴贴面板制作，此外，乘务员室还安装了扬声器架和备用灯架，在配电柜门上还设置了衣帽钩。

2．**备品分布**

01 车、司机室设备舱各放置两个原厂止轮器、3 盒铁鞋（6 个）、过渡车钩；司机室座椅下方放置有 7 芯和 32 芯线、软梯、导向杆；05 车监控室放置随车备品工具；07 车放置有客运备品。

3．**大件行李处、垃圾箱**

（1）大件行李处。在 1 车二位端、2 ~ 8 车一位端设置了大件行李存放处，中间设置隔板，上下两侧存放大件行李。

（2）垃圾箱。每车端部设置垃圾箱，垃圾实施分类回收，垃圾投入口盖设有圆形投放口，用于投放饮料瓶（听）。垃圾箱室内配置了分为两隔的垃圾箱，对应收集 2 类垃圾。垃圾箱室内配置了臭氧产生器，利用臭氧的强氧化作用对垃圾进行消毒及消除异味。

（三）安全设备

本车配备有紧急用梯子、过渡板、灭火器、火灾报警按钮、紧急报警按钮、卫生间紧急按钮。

1. 紧急用梯子

紧急用梯子（见图 5.12）是在列车无法停靠站台时，旅客从车辆下到地面时使用。但应首先确认地面安全。紧急用梯子的放置场所在 1 号车（1 位侧通过台配电柜内）和 8 号车（4 位侧通过台配电柜内）。

2. 过渡板

过渡板（见图 5.13）是在列车无法移动时，旅客从车辆换乘至反向列车时使用。使用时请安装扶手。过渡板的放置场所在 3 号车和 7 号车的 2 位侧备品柜内。

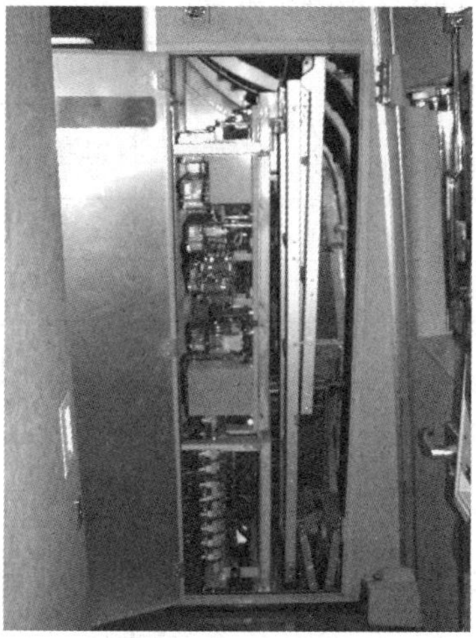

图 5.12　紧急用梯子

图 5.13　过渡板

3. 紧急按钮、火灾按钮

每节车厢的内端检查门上设置有火灾报警按钮和紧急报警按钮。按下按钮后，在蜂鸣器报警的同时，驾驶室和列车员室的显示器上也显示报警画面（见图 5.14）。

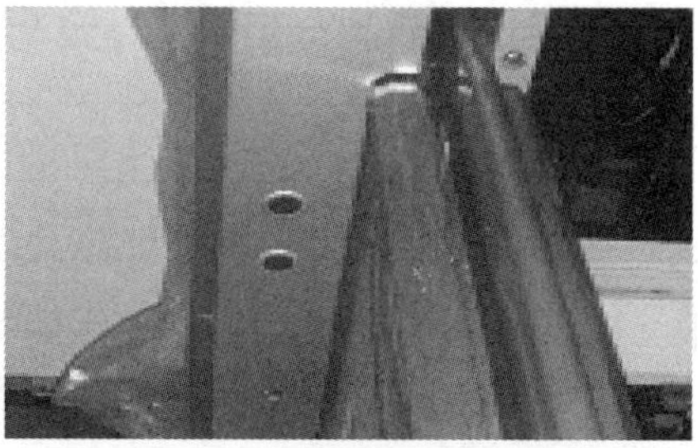

图 5.14　火灾紧急报警按钮配置

二、CRH380B 型动车组车内设备

（一）概　述

CRH380B 型动车组采用四动四拖的 8 辆编组方式，设商务/一等车、商务/二等车、二等

车、餐座合造车。两端车前部各设一个休闲观光区，观光区内设商务座椅。一等车座席采用 2 + 2 布置。二等车座席采用 2 + 3 布置。餐座合造车设二等座区，采用 2 + 3 布置。全列定员 556 人，其中：商务座 10 人，一等座 28 人，二等车 518 人。动车组每辆车在端部两侧均设有侧门，供司机及乘客上下车使用。每辆车共计 4 个侧门。其中头车端部为司机室侧门，酒吧车客室端两侧为旅客登车门，除此之外其他所有车辆为旅客登车门，均为移动式电驱动气密封式塞拉门，所有旅客登车门都配有活动脚蹬以方便乘客上下车。车辆的车窗主要包括普通车窗及应急车窗。车内设施及配置主要有座椅、行李架、厨房、内门、车内照明和车内影视系统等其他车内设施。车内主要设备及定员情况见表 5.2。

表 5.2　CRH380B 型动车组的定员及车内设备概况

车辆顺位	1	2	3	4	5	6	7	8
车型	一等/商务车	二等车	二等车	二等车	二等车/餐车	二等车	二等车	二等/商务车
定员	28 + 5	85	85	75	63	85	85	40 + 5
卫生间	坐	坐、蹲	坐、蹲	残坐、蹲		坐、蹲	坐、蹲	坐
洗脸间		1	1			1	1	
大件行李	1	1	1	1		1	1	1
开水炉	1	1	1	1	1（厨房内）	1	1	1
外门	2	4	4	2		4	4	2
乘务员室					1			
机械师室					1			
乘务员专座	1			1	1			1
垃圾小车存放处			1			1		
洁具柜		1					1	
工具柜	1				1			1
客运备品柜	3		1		1	1		3
清洗拖布专用水池				1				
商务车服务台	1							

整列车通过设置客室走廊、过道、内外端门及相邻车辆的通过风挡形成完整的通道，使全列车所有客室连通。此外，在列车上还设置有大件行李架、饮水机及电器柜等车内设备。

CRH380B 型动车组车辆的内装设计及内装材料的选择具有模块化及轻量化的特点，能够满足高速列车的总体设计及车内布置的要求。

1. 座　椅

一等车客室设 2 + 2 宽幅软座座椅；观光车客室设 2 + 1 宽幅软座座椅；二等车客室设 2 + 3 软座座椅；座椅的可旋转结构充分体现了人性化设计，提高了乘坐的舒适度。座椅靠背可由个人手动控制从 8°到 30°（二等车座椅从 0°到 24.5°）任意角度轻松调节和锁定，而且保证靠背的倾斜不会干扰到后面的活动空间。各座椅都设有供乘客使用的小桌，且侧窗窗台设有放置饮料瓶的台面。

（1）商务座椅。

商务座椅系统包括单人商务旋转座椅、双人商务旋转座椅，分布于 01/08 观光区。商务座椅由私密罩、座椅骨架、座椅底板 3 部分组成。商务座椅具有可 180°旋转、坐姿/躺姿无级调节等功能，并集成影音系统、呼叫系统、阅读灯、电源插座、小桌板和书包网，满足乘客的各种要求（见图 5.15）。

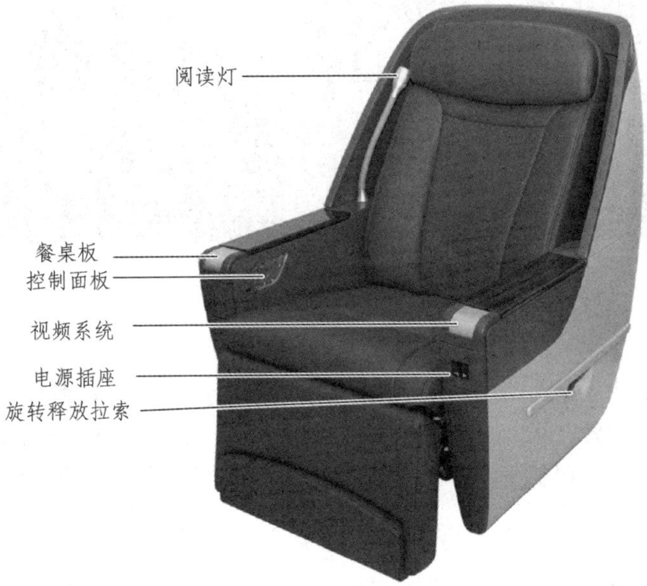

图 5.15　商务座椅效果图

（2）一等座椅。

一等车座椅布置间距为 1 160 mm，采用 2 + 2 座椅布置形式，过道宽度为 557.3 ㎜。脚踏为背面弹动、双停止位置、转动翻出方式，可适合不同乘客使用。座椅侧扶手设有内置式的可折叠小桌，中间扶手设置了耳机插孔，底架上设置了电源插座（见图 5.16）。

图 5.16　一等座椅

（3）二等座椅。

二等车客室设 2 + 3 软座座椅，位于 2、3、4、5、6、7、8 车（见图 5.17）。

图 5.17　二等座椅

2. 内　门

动车组内门分内端门、风挡门、司机室门、乘务员室门和机械师室门 5 种。其中，内端门位于各车通过台与客室之间，为单扇电动拉门；风挡门，BC05 车二位端是电动风挡门，其余车厢为手动风挡门；司机室门位于 EC01、EC08 车；乘务员室门和机械师室门均位于 BC05 车。

（1）内端门。

内端门设置在 EC01/08 车的观光区和两端，TC02/07、IC03/06 和 FC04 车的两端，餐车 BC05 的一位端（见图 5.18）。

图 5.18　内端门

内端门主要性能指标：

- 供电电压（V）　DC 110（+25，-30%）
- 门的挤压力（N）　有效力 150；障碍检测试棒（mm），30（宽）×60（高），符合 EN14752 标准
- 手动开关门力（不带电）　不大于 80 N
- 单扇门净通过宽度　800 mm
- 单扇门净通过宽度　900 mm（带残疾人卫生间车和餐车使用）
- 单扇门净通过高度　2 000 mm
- 单扇门开门时间（s）　4±1
- 单扇门关门时间（s）　6±1

（2）风挡门。

风挡门（见图 5.19）有两种结构形式——电动门和手动门。电动门和手动门的设置主要取决于运用需要。电动风挡门为电控电动式双开移动门，手动门与电动门的区别为手动门没有电气控制系统。

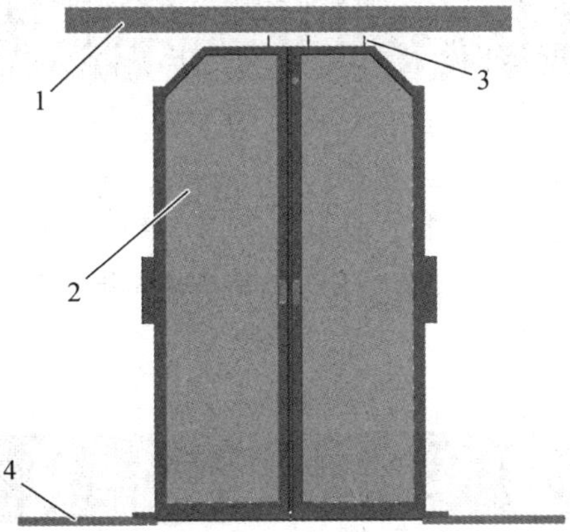

1—门机构（带/不带电控系统）；2—门板；3—安装螺钉；4—下导轨。

图 5.19　风挡门

（二）动车组车内设备

各车辆主要设备布置情况如图 5.20～图 5.25 所示。

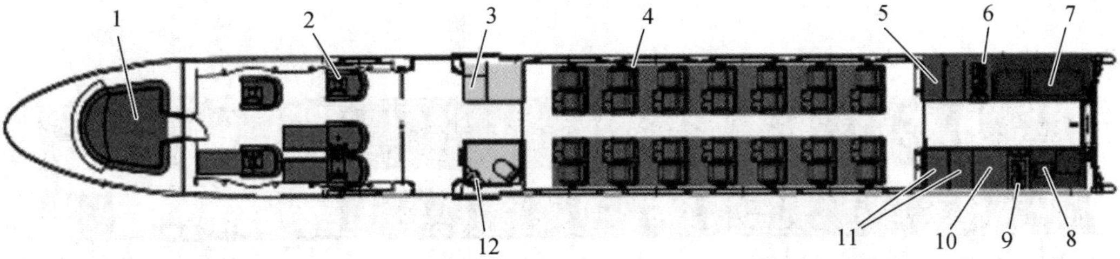

1—司机室；2—VIP 座椅；3—服务台；4—一等座椅；5—工具柜；6—灭火器；8—旅客信息系统；
7—电气柜；8—空调控制柜；9—饮水机；10—大件行李存储处；
11—备品室；12—头车卫生间。

图 5.20　01 车车内布局

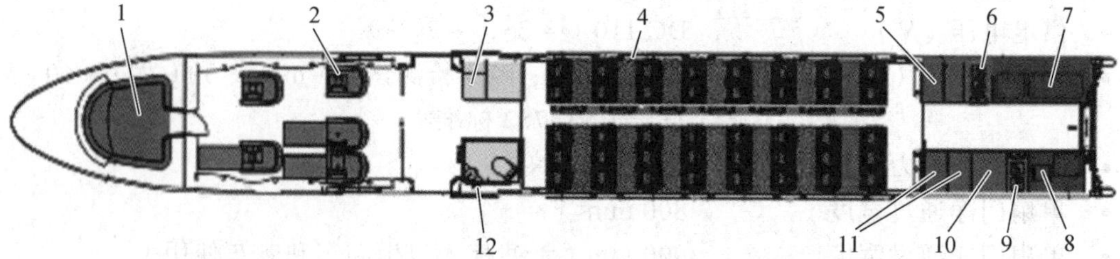

1—司机室；2—VIP座椅；3—服务台；4—二等座椅；5—工具柜；6—灭火器；8—旅客信息系统；
7—电气柜；8—空调控制柜；9—饮水机；10—大件行李存储处；
11—备品室；12—头车卫生间。

图 5.21　08 车车内布局

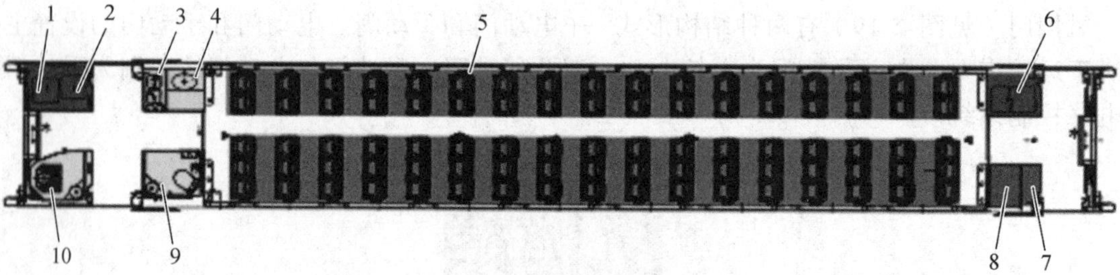

1—车辆控制面板；2—空调控制柜；3—灭火器、饮水机；4—洗面间；5—二等座椅；6—电气柜；
7—洁具柜；8—大件行李存放处；9—坐便卫生间；10—蹲便卫生间。

图 5.22　02\07 车车内布局

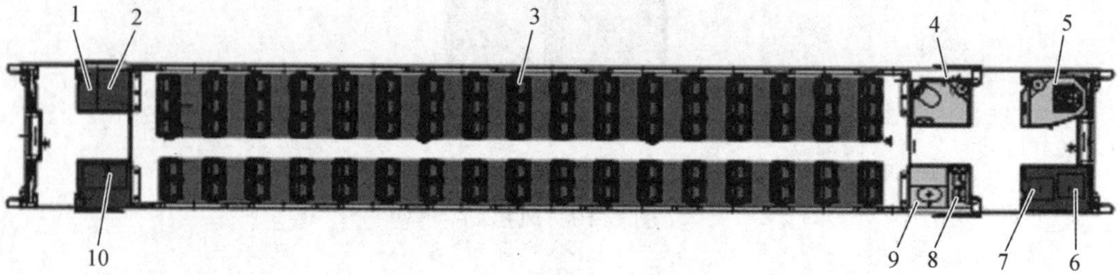

1—备品柜；2—大件行李存放处；3—二等座椅；4—坐便卫生间；5—蹲便卫生间；6—旅客信息系统；
7—单相逆变器、空调控制柜；8—饮水机、灭火器；9—洗面间；10—电气柜。

图 5.23　03\06 车车内布局

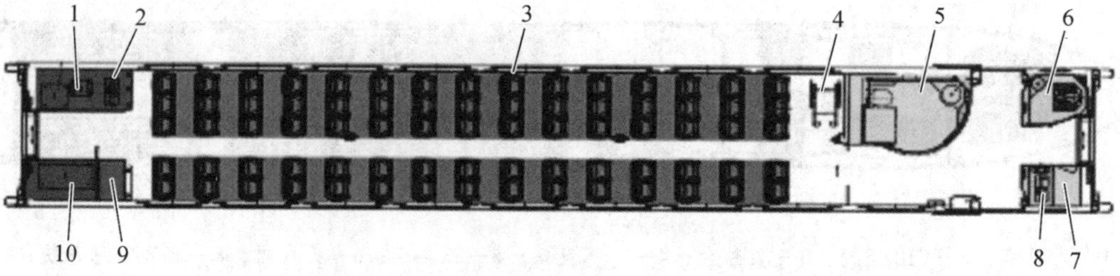

1—单相逆变器、空调控制柜；2—灭火器、废物箱；3—二等座椅；4—轮椅存放处；5—残疾人卫生间；
6—蹲便卫生间；7—洁具柜；8—灭火器、饮水机；9—大件行李存放处；10—电气柜。

图 5.24　04 车车内布局

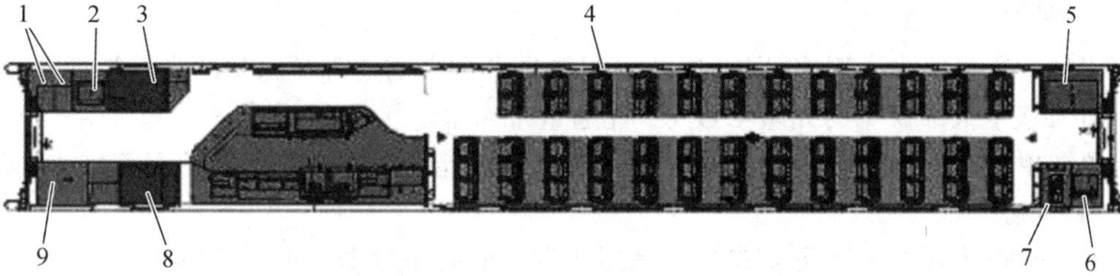

1—备品室；2—电气柜；3—乘务员室；4—二等座椅；5—电气柜；6—空调控制柜；
7—灭火器、垃圾箱；8—机械师室；9—工具柜。

图 5.25　05 车车内布局

【任务自检】

1. 画出 CRH380A 型动车组车内设备的布局。
2. 画出 CRH380B 型动车组车内设备的布局。
3. CRH380A 型动车组车内的安全设备有哪些？

任务二　动车组照明系统维护与检修

【任务描述】

（1）掌握 CRH380A、CRH380B 型动车组照明系统的分类、功能及特点；
（2）能够完成 CRH380A、CRH380B 型动车组照明系统的状态维护及检修。

【背景知识】

电气照明涉及光学、电学、建筑学和生理学等多方面的技术，动车组对电气照明的要求来自人类生产和生活两个方面的需要。

电光源和照明配件是电气照明的重要组成部分。在电光源方面，要求提高光效、延长寿命、改善光色、增加品种和减少附件；在照明配件方面，则要求提高效率、组装化、轻型化和标准化。

一、照明的基本概念

1．光

光是指由光源发出的辐射能中的一部分，即能产生视觉的辐射能，所以又称为“可见光”。其波长一般为 380 ~ 780 nm（$1\ \text{nm} = 10^{-9}\ \text{m}$），而且不同波长的光给人的颜色感觉也不同。波长从 380 nm 向 780 nm 增加时，光的颜色从紫色开始，按蓝、青、绿、黄、橙、红的顺序逐渐变化。两种颜色之间没有明显的分界，而是由一种颜色逐渐减少，另一种颜色逐渐增多来过渡的。全部可见光波混合在一起就形成了日光（白色光）。

2．光通量

照明的效果最终由人眼来评定，因此仅用能量参数来描述各类光源的光学特性是不够的，还必须引入基于人眼视觉的光量参数——光通量来衡量。

光源在单位时间内向周围空间辐射并引起视觉的能量，称为光通量，用符号 Φ 表示，单位为流明（lm）。

光通量是电光源的一个重要参数，是照明设计的必备数据。但评论电光源的特性优劣则常以光视效能为依据。电光源的光视效能以消耗 1 W 电功率产生多少流明光通量表示，单位是 lm/W。光视效能越高越好。

例如，一个 100 W 的白炽灯，在 220 V 的额定电压下发出的光通量为 1 250 lm；一个 40 W 的荧光灯，在 220 V 的额定电压下发出的光通量为 2 440 lm。

3．发光强度（简称光强）

光源在空间某一特定方向上单位立体角内（每球面度）辐射的光通量空间刻度，称为光源在该方向上的发光强度（简称光强），用符号 I_V 表示，单位为坎德拉（cd）。

4．发光效率（简称光效）

一个电光源所发出的光通量与该光源所消耗的电功率之比，称为发光效率，以 η 表示，单位为 lm/W（流明/瓦）。发光效率是电光源的重要技术指标。

上述的 100 W 白炽灯的发光效率（12.5 lm/W）比 40 W 荧光灯的发光效率（61 lm/W）要低。

5．照　度

照度是用来表示被照面点、上光的强弱。投射到被照面上的光通量与被照面的面积之比称为该面的照度，用符号 E 表示。定义式为

$$E=\Phi/S$$

式中　Φ——被照面上接受的光通量（lm）；
S——被照面的面积（m^2）；
E——垂直平面上的照度。

6．亮　度

发光体在视线方向单位投影面上的发光强度称为该物体表面的亮度，用符号 L 来表示，单位为 sb（熙提）。煤油灯火焰的亮度约 1.5 sb，钨丝白炽灯的亮度为 500 ~ 1 500 sb。

$$1\ \text{sb}=1\ \text{cd/cm}^2$$

较小的亮度单位是 nt（尼特，已废除）

$$1\ \text{nt}=1\ \text{cd/m}^2$$

亮度也是照明装置的一个重要物理量。当发光表面的亮度相当高时，对视觉会引起不愉快及有害作用，这种情况称为光辉，它是发光表面的特征。由于亮度高而产生的视觉状态称

为眩光，它是眼睛状态的特征。

在照明设计中，为避免眩光，应限制直射或反射耀光，可采用保护角较大的灯具或采用带乳白玻璃光罩的灯具，也可以通过提高灯具的悬挂高度来实现。

眩光是指由于亮度分布不适当，或亮度的变化幅度太大，或由于在时间上相继出现的亮度相差过大，所造成的观看物体时感觉不舒适或视力减低的视觉条件。眩光按其引起的原因分直射眩光和反射眩光两种。

一般说来，物体亮度与背景亮度之比超过 1∶100 时，就容易引起眩光。

为限制眩光可采用以下几种方法：

（1）限制光源的亮度、降低灯具的表面亮度。如对亮度太大的光源，可用磨砂玻璃等限制眩光。

（2）局部照明的照明器应采用不透光的反射罩，且照明器的保护角应不小于 30°；若照明器安装高度低于工作者的水平视线时，照明器的保护角应为 10°～30°。

（3）正确地选用照明器形式，合理布置照明器位置，并选择好照明器的悬挂高度是消除或减弱眩光的有效措施。照明器悬挂高度增加，眩光作用就减小。为了限制直射眩光，室内一般照明用的照明器对地面的悬挂高度，应不低于 2 m。

7. 色表与显色性

作为照明光源，还要求它发出的光具有良好的颜色。所谓光源颜色的显示性，一是人眼直接观察光源所看到的颜色，称为光源的色表；另外是指光源照射到物体上所产生的客观效果，即颜色的显色性。

如果各色物体受照的效果和标准光源（标准昼光）照射时一样，则认为该光源的显色性好（显色指数高）；反之，如果物体在受照后失真，则该光源的显色性就差（显色指数低）。

显色性最优的以显色指数为 100 表示，其余光源的显色指数小于 100。常用光源的显色指数见表 5.3。

表 5.3　常见光源的显色指数

光源	白炽灯	日光色荧光灯	白色荧光灯	高压汞灯	氙灯
显色指数	97	75～94	55～85	22～51	95～97

8. 阴　影

阴影的功能有两种，一种对视觉有害，另一种对视觉有利。

（1）有害的阴影。由于方向性照明及障碍物造成的阴影（如手的挡光）会使被照对象的亮度和亮度对比下降，对视觉工作是不利的。为克服不利的阴影需注意合理地布置灯具，特别是指向性很强的灯具，应避免在离开较远的地方分散装置，否则会使阴影扩大。另外，还需要注意提高照明的扩散度。

（2）有利的阴影。适度的阴影能表现出物体的立体感、实体感和材质感。物体上最亮部分和最暗部分的亮度比称为亮暗比。亮暗比小于 2∶1 时有平板感，大于 10∶1 时又过分强烈，而在 3∶1 时最理想。

9. 照明方式

照明方式可分为下列 3 种：

（1）一般照明。不考虑特殊局部的需要，为照亮整个工作而设置的照明。

（2）局部照明。为满足某些部位的特殊需要而设置的照明。此种照明方式往往采用机床工作灯、台灯、斜照型灯或反射型灯泡。

（3）混合照明。一般照明与局部照明共同组成的照明。对于工作位置需要较高照度并对照射方向有特殊要求的场合，宜采用混合照明。混合照明中的一般照明，其照度不宜小于该等级混合照明照度的 10% ~ 20%，且不宜低于 30 lx（$lx = 1\ lm/m^2$）。

二、常用电光源

1. 白炽灯

白炽灯是靠电能将灯线（钨丝）加热至白炽而发光。它由灯丝、支架、引线、泡壳和灯头几部分组成。白炽灯的灯丝通常由钨制成，这是由于钨的熔点高（3 680 K），蒸发率小的缘故。熔点高而蒸发率小的材料可以工作于较高的温度。灯丝的工作温度越高，其辐射的可见光在辐射总能量中所占比例越高，从而提高了发光效率。

2. 碘钨灯

碘钨灯是一种充碘的白炽灯，它应用了钨的再生循环原理，在点燃过程中，从灯丝蒸发出来的钨在泡壁区域内与碘化合成碘化物，大大减少了钨的蒸发。灯丝的工作温度可提高到 3 000 ~ 3 200 K，发光效率可以达 20 ~ 30 lm/W。但应注意，在使用管状的碘钨灯时，要严格水平放置，不然会因对流而使钨的再生循环不均匀，以致灯丝烧断。

3. 荧光灯

荧光灯是一种管壁涂有荧光物质（如卤磷酸钙）的低气压水银放电灯。

4. 高压汞灯

高压汞灯是一种高气压水银放电灯，它的外形是一个螺丝灯头式的灯泡，在硬质玻璃泡壳内还有一根石英玻璃放电管，固定在镀镍的铁丝支架和不锈钢环上。放电管中两端都有一个主电极，其中一端还有一个引燃极，在管内抽去空气后充以适量的水银和少量氩气。在泡壳与放电管之间抽真空或充氮气作为保护气体，以隔离外界空气温度对放电管内水银蒸气压的影响。

5. 氙气灯

氙气灯是一种内充高纯度氙气的弧光放电灯。由于放电所发出的光非常接近于日光，故有“小太阳”之称。

6. 高压钠灯

高压钠灯也是一种强弧光放电灯，它采用半透明多晶氧化铝陶瓷材料制成放电管，充入汞和汞钠剂，产生很高的钠蒸气压力，并充入惰性气体，以便辅助启动。

它在形式上与高压水银灯相似，一般没有辅助电极，启动时也不进行预热，但需要较高的启动电压（2 000 ~ 2 500 V）。启动后依靠离子对电极的轰击使电极加热而产生热电子发射。

7. 低压钠灯

低压钠灯由特制玻璃管制成，管内充入高纯钠和惰性气体，利用钠蒸气放电发光。虽然它有极高的发光效率，但它实际上是黄色单色光，显色性差。

8. 金属卤化物灯

金属卤化物灯是一种新型的气体放电灯，它是在高压水银灯中添加适当的金属卤化物，以提高光色和发光效率，例如 CRH1 在阅读灯等局部照明中采用了卤素灯。

9. 新型荧光灯

新型荧光灯是近年开发的节能新光源。它采用较细直径的玻璃管弯曲成圆环形、双曲形、H 形和双 D 形等。其内壁涂上三基色荧色粉，能发出近似于白炽灯的光色，但发光效率比白炽灯高。

10. LED 灯

LED 是半导体发光二极管，基本结构由一块电致发光的半导体材料组成，能够将电能直接转化为可见光，它改变了白炽灯钨丝发光与节能灯三基色粉发光的原理，而采用电场发光。

LED 灯的特点非常明显，具有光效高、耗能少、寿命长、稳定性高、响应时间短、适用性强、对环境无污染、多色发光等优点。

三、照明系统布置原则

（1）在灯具的悬挂高度较低（4 m 及以下）又需要较好的视看条件的场所，宜采用荧光灯。为了防止眩光和使照度分布均匀，不宜采用大功率的光源。

（2）照明开闭频繁、照度要求较低时，宜采用白炽灯，因为白炽灯的开关次数对其寿命没有什么影响。

（3）正常照明一般单独使用，也可与紧急事故照明、值班照明同时使用，但控制线路必须分开。紧急事故照明是在正常照明因故障熄灭的情况下，供继续工作或人员疏散用的照明，照明必须采用能瞬时可靠点燃的光源，一般采用白炽灯或卤钨灯。

（4）保证照明的质量：首先是要在量的方面，创造合适的照度（或亮度）；而在质的方面，要解决眩光、光的颜色、阴影等问题。

（5）保证光源的显色性和色温。

① 光源的显色性对视觉功能有很大的影响。

② 光源的色温会使人们有不同的冷暖感觉。同一色温下的光源，其照度不同时，人的感觉也不相同。因此，为了增加舒适感可根据不同环境的特点，选用适当的光源来调节冷暖感。

③ 改善光色可以采用显色指数高的光源。

（6）保证照度的稳定性。照度的不稳定不但会分散工作人员的注意力，对司机安全驾驶不利，而且将导致视觉疲劳。引起照度不稳定的原因是电源电压的波动。另外，由于光源的老化、灯具污垢增加均会降低照度。此外，灯具的摆动也会引起照度不稳定。为此必须注意灯具的固定及防止气流的冲击。

四、CRH380A 型动车组照明系统

动车组照明全部使用 LED 灯具，包括客室照明、通过台照明、厕所及洗脸间的照明、司机 1 室照明等部分。动车组灯具配置清单见表 5.4 及表 5.5。

表 5.4 CRH380A 型动车组照明装置清单

序号	设备名称	T1	M1	M2	M3	M4	M5	M6	T2	合计
1	ZMD-LED-A/3200 照明灯（1998）	4								4
2	ZMD-LED-B/3200 照明灯（1998）应急	2								2
3	ZMD-LED-F/3200 照明灯（1060）	4								4
4	ZMD-LED-A 照明灯（1998）		10	10	10		10	10	4	54
5	ZMD-LED-B 照明灯（1998）应急		2	2	2		2	2	2	12
6	ZMD-LED-D 照明灯（1060）								2	2
7	ZMD-LED-E 照明灯（2280）				2					2
8	ZMD-LED-H 照明灯（1290）					2				2
9	筒灯		17	17	17	14	17	17	10	109
10	筒灯				6					6
11	厕所镜前射灯筒灯	2	4	4	4		4	4	2	24
12	LED-PMDD-E16-A 单洗顶灯 800 100		1	1			1	1		4
13	厨房平面顶灯 600 150					3				3
14	平面顶灯 400 120					2				2
15	展示柜灯 400					2				2
16	吧台射灯					2				2
17	吧台内部灯					1				1
18	TG-TD-80-E11（观光区）	10							10	20
19	TD-80-E26/3200	10								10

动车组照明系统采用 DC 100 V 电源，主要灯具均满足照度不低于 200 lx 标准，客室照明顶灯与应急照明灯共用，在应急条件下，部分照明顶灯作为应急灯使用。

动车组（不含统型）客室顶灯采用额定功率为 30 W 的 LED 组合灯条，结构分为灯具和安装座；安装座用螺栓固定在车体上，连接 DC 100 V 电源，将灯具压入安装座并扣紧卡扣即可正常使用。通过台顶灯采用额定功率为 20 W 的 LED 组合灯条，结构分为灯罩和灯体。走廊顶灯、洗漱间顶灯和机械师室顶灯采用平面光源 LED 顶灯。

CRH380A 型动车组照明顶灯为卡口式 LED 灯条，外壳采用拉伸铝合金材料，并进行流线型设计。普通照明顶灯灯体内设置两路电源线路，每路电源交叉布置。应急照明顶灯使用专用应急照明电源线。乘务员室、机械师室、配电室顶灯采用平面 LED 顶灯。

动车组（含统型车）司机室照明由安装在司机室顶部的 3 盏 LED 筒灯完成，这 3 盏灯同时也作应急灯使用。夜间上车时，在操作车辆前，应先要将应急灯打开，再操作车辆。司机室操纵台中间位置设有阅读灯。

五、CRH380B 型动车组照明系统

（一）外部照明

外部照明系统由一个上部信号头灯、两个下部头灯（左/右）和两个信号灯（左/右）构成。外部灯安装在 1 和 8 车上，如图 5.26 所示，分为前照灯和标志灯两种，用于照亮轨道为司机提供清晰视野。外部灯可以在夜间、冬日光线较差及列车通过隧道 3 种情况下使用。

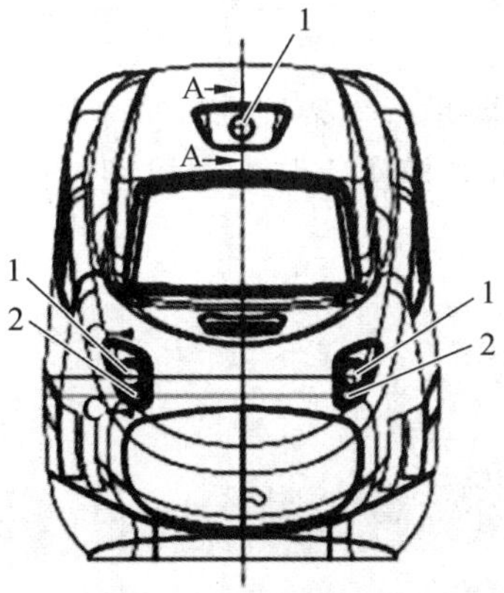

1—头灯；2—信号灯。

图 5.26　CRH380B 型动车组司机室外部灯

两个前照灯安装在司机室的空气动力学车头鼻部上，可通过前照灯主开关打开前照灯。前照灯的功效取决于司机室内前照灯模式选择器的挡位。标志灯（红色多动能 LED 前照灯）安装在每辆头车的空气动力学车头鼻部上。

（二）内部照明

内部照明的目的就是照亮整个车厢，为乘客和工作人员提供旅途生活和工作所必需的照明。内部照明按功能可分为应急照明和主照明两部分。按区域分为客室照明（行李架灯带）、客室阅读灯，还包括其他区域（盥洗室、通过台、司机室、机械师室、乘务员室、厨房）的顶部射灯，如图 5.27 所示。

（a）观光区照明

（b）通过台照明

图 5.27　部分车内照明设施

注：通过台照明为客室和外门之间通道的照明。

应急照明和主照明由控制台进行控制，司机控制台上的司机人机界面和乘客服务室里的人机界面操作如下：① 照明 0，应急照明和主照明关；② 照明 1/3，应急照明开；③ 照明 1，应急照明和主照明开。

1. 客室主照明

客室主照明（见图 5.28）主要是行李架灯带，行李架灯带安装在行李架的正下方，客室灯带为内置 LED 灯，不同长度的灯模块安装在支撑型材内部，支撑型材安装在行李架的正下方。

图 5.28　客室主照明

2. 顶部射灯

走廊、通过台、卫生间等区域，为产生一个变化的旅行环境，加强灯光照明效果，采用顶部射灯。射灯光源为 LED，分为 4 种：5 W（DC 110 V）、5 W（DC 12 V）、20 W（DC 110 V）、20 W（DC 12 V）。射灯附带相应的直流变压器（初级 DC 110 V/次级 DC 12 V）。

3. 阅读灯

一等车和 VIP 室座椅附近安装有单独开关的阅读灯（见图 5.29），阅读灯与按钮开关集成在一起，旅客可单独调节。阅读灯光源为 LED 灯（10 W、DC 12 V），附带相应的直流变压器（初级 DC 110 V/次级 DC 12 V）。

4. 司机室照明

为确保司机室区域具有足够的照度，司机室在头部设置照明设备（见图 5.30），司机室照明属于应急照明。司机室区域设置 6 盏 20 W（DC 12 V）射灯，射灯光源为卤素灯，射灯附带相应的直流变压器（初级 DC 110 V/次级 DC 12 V）。电气接口采用 WAGO 制造的插线式连接式连接器及接线端子。

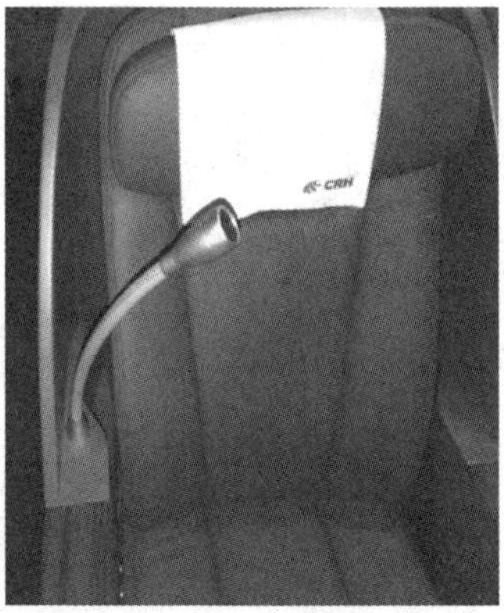

图 5.29　VIP 座椅阅读灯

图 5.30　司机室照明

【任务实施】

一、CRH380A 型动车组头灯更换

修程：二级修
周期：必要时
作业人员：2 名地勤机械师
作业时间：30 min/辆（1、8）
供电条件：无电作业

1. 安全防护及注意事项

禁止触摸发热部件。

2. 作业准备

作业工具：基本工具。

3. 作业程序及质量标准

（1）外观检查。检查远光灯、标识灯、近光灯无破损及不亮现象。
（2）更换近、远光灯，标识灯镇流器或灯泡。
① 切断头灯电源。
② 卸下后罩防护盖螺栓，打开头灯后罩防护盖。
③ 拔下头灯电线插座，卸下头灯后罩螺栓，打开头灯后罩。
④ 对损坏的镇流器或灯泡进行更换。
⑤ 恢复安装头灯后罩，接上头灯电线插座。
⑥ 恢复安装头灯后罩护盖。
（3）通电试验远光灯、标识灯状态良好。
（4）填写作业单据。
① 作业人员在作业结束后按照要求认真填写作业记录单，作业记录上不得涂改、乱画，保持作业记录单据整洁。
② 对作业中出现异常现象的部位和尺寸要做好记录，及时反映情况。
③ 填写后的作业记录单要统一保管，做到一车一档。

二、CRH380B 型动车组灯罩清洁、检查作业

修程：二级修
周期：6 个月
作业人员：2 名地勤机械师
作业时间：240 min/列（1、2、3、4、5、6、7、8）
供电条件：无电作业

（一）安全防护及注意事项

（1）中压和低压电气设备执行维护作业之前，须阅读必要的警告和安全注意事项。
（2）灯具附近没有高压，并且对灯具执行维护作业之前已切断灯具电源。

（二）作业准备

（1）作业工具：头灯、基本工具、洁净水。
（2）作业材料：布。
（3）防护用品：安全帽、劳保手套。

（三）作业程序及标准

1. 灯罩清洁检查

（1）①号作业者目视检查全列各灯罩是否被损坏，有无刮痕和积垢。如有损坏要及时进行更换。

（2）如有积垢，②号作业者拆下灯罩固定螺丝，手动扣开灯罩面板。①号作业者用柔软干净的布清除灯罩内外的污垢。清洁后②号作业者将灯罩重新安装好。

（3）送蓄电池后，①号作业者开启全列照明灯光，观察确认车辆照明情况良好，灯罩清洁干净。

2. 作业单填写

（1）作业人员在作业结束后按照要求认真填写作业记录单，作业记录上不得涂改、乱画，保持作业记录单据整洁。

（2）对作业中出现异常现象的部位和尺寸要做好记录，及时反映情况。

（3）填写后的作业记录单要统一保管，做到一车一档。

【任务自检】

1. 照明设计中一般应遵循哪些原则？
2. 分析 CRH380A 型动车组照明系统的组成。
3. 分析 CRH380B 型动车组照明系统的组成。
4. 简述 CRH380A 型动车组头灯更换的作业步骤。
5. CRH380B 型动车组灯罩清洁、检查作业所需作业工具及注意事项是什么？

任务三　动车组电茶炉维护与检修

【任务描述】

（1）熟悉 CRH380A、CRH380B 型动车组电茶炉的结构及工作状态；

（2）能够完成 CRH380A、CRH380B 型动车组电茶炉状态维护及检修。

【背景知识】

一、CRH380A 型动车组电茶炉

CRH380A 型动车组采用铁磁牌 TCL-12 型全自动电磁开水炉。本设备利用列车集中供电电源，采用先进的水电隔离高频逆变感应加热技术和非接触水位检测技术，取代了传统电开水炉中易失效的电热管和水位探针，具有安全节能、维护周期长的特点，且内外胆用不锈

钢材质制成，生水和开水隔开，可无人值守连续供应经超声波电磁消毒处理的新鲜保健磁化开水。

开水炉电气主回路主要是由漏电保护器 QS、滤波器、霍尔传感器 LD、整流电路 Q1、逆变器 T1、T2 和感应线圈 L3 等部件组成。AC 400 V 电源经漏电保护器 QS、滤波器进入电控箱，经过三相整流模块 Q1 后得到 DC 500 V 的直流电，由功率模块组成的半桥逆变器 T1、T2 把直流电转换成 25 kHz 的高频交流电，再供给感应线圈 L3，使感应线圈 L3 在产水箱内产生涡流，使之发热将水烧开。辅助电源 DC 100 V 通过开关电源供给控制板输入端 CZ1，输出 DC 24 V 电源，经整流供给稳压管 LM7815，使稳压管 LM7815 输出 DC 15 V 电源给控制板使用；开关电源另一次级输出 DC 24 V，供给电磁阀 DZ1。开水炉控制电路主要由 8 位单片微处理器及外围数字电路、脉冲驱动电路、水位传感器、温度传感器、稳压电源、指示灯、继电器及控制进水的电磁阀等部件组成，在微处理器的程序作用下，能根据产水箱水位的变化，控制电磁阀 DZ1 的开/关，逆变器 T1、T2 的启/停，具有断水保护、缺水自动进水、水位显示等功能。并且当逆变器 T1、T2 发生过流、过热等异常情况时开水炉能自动保护停机，等恢复正常且延时一定时间后再启动逆变器 T1、T2。另外，微处理器能根据逆变器 T1、T2 输出的电流电压相位信号调整工作频率，使逆变器 T1、T2 工作在最佳谐振状态。

其中，空气漏电保护开关 QS 的动作电流为 30 mA，响应时间为 100 ms，也就是当空气漏电保护开关 QS 检测到开水炉漏电流为 30 mA 以上时，空气开关 QS 切断开水炉主电源。空气开关 QS 的动作响应时间为 100 ms。压力温度控制器 K1 固定在加热腔内壁上，当探头检测到加热腔的中心几何温度为 130 °C 时，压力温度控制器 K1 动作，切断保险丝，开水炉停止工作，且不再恢复。65 °C 温度控制器 K2 安装在散热方管上，当散热方管的表面温度达到 65 °C 时，温控器 K2 闭合，单片机检测到闭合信号，将脉冲驱动封锁，开水炉停止工作，等待 3 min 后，再次检测温控器 K2 是否闭合。若断开，则开水炉恢复工作；若闭合，开水炉则继续停止工作，再次等待 3 min，不断检测。

漏电保护电路采用霍尔传感器 LD 检测，当直流漏电流达到 17 mA 时，霍尔传感器输出电压驱动线路板上的继电器，分励脱扣器得到电压，切断主电路的高压电源，完成保护。

（一）主要技术参数和使用环境

1. 主要技术参数

额定电压：AC 400 ×（1 ± 10%）V，50 Hz，三相三线制

额定功率：4.5 kW

产开水量：≥40 L/h（进水温度 18 °C）

储水量：≥18 L

出水水温：> 95 °C

补水装置：DC 24 V 直流电磁阀

降温速率：≤5 °C/h

进水水压：150 kPa

整机绝缘电阻：冷态≥5 MΩ，热态≥2 MΩ

整机电气强度：工频 1 800 V 无击穿、闪络现象

2. 使用环境

海拔高度：≤1 500 m

环境温度：+5～+45 °C

相对湿度：≤95%

储藏温度：−40～70 °C

（二）原　理

开水炉电器原理图如图 5.31 所示。

1. 电气控制原理

电气控制原理开水炉电器主回路主要由空气开关、整流桥、滤波器、逆变器、感应线圈等部件组成，单相交流电源经空气开关进入电控箱，再经三相整流桥把单相交流电整流成 500 V 左右直流电，由功率模块组成的全桥逆变器把直流电转变成 25 kHz 左右的高频交流电供给感应线圈，在产水箱腔体中产生涡流并使之发热，将水烧开。

开水炉控制电路主要由 8 位单片微处理器及外围数字电路、脉冲驱动电路、水位传感器、逆变器、温度传感器、稳压电源、指示灯、继电器及控制进水的电磁阀等部分组成，在微处理器的程序作用下，能根据产水箱水位的变化，控制电磁阀的开/关，逆变器的启/停，进行断水保护、缺水自动进水、水位显示等，并且当逆变器发生过流、过热等异常情况时自动保护停机，等恢复正常且延时一定时间后再启动逆变器，另外微处理器能根据逆变器输出的电流电压相位信号调整工作频率，使逆变器工作在最佳谐振状态。

2. 自动保温原理

开水炉由单片微处理器设置了自动保温程序，在储水箱满水位时能自动进入保温状态：即开水炉停止工作 3 min 后，能自行开启加热 8 s，这样保证储水箱中水温达到 95 °C 以上。

3. 水位控制原理（见图 5.32 水位控制流程图）

电开水炉供水方式为水泵供水，电磁阀通电后，冷水经过滤器、电磁阀、电控箱冷却方管后进入产水箱，当水位达到产水箱磁控管的上水位时电磁阀失电关闭，加热线圈开始工作，通过翻水式加热原理，开水翻入储水箱，随着产水箱的水不断下降，当水下降到产水箱磁控管的中水位时，电磁阀得电打开，当水位到储水箱磁控管的上水位时，电磁阀失电，就这样反复地补水直至翻入储水箱的水达到储水箱磁控管的上水位，加热线圈断电，停止加热，自动进入保温状态，当储水箱的水随着乘客的饮用下降至储水箱磁控管下水位时，电磁阀得电，产水箱补水至上水位，加热线圈开始工作，反复补水，直至储水箱的水达到储水箱磁控管的上水位停止加热（见图 5.33 水位显示及传感器组件示意图）。

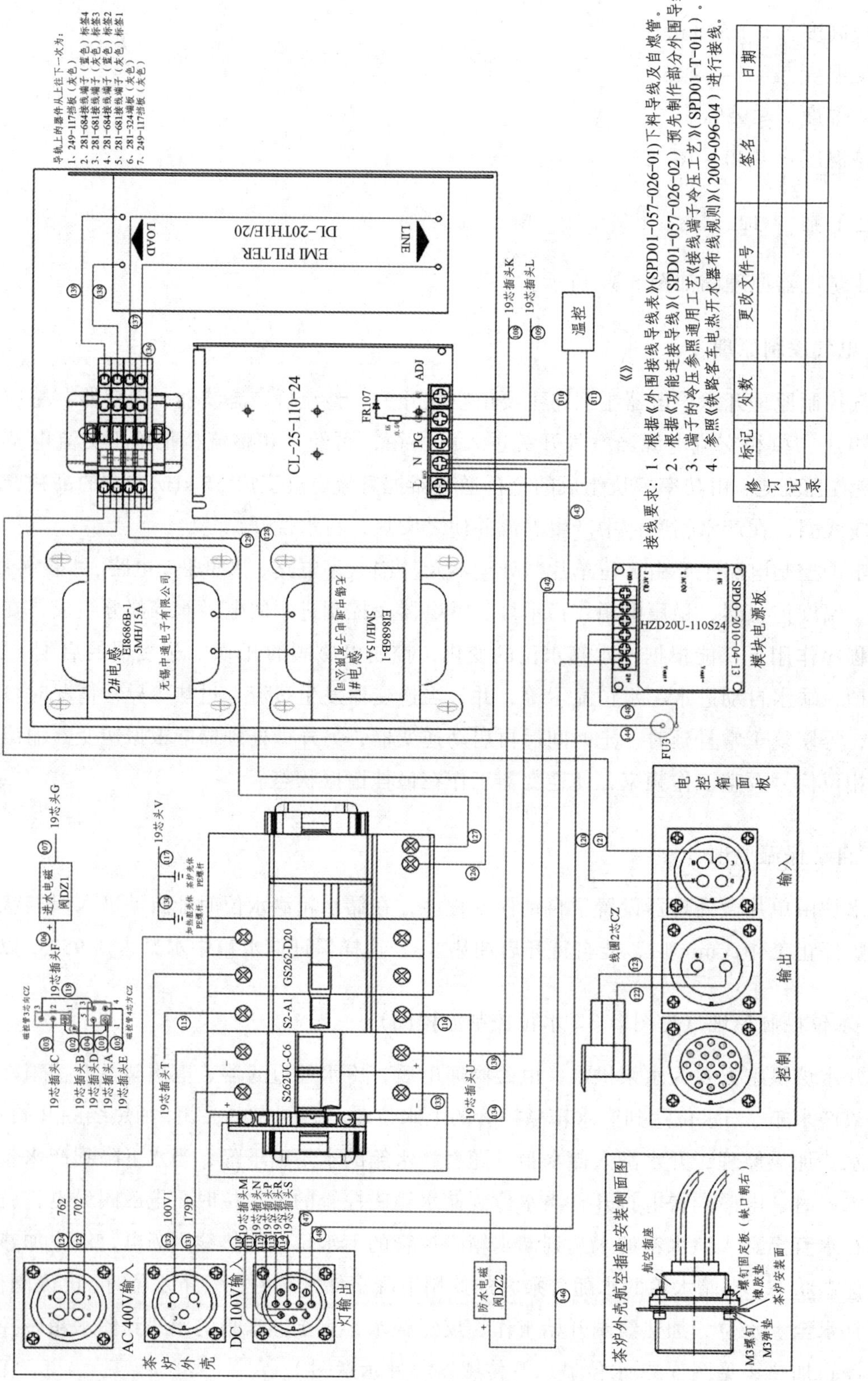

图 5.31 CRH380A 型动车组开水炉电器原理图

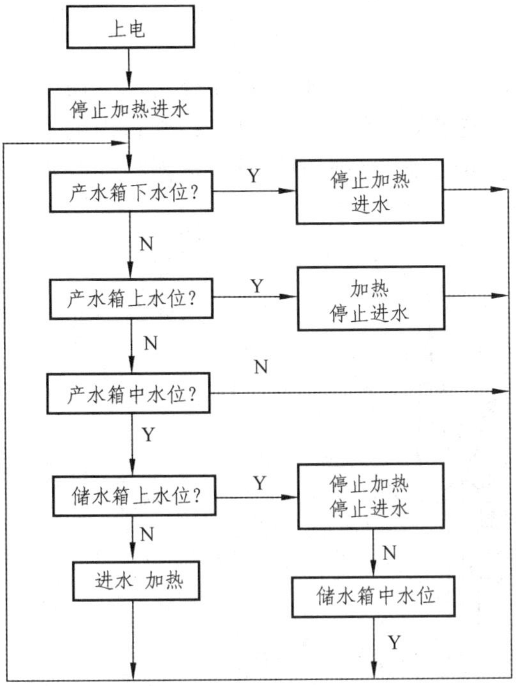

图 5.32　水位控制流程图

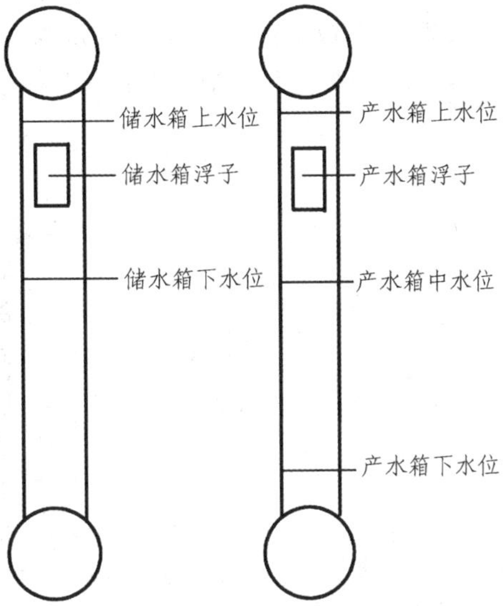

图 5.33　水位显示及传感器

4．二次保护（防干烧）原理

开水炉具有二次缺水保护装置，即当产水箱水位下降至中水位时，开水炉迅速进入补水程序，停止加热。开水炉装有压力温度控制器，即使在水位传感器失灵或发生器件损坏等突发情况下（产水箱内缺水，甚至无水，开水炉加热腔迅速升温），这时装在加热腔中的温度控制器能立即进入保护状态，使控制箱面板上防干烧保险丝熔断，切断控制线路板上的电源，防止加热线圈损坏。

5．放开水控制

储水箱内的开水通过管道接到电磁阀再接至面板上，打开面板上的按钮即能放出开水，供饮用。

6．漏电保护原理

空气开关至整流桥部分为交流电源，当电器线路中出现漏电现象超过 30 mA 时空气开关立即动作。

7．废水控制原理

电茶炉装有接水盘，乘客饮用水时少量滴落的水进入接水盘后流出电茶炉体外，排污管与整机排污管连通，即使在整机排水的情况下，污水不会倒流回接水盘中。当接水盘上端的管路发生泄漏时，水会直接滴入接水盘，然后经管道排出开水炉体外；当接水盘下端管路发生泄漏时，水会滴入位于开水炉下端的托板上，不会直接滴落在车辆地板上。工作人员对开水炉进行排水时，确定无泄漏后方可离开。

8．整机排水原理（见图 5.34）

电茶炉装有整机排水阀，当开水炉停用时，将 3 个排水阀打开，排空进水管内的水；开水炉水箱内的水，可以通过打开产水箱排污阀、储水箱排污阀进行排空；水箱内的水蒸气通过蒸汽冷凝器变成水滴后，滴入接水盘，经灰水单元排出开水炉体外，从而保证开水炉管道中的存水，在 0 °C 以下的气候中不会冻裂管路。

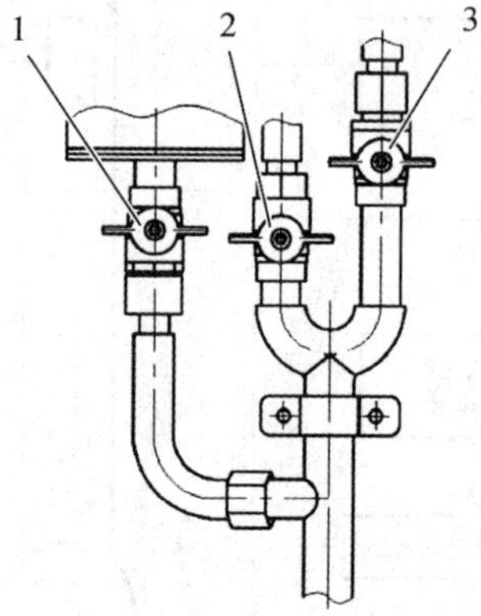

1—过滤器排水阀；2—储水箱排水阀；3—产水箱排水阀。

图 5.34　整体排水原理图

9．断水停机原理

当开水炉连续检测到供水水箱内的下水位信号后，判定供水水箱无水，当下水位信号消失后，触点释放，开水炉恢复正常工作。

（三）性能特点

（1）高效节能。采用技术先进的高频逆变感应加热原理，水电隔离，节能、热效率高、产水量稳定、结垢少。

（2）清洁卫生。无污染气体产生，放水嘴出水是刚沸腾、经电磁波杀菌、消毒的新鲜磁化开水。当冷水在产水箱中被涡流加热时，其水分子被高频脉动磁场的磁力线反复切割而磁化，水被磁化时改变了水中金属钙、镁离子与酸根离子间的聚合趋向，抑制了悬浮微粒在受热面上的附着力，这是磁化水的非生物效应；同时，由于水分子是极性分子，水经磁化后，单分子水的数量大大增多，其活性大大强于其他分子，因而磁化水有杀菌、消毒、治疗结石、帮助消化、镇静、驱虫、治疗溃疡等慢性病的作用，这就是磁化水的生物效应。磁化水对人体有祛病、防病、医疗保健作用，有助于缓解旅客旅行途中常有的“水土不服、胃口不佳”等不适应现象。

（3）除垢简单。因采用水电隔离的感应加热原理，结垢细而少，打开排污阀即可达到除垢效果，节省了排污费用并降低了劳动强度。

（4）安全可靠。加热元件抗振动、耐冲击，使用寿命长，整机能在垂直 5.9g，横向 2.9g，纵向 3.9g 的振动冲击下正常工作；不产生明火，被誉为安全型“冷加热”开水炉，功率变换器件采用世界名牌公司产品，可靠性高，并运用铝方管水冷却技术；整机绝缘电阻大于 20 MΩ

（冷态典型值 120 MΩ，热态典型值 40 MΩ），主回路电气强度经工频 2 500 V 无击穿、闪络现象。

（5）自动控制。全自动连续工作，减轻工作人员的劳动强度，具有瞬间过压过流保护、功率器件超温保护、断水保护、缺水自动进水、水位显示等功能。

（6）采用非接触磁敏水位检测技术，有效解决了通常用水位探针因带电离子沉淀加速产生水垢导致控制失效的问题。

（7）维护简便。电控箱、炉体及加热器活动连接，方便拆卸、检修和清洗，可方便地更换电控箱、加热线圈等部件。

（四）炉体结构

（1）开水炉的内部结构（见图 5.35）。开水炉由柜体、电气控制箱、产水箱、储水箱、加热腔、水位传感器、电磁阀等器件组成。

（2）控制箱是开水炉的功能控制部门，决定功率输出，它与水位传感器配合，具有开水炉过热、过流、缺水保护等多种功能。产水箱用于存放生水，与加热腔相连，加热腔中装入加热线圈，在交变电场作用下，产生磁场，产生涡流，是产生开水的热源。储水箱是存放开水用的，外接水位传感器，产生水位信息，控制开水炉的加热与关闭。

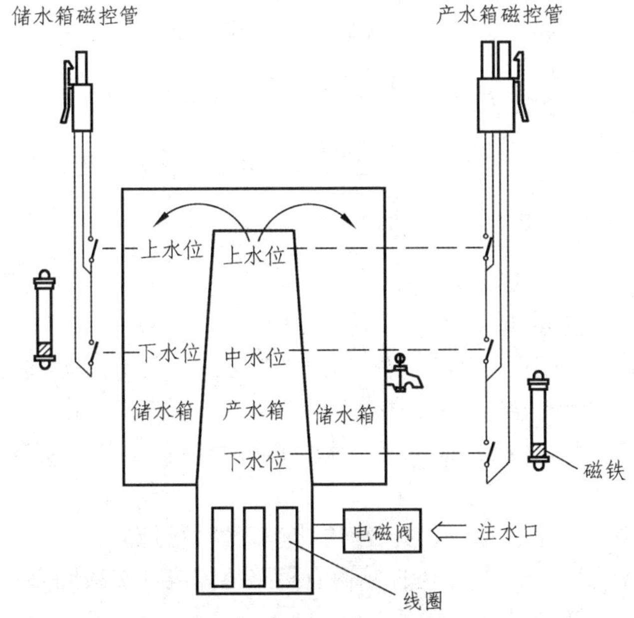

图 5.35　开水炉的内部结构

（五）操作使用及维护

（1）开机前后检查供电电压是否正常，保护接地线是否牢固、可靠，供水压力是否正常。打开产水箱、储水箱的排污阀，排除积水，然后关上排水阀，并关闭放水嘴。

（2）接通 AC 400 V、DC 100 V 电源，合上空气开关，绿灯亮，红灯亮，表示开水炉冷水处于规定的冷水下水位，即开水炉处于冷水缺水状态（此时开水炉会自动停止加热），电磁阀打开进水。红灯灭，表示开水炉冷水水位（产水箱水位）超过规定的冷水下水位。

（3）黄灯亮，表示开水炉正处在加热状态。

（4）黄灯灭，表示储水箱开水水位处于上水位（满开水状态），开水炉自动进入保温状态并停止加热。

（5）工作 20 min 左右，打开水龙头即可供应开水。

（6）开水炉停用后应切断电源，并打开产水箱、储水箱的排污阀，排除积水，冲去水垢，如果环境温度小于 0 °C 时，还应把过滤器内积水排尽，并关闭进水总阀让开水炉通电 1 min 以排除电磁阀内积水，防止冻结。使用前确保自动排气阀处于打开状态，保证防冻排空时能将管路的水排空，防止管路冻裂，影响开水炉的正常使用。

（7）定期（6 ~ 12 个月）打开产水箱、储水箱，清除箱内水垢（用毛刷或软布擦揩并用清水冲洗）。一周左右打开产、储水箱排污阀除垢一次，如需整车排水，则需打开排水电磁阀，排尽管道中的存水。

（8）定期（1 个月左右）清洗过滤器滤网。

（9）电控箱加热线圈禁止用水冲洗。

（10）各种水管如发生漏水，应及时排除，严禁有水滴入加热腔或加热线圈上。

（11）电控箱或加热线圈有故障时，可更换整个部件。

（12）未经培训的人员不得随意拆卸电控箱及加热线圈。

（13）维修后应进行泄漏检查，无漏水后方可正常使用。

（六）常见故障及检修方法

当发现开水炉工作异常时，应首先检查供电电源是否正常，进水管、过滤器是否有脏堵，水压是否正常。

1. 故障报警

本设备设置了如下几种故障报警：

（1）红灯连续闪：提示进水时间过长。可能原因是：① 水压不足；② 电磁阀失效：进水很慢或根本不进水；③ 水位传感器故障。

（2）黄灯不断地连续闪 2 次：提示某一水位传感器组件中的干簧管继电器有两个以上同时闭合，需更换。

（3）黄灯不断连续闪 3 次：提示电控箱内功率管器件过热。

（4）黄灯不断地连续闪烁：提示电控箱内有短路故障或加热线圈和加热腔间的绝缘击穿，或加热线圈匝间短路，或线圈开路。

2. 常见故障及现象

（1）电磁阀：① 不进水或进水太慢，主要原因是水压过低或电磁阀中有杂物，水垢堵塞。② 关不断，常见原因为异物卡住。③ 不动作，原因为电磁阀线圈烧断。

（2）水位传感器组件：① 浮子不随水位升降而升降，主要原因有浮子内进水或浮子被水垢等异物卡住。② 浮子升降时无相应的灯亮灭、加热声及电磁阀的开、闭声，主要原因为干簧管继电器或浮子内永磁体失效，或与电控箱间的接插件故障，或电控箱故障。

（3）电控箱：① 黄灯不断地连续闪烁，表示设备处于过流保护状态。主要原因有 IGBT 管击穿，或驱动电路故障。② 黄灯不断地连续闪烁 3 次，表示设备处于过热保护状态。主要原因有冷却管中水温过高（>65 °C），或进水水温过高，或温控继电器故障。③ 连续跳空气开关，主要原因有 IGBT 管击穿、过压保护器件击穿、过压吸收电容坏、三相桥堆击穿等。

二、CRH380B 型动车组电茶炉

CRH380B 型动车组电热开水炉

目前 CRH380B 型动车组采用的是 WSD-5020AT3 电热开水器，主要由烧水箱、储水箱、附水箱、电器箱、灰水箱及管道组成（见图 5.36）。该电热开水器有 3 种布局，分别命名为 A 型（用于 EC01/08 车），B 型（用于 TC02/07、IC03/06），C 型（FC04 车）。A 型与 C 型的区别在于面板距炉体的位置不同，A、C 型与 B 型的区别在于检修门的位置不同，电热开水器的进水接口在上面。

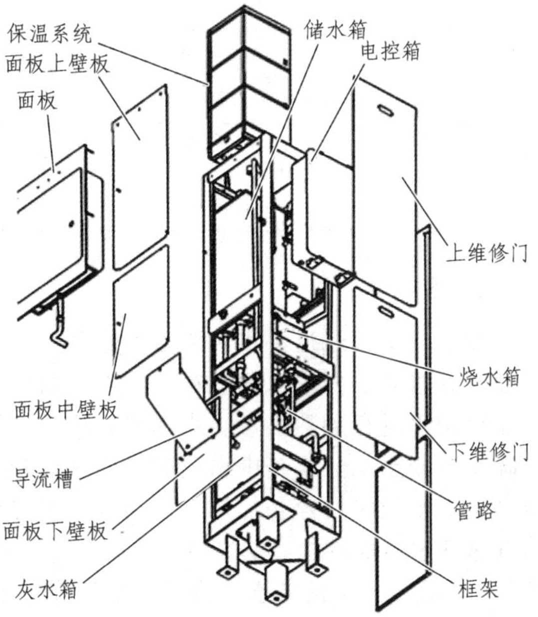

图 5.36　WSD-5020AT3 电热开水器结构图

在供水、供电的条件下，整个烧水过程自动完成，并且具有缺水保护，防冻排水，灰水箱自动排水等功能。该机具有缺水保护功能，电热开水器在列车运行过程中，所有控制自动进行，当出现缺水故障或列车供水水箱缺水，缺水信号灯亮，电热开水器会自动停止烧水。烧水箱和储水箱分开，生水与开水绝无混合，提供纯正开水。当电热开水器环境温度 < 4 °C、>45 °C，电热开水器自动处于保护状态，并停止工作。电热开水器加装了除垢装置，延长了电热管及水箱的维修保养周期。电热开水器设置排水按钮，在列车到需要进行排水时，按下排水按钮可以自动打开排水电磁阀，电热开水器内的水经底部的排水管路排出车外。车下排水管路装有加热敷层。电热开水器在正常供电条件下，在列车运行期间，可以保持水温>95 °C。

（一）主要参数

电茶炉技术参数见表5.5。

表5.5　电茶炉技术参数

项　目	WSD5020AT3	备　注
额定电压/V	正常工作： 440 V / 60 Hz（427 ~ 467 V） 380 V / 50 Hz（367 ~ 407 V）－1 345 V / 47 Hz（332 ~ 372 V）－2	三相三线制，无中线
加热功率/kW	4.8	在交流440 V的条件下
总功率/kW	5	在交流440 V的条件下
产开水量/（L/h）	≥40	进水温度≥18 °C
出水温度/°C	≥95	烧水箱的出水温度
开水储水量/L	≥18	有效容积
外形尺寸/mm	宽×厚×高　380×380×1 820	不含面板
电压允许波动值/%	＋6%～－3%	
使用环境	工作温度：4～＋45°C 相对湿度：≤95%； 最大海拔高度：1 500 m	

（二）工作原理（见图5.37）

在保证供水、供电的条件下，水箱通过供水管路给电热开水器不间断供水，非饮用水从电热开水器的供水口经过除钙和过滤装置进入附水箱。从附水箱经过单向阀进入加热水箱，由加热水箱的电加热管给非饮用水进行加热消毒。水沸腾后从翻水膨胀筒上端跃出，进入储水箱，使加热水箱水位下降，当降至加热水箱中水位时电磁阀打开补水，至上水位时停止补水。当储水箱内开水水位升至上水位时，停止加热，自动进入保温状态，在储水箱满水位时能自动进入保温状态，即电热开水器能在自动关断3 min后，自行开启加热8 s，这样保证储水箱中水温达到95 °C以上。当取用开水使储水箱内开水水位降至中水位时，再次开始加热。如此即可连续不断地供应开水。如果长时间没有取用开水时，当温度下降一定程度后，储水箱的温度传感器传出信号，储水箱排水管上的电磁阀开启，排空储水箱内的开水，充分保证储水箱中水温达到95 °C以上。电热开水器的控制电路主要由8位单片微处理器及外围数字电路、脉冲驱动电路、水位传感器、温度传感器、稳压电源、指示灯、继电器及控制进水的电磁阀等部分组成。在微处理器的程序作用下，可以根据水箱水位的变化，控制电磁阀的开关，具有断水保护、缺水自动进水、水位显示等功能。该机具有缺水保护功能，当机器出现故障或列车供水水箱缺水，干烧信号灯闪烁，开水器会自动停止烧水。电热开水器具有双重缺水保护。当加热水箱水位下降至下水位时，电热开水器将迅速进入补水程序，停止加热。同时电热开水器又安装有压力温度控制器，在水位传感器失灵或发生器件损坏等故障情况时，加热水箱内缺水，甚至无水，电热开水器加热腔迅速升温，这时装在加热腔中的温度控制器能立即进入保护状态，防止加热线圈损坏。

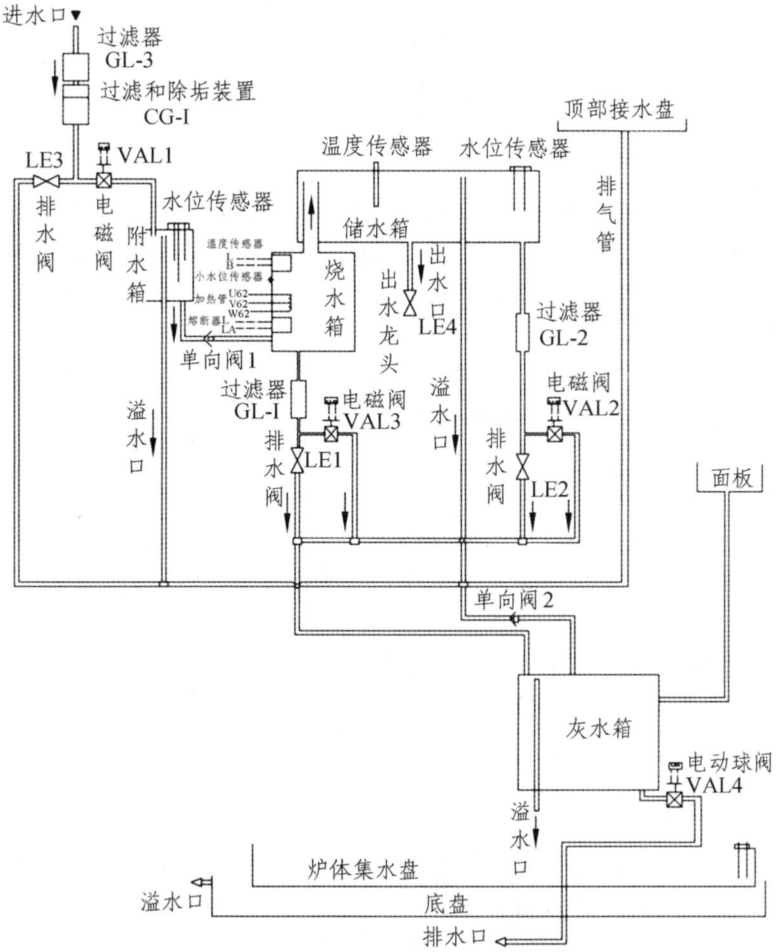

图 5.37　WSD5020AT3 型电热开水器水路原理图

（三）电茶炉的主要功能及特点

1．产生热水

（1）功能。净水箱的水由水泵抽到饮水机内，经过过滤消毒杀菌，再由热水电磁阀控制进入副水箱，经过单向阀在进入烧水箱内进行加热，烧开的水溢到储水箱内供饮用。

（2）特点。饮水机的供水是由水泵从净水箱抽上来的，如果水泵故障饮水机就不能工作；过滤是通过过滤缸内的过滤介质过滤水中的一些微量元素达到饮用水标准，要求 3 个月更换一次过滤介质；杀毒是靠紫外线灯杀毒。

2．强排水

（1）功能：在副水箱的排水球阀上安装了排水开关，打开副水箱排水球阀时强力排水也启用。

（2）目的：强排水是为了使水泵进出口管路中的水排出，使得所有管路中的水彻底排除。

3. 车下净水箱缺水保护

（1）功能：净水箱没有水时，饮水机的热水电磁阀断电，水泵停止工作。

（2）目的：防止水箱缺水时水泵继续工作，长时间空转造成水泵损坏或影响使用寿命。

4. 饮水机水箱缺水保护功能

水泵故障，无法供水，进水管路堵塞或漏水，热水电磁阀故障，水位检测故障，大约 3 min 后缺水保护功能启动，供热指示灯闪烁。饮水机水箱缺水保护目的：防止加热管烧干烧坏。

5. 防烧干保护功能

当水位传感器失灵，烧水箱内无水或水少时加热管停止工作，当加热管表面温度达到 120°时加热管自动断电，并报故障，电源灯闪烁。

6. 低温保护

（1）功能。饮水机供电时，自动检测水泵内部温度，如果温度低于 13 °C（环境温度低于 4 °C）时，饮水机进入待机状态，水泵工作，等到温度高于 13°（环境温度高于 4°）时自动工作。

（2）目的。水泵内温度达到 13 °C 时水泵内的水才能完全解冻，否则会损伤水泵，环境温度低于 4 °C 时，饮水机的管路中水处于固态或者固液双态，此时饮水机工作会造成水泵、电磁阀、管路及控制功能损坏失效。

7. 漏电和过载保护功能

当供电电源漏电≥30 mA 时，负载功率超过额定功率，自动断开电源开关，这种漏电和过载保护是电磁漏电保护断路器控制的。

（四）电茶炉控制面板指示灯的意义

（1）电源灯常亮：表示饮水机正常工作。

（2）电源灯闪亮：表示饮水机防烧干保护状态。

（3）热水灯常亮：表示饮水机开水可饮用。

（4）热水灯闪亮：表示饮水机或水箱缺水保护。

（5）冷水灯常亮：表示饮水机冷水达到 15 °C 以下。

（6）冷水灯闪亮：表示饮水机紫外线灯故障，杀菌消毒系统故障。

（五）电茶炉常见故障及处理方法

1. 根据指示灯判断故障和处理方法

（1）故障现象：电源灯不亮。

故障原因 1：电源开关没有闭合；处理：闭合空开。

故障原因 2：电源缺相；处理：检查输入电源。

故障原因 3：变压器故障；处理：更换变压器。

故障原因 4：发光二极管损坏；处理：更换发光二极管。
故障原因 5：饮水机内部控制板故障；处理：更换控制板。
（2）故障现象：电源灯闪。
故障原因 1：加热管烧干故障；处理：更换加热管。
故障原因 2：温度传感器故障；处理：更换温度传感器。
故障原因 3：副水箱水位传感器故障；处理：更换传感器。
故障原因 4：饮水机控制板故障；处理：更换控制板。
（3）故障现象：热水灯闪。
故障原因 1：车下净水箱缺水；处理：加水。
故障原因 2：热水电磁阀故障；处理：更换电磁阀。
故障原因 3：水泵或管路故障；处理：检查更换水泵及水泵隔膜，查看管路。
故障原因 4：副水箱水位传感器故障；处理：更换传感器。

2. 运用途中常见故障及处理方法

（1）故障现象：饮水机热水灯亮，但无热水。
故障原因：储水箱热水已冷却。
处理：打开水龙头，把冷水放出去。
（2）故障现象：饮水机不排水。
故障原因：排水电磁阀坏或排水口堵。
处理：更换电磁阀，库内疏通排水口。

【任务实施】

一、CRH380A 型动车组电茶炉检查及清洁作业

修程：二级修
周期：8 天
作业人员：1 名地勤机械师
作业时间：15 min/辆
供电条件：无电作业

（一）安全防护及注意事项

（1）电控箱、加热线圈禁止水冲洗。
（2）确保电控箱与防水罩密封。
（3）作业人员应按规定穿戴劳保用品。

（二）作业准备

（1）作业工具：基本工具、活扳手、五件套工具、电茶炉钥匙。
（2）防护用品：检修服、安全帽、劳保手套。

（三）作业程序及质量标准

（1）准备工作。确认动车组在供电状态，且电茶炉控制电源等空气开关处于闭合位。

（2）电茶炉检修。

① 开电茶炉外部检查门：确认检查门动作良好，固定螺栓无松动、丢失。

② 检查管路：确认茶炉内部管路无漏水。

③ 排水：打开茶炉下部所有排水阀和热水水阀；确认排空茶炉内所有水。

④ 检查排水阀：确认排水阀门状态良好

⑤ 检查缺水指示灯：检查茶炉排水后，确认缺水指示灯点亮。

⑥ 加水：关闭排水阀门，打开供水阀，对茶炉进行加水；水满后，确认缺水指示灯灭。

⑦ 加热：水加满后，加热指示灯点亮，并开始进行加热；确认缺水灯灭，加热灯亮。

（3）电控箱检查。

① 漏水故障排除：各种水管如发生漏水，应及时排除，严禁有水滴入加热腔或滴到加热线圈上。

② 电控箱故障排除：电控箱或加热线圈有故障时，可更换整个部件。

（4）恢复作业。

① 检查是否漏水：维修后应进行泄漏检查，无漏水后方可正常使用。

② 关闭检查门：目视检查门关闭是否良好。

（5）填写作业单据。

① 作业人员在作业结束后按照要求认真填写作业记录单，作业记录上不得涂改、乱画，保持作业记录单据整洁。

② 对作业中出现异常现象的部位和尺寸要做好记录，及时反映情况。

③ 填写后的作业记录单要统一保管，做到一车一档。

二、CRH380B 型动车组电开水炉检查作业

修程：二级修

周期：40 万千米/360 天

作业人员：2 名地勤机械师

作业时间：30 min/辆

供电条件：无电或有电

人员分工：1 号负责检查及清洁，2 号人员负责打开、关闭相应盖板等，详细见作业程序。

（一）安全防护及注意事项

（1）作业人员应按规定穿戴劳保用品。

（2）无电作业前应确认动车组受电弓已降下，接触网已断电，接地杆已挂，停放制动已施加。

（3）作业时注意尖锐角边可能造成绊倒、挤伤事故以及皮肤割伤。

（4）作业过程中作业工具、材料及配件定置摆放。
（5）电控箱、加热线圈禁止用水冲洗或湿布清洁。
（6）注意烫伤。
（7）确保电控箱门与防水罩密封。

（二）作业准备

（1）作业工具：头灯、四角钥匙、万用表、叉口扳手、毛刷、活口扳手、兆欧表、内六角棍。
（2）防护用品：干净白布、安全帽、劳保手套。

（三）作业程序及质量标准（见表 5.6）

表 5.6　作业程序及质量标准

序号	作业项目	作业内容及标准	检查实物
1	工前准备	（1）确认作业计划单中的作业车组号及股道。 （2）确认作业股道接触网已供电，动车组已供电。 （3）按照工具清单和物料清单清点工具和材料	
2	外部检查		
2.1	面板检查	（1）电茶炉外部门板状态良好，无破损、变形、变色等。 （2）茶炉外观良好，金属表面无变形、裂纹、锈蚀等。 （3）安装牢固，无松动、脱落等。 （4）安全标识清晰、完整，正位、牢固。 （5）指示灯无缺失，状态良好，标注清晰	 电茶炉
2.2	出水阀	（1）外观良好，位置正确，无变形、裂纹等。 （2）安装牢固，无漏泄、松动、脱落、丢失等。 （3）红色按钮外观良好，安装牢固，无变形、破损、裂纹、缺失等。 （4）按压按钮，作用良好，出水正常。 （5）水嘴无松动、滴水	 出水阀
2.3	接水盘	（1）外观良好，无变形、破损、裂纹等。 （2）安装牢固，与底座配合良好。 （3）取出接水盘，检查挂链外观良好，无变形、裂纹等；挂链两端连接牢固，无松脱。 （4）滤网外观良好，安装牢固，无松动、缺失等。 （5）排水功能良好，无异物堵塞	 接水盘

续表

序号	作业项目	作业内容及标准	检查实物
3	内部检查		
3.1	打开电茶炉侧面的检查门		 侧面检查门
3.2	打开上部门，切断电茶炉电源		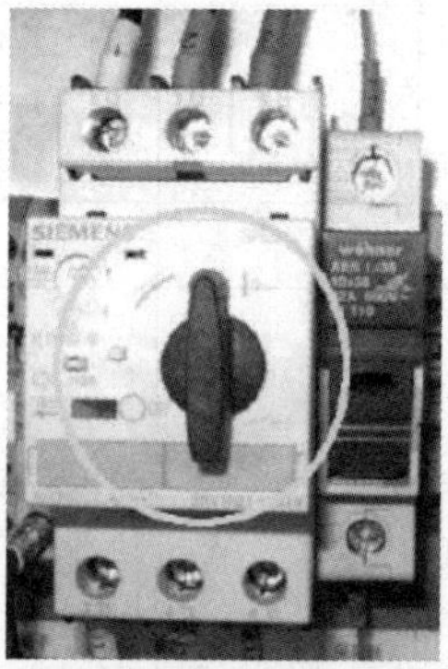
3.3	箱体检查	外观状态良好，无变形、裂纹、破损等；说明标识齐全、完整，无脱落、破损等	 电茶炉
3.3.1	螺栓	下部螺栓安装紧固，无松动、脱出，防松标记清晰，无错位，松动时拧紧至 95 N·m；橡胶座无老化、龟裂等	 固定螺栓

续表

序号	作业项目	作业内容及标准	检查实物
3.3.2	接地线	箱体接地线外观状态良好，无老化、断裂、烧痕、变色等；安装螺钉齐全、紧固，无松动、脱出、缺失等；安装座螺栓防松标记清晰，无错位	 接地线
3.3.3	管路	箱体管路连接状态良好，连接紧固，接头无渗水、滴水等	 管路
3.3.4	电源线	指示灯电源线状态良好，无断裂、碰磨，接头牢固	 指示灯电源线
3.3.5	加热盒检查	（1）加热盒外观状态良好，表面无裂纹、变形、损坏等。 （2）安装螺钉齐全、紧固，无松动、脱出、缺失等。 （3）传感器接线连接牢固，无松动、脱落、变色、烧痕等	 加热盒
3.3.6	管系检查	（1）各阀外观状态良好，安装牢固，阀体正位。（注意：阀手柄全部处于与排水阀垂直位置为关，平行为开。） （2）管路状态良好，无变形、裂纹、损坏、锈迹等；接头及管体无漏水、渗水等。 （3）各安装座无裂纹、变形、松动、异位，固定螺栓齐全、作用良好。 （4）电磁阀外观状态良好，安装牢固，电线良好，无松动、变色、烧痕等	 管系

续表

序号	作业项目	作业内容及标准	检查实物
3.3.7	下部管路检查	（1）外观状态良好，无变形、裂纹、损坏、漏水、渗水等。 （2）管路防寒材外观状态良好，无破损、脱落等；固定卡捆扎良好，无松动、断裂等	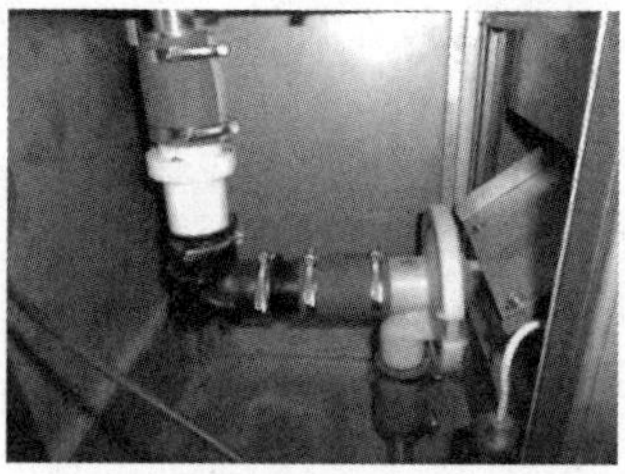 管路
4	清理工作	作业完毕对作业现场进行清理。确保作业工具、材料无遗漏，做到“工完、料净、场地清”	

【任务自检】

1. 分析 CRH380A 型动车组电茶炉的电气控制原理。
2. 画出 CRH380A 型动车组的水位控制流程图。
3. 简述 CRH380A 型动车组电茶炉的性能特点。
4. 当 CRH380A 型动车组电茶炉的红灯连续闪烁，并提示进水时间过长时，试分析原因。
5. 分析 CRH380B 型动车组电茶炉的工作原理。
6. 分析 CRH380B 型动车组电茶炉产生热水的功能及特点。
7. 当 CRH380B 型动车组电茶炉出现饮水机热水灯亮，但无热水的情况时，分析故障原因，并说出处理方法。

任务四　动车组影视系统维护与检修

【任务描述】

（1）熟悉 CRH380A、CRH380B 型动车组影视系统的结构及部件功能；
（2）能够完成 CRH380A、CRH380B 型动车组影视系统视频装置检修。

【背景知识】

CRH380A 型动车组旅客信息系统

一、CRH380A 型动车组影视系统

（一）系统概述

CRH380A 型动车组影视系统由干线以太网络贯穿全列，在 5 号车影视机柜内布置一台主控机作为全列影视系统的管理中心及数据存放中心实现集中控制，通过以太网将流媒体音视

频信号非实时传输给每个车厢的网络交换机，每辆车的影视机柜内通过以太网将网络交换机信号传输给子系统服务器，可以缓存视频信息，通过子系统服务器将视频 VGA 信号传输给每一台视频终端（电视），以增加视频终端的清晰度。VIP 座椅附带视频终端支持点播功能，故该车影视机柜内布置有 VIP 主控机，收发网络交换机视频信号可以集中上传视频内容并控制客室内普通视频终端。网络交换机通过以太网将视频信号传输给 VIP 座椅转接盒，随后将电源和视频信号传输给 VIP 影视控制盒和视频端。

1．影视播放功能

影视主机是全列车影视系统的管理中心及数据存放中心，通过列车干线以太网络将流媒体音视频信号非实时地发送到各车，由网络交换机通过车内以太网传送到影视存储模块加以存储，本车播放的节目由子系统服务器集中解码为 VGA 信号，通过双绞线传送到各液晶屏播出，各车车厢子系统服务器具有能够存放至少 2 套节目的缓存，播放节目由缓存中读取，同时，子系统服务器非实时地从列车干线以太网络接收将要播放的下一套节目。与此同时，系统兼有即时播放节目的功能。

在 5 号车乘务员室设影视系统监控屏，对全车的影视系统进行统一管理，同时影视系统监控屏通过 RS485 总线与广播系统通信，进行收音机系统位置与频点的设定、背景音乐的播放控制，对播出的公共音视频节目进行预览、监视、监听。同时，影视系统监控屏设 USB 口，通过大容量 U 盘连接方式可实现影视系统节目及播表的自动更新。

2．影视广播系统协同工作

系统在实现乘客影视娱乐的基本功能外，兼顾实现与列车广播系统的切换对接。每车的广播系统在其本身内部提供一对无源常开触点进行控制。

（1）当广播系统进行全列车背景音乐广播时，该指令由影视系统监控屏通过 RS485 总线通知广播系统播放背景音乐，播放的音源为 MP3 或 FM 节目，同时通过列车干线以太网络总线控制 1-0 号车影视系统将全车扬声器转为广播状态，但是 1、0 号车 VIP 座椅耳机和一等车座椅耳机不进行广播切换。

（2）当广播系统进行全列车人工广播或自动广播时，2 根广播信号线为导通状态，影视系统将全车扬声器转为广播状态，VIP 座椅耳机、一等座椅耳机所有频道均转为广播状态；广播结束后，自动恢复为原来的工作状态。

（二）系统功能及硬件配置（见表 5.7）

1．媒体控制器Ⅰ/Ⅱ

媒体控制器Ⅰ/Ⅱ单元包含影视播放、影视存储、MP3 播放、交换机、信号发送、电源共 6 个功能模块。

表 5.7　CRH380A 型动车组影视系统硬件配置

<table>
<tr><th>序号</th><th>车厢</th><th colspan="3">设备名称</th></tr>
<tr><td>1</td><td rowspan="12">1 车</td><td rowspan="8">系统机柜</td><td rowspan="6">媒体控制器Ⅰ</td><td>影视播放</td></tr>
<tr><td>2</td><td>影视存储</td></tr>
<tr><td>3</td><td>MP3 播放</td></tr>
<tr><td>4</td><td>交换机</td></tr>
<tr><td>5</td><td>信号发送</td></tr>
<tr><td>6</td><td>电源</td></tr>
<tr><td>7</td><td colspan="2">车载 2U 电源</td></tr>
<tr><td>8</td><td colspan="2">一等车 2U 功放</td></tr>
<tr><td>9</td><td colspan="3">吊顶电视（带信号解码板）</td></tr>
<tr><td>10</td><td colspan="3">壁挂电视（带信号解码板）</td></tr>
<tr><td>11</td><td colspan="3">座椅音频控制盒</td></tr>
<tr><td>12</td><td colspan="3">耳机面板</td></tr>
<tr><td>13</td><td rowspan="9">2、3、4、6、7 车</td><td rowspan="7">系统机柜</td><td rowspan="6">媒体控制器Ⅱ</td><td>影视播放</td></tr>
<tr><td>14</td><td>影视存储</td></tr>
<tr><td>15</td><td>MP3 播放</td></tr>
<tr><td>16</td><td>交换机</td></tr>
<tr><td>17</td><td>信号发送</td></tr>
<tr><td>18</td><td>电源</td></tr>
<tr><td>19</td><td colspan="2">2U 电源</td></tr>
<tr><td>20</td><td colspan="3">吊顶电视（带信号解码板）</td></tr>
<tr><td>21</td><td colspan="3">壁挂电视（带信号解码板）</td></tr>
<tr><td>22</td><td rowspan="11">5 车</td><td rowspan="8">系统机柜</td><td rowspan="6">媒体服务器</td><td>影视播放</td></tr>
<tr><td>23</td><td>影视存储</td></tr>
<tr><td>24</td><td>影视主控</td></tr>
<tr><td>25</td><td>交换机</td></tr>
<tr><td>26</td><td>信号发送</td></tr>
<tr><td>27</td><td>电源</td></tr>
<tr><td>28</td><td colspan="2">车载 2U 电源</td></tr>
<tr><td>29</td><td colspan="2">二等车 2U 功放</td></tr>
<tr><td>30</td><td colspan="3">吊顶电视</td></tr>
<tr><td>31</td><td colspan="3">壁挂电视</td></tr>
<tr><td>32</td><td colspan="3">系统监视屏</td></tr>
</table>

续表

<table>
<tr><th>序 号</th><th>车厢</th><th colspan="3">设备名称</th></tr>
<tr><td>33</td><td rowspan="9">8 车</td><td rowspan="7">系统机柜</td><td rowspan="6">媒体控制器Ⅱ</td><td>影视播放</td></tr>
<tr><td>34</td><td>影视存储</td></tr>
<tr><td>35</td><td>功放</td></tr>
<tr><td>36</td><td>交换机</td></tr>
<tr><td>37</td><td>信号发送</td></tr>
<tr><td>38</td><td>电源</td></tr>
<tr><td>39</td><td colspan="2">车载 2U 电源</td></tr>
<tr><td>40</td><td colspan="3">吊顶电视（带信号解码板）</td></tr>
<tr><td>41</td><td colspan="3">壁挂电视（带信号解码板）</td></tr>
</table>

（1）影视播放模块。影视播放模块的主要功能是接收来自网络（由 DVI 控制器或影视主控发送）的视频流，进行重新编码后，转换为 VGA 信号经信号发送板输出给 LCD 显示器。

（2）影视存储模块。影视硬盘板主要是用于影视系统数据源的存储。影视硬盘板由硬盘板和 1 个 2.5 寸 SATA 固态硬盘组成。

（3）交换机模块。本交换机干线网络端口采用 100 Mbps 交换技术，支持全局网管，干线交换部分采用独特的 DCLOOP 技术，支持单环、相切环、耦合环等网络构架，可实现复杂网络冗余；核心交换电路采用模块化封装，各网络接口都配备了完善的 EMI 保护电路；网络接口采用 DB-9 连接器，保证在列车振动环境中网络接口的可靠连接。

交换机模块前面板端口、指示灯定义：端口 1、2、3、4 为百兆口；端口 5、6、7、8 为百兆干线环网端口；背板的 3 个端口分别对应于背板的 MDI1/MDI2，MDI5/MDI6，MDI9/MDI10 信号脚位，为百兆普通端口。

指示灯布局为 3 行 8 列，具体定义见表 5.8。

表 5.8　指示灯布局

序号	1	2	3	4	5	6	7	8
1	空	空	模块 A 环网指示（灭表示闭环，亮表示开环）	模块 A 运行指示（正常应闪烁）	空	空	模块 B 环网指示	模块 A 运行指示
2	背板 MDI9\MDI10 所对应端口连接指示	背板 MDI9\MDI10 所对应端口速度指示	背板 MDI5\MDI6 所对应端口连接指示	背板 MDI5\MDI6 所对应端口速度指示	端口 4 数据接收指示（正常应闪烁）	端口 4 数据发送指示（正常应闪烁）	端口 3 连接指示（正常应闪烁）	端口 3 速度指示（100 M 时长亮）
3	端口 6 数据接收指示	端口 6 数据发送指示	端口 5 数据接收指示	端口 5 数据发送指示	端口 8 数据接收指示	端口 8 数据发送指示	端口 7 数据接收指示	端口 7 数据发送指示

（4）信号发送模块。信号发送板作为影视播放板和车载 LCD 显示屏之间的中继，可完成长距离传输视频信号。每块信号发送模块提供 4 路（或 2 路）并行的差分视频信号输出。

（5）电源模块。电源模块采用标准 3U 板卡外形尺寸，将输入的 DC 110 V 电压变换成 DC 12 V 从背板和前面板连接器输出，为 3U 机箱内其他板卡和外设供电。

设计额定功率 150 W，针对列车应用环境集成了完善的保护单元，可进行过流、过压、短路等保护，可有效屏蔽来自电源前级的各种电磁干扰。

2．媒体服务器

媒体服务器单元包含影视播放、影视存储、影视主控、交换机、信号发送和电源共 6 个功能模块。

（1）影视主控模块。影视主控模块（见图 5.38）本身配置有 1 块 128 GB 固态硬盘，作为本地播放的媒体服务器。通过监控屏的切换按钮，可以实现在实时流播和本地播放之间的切换。当切换为本地播放模式时，影视主控模块作为视频编码服务器，将硬盘中存储的多媒体信息按照播出单的编排顺序和规则，以 TS 流的形式对各视频模仿模块进行广播发送。各端口、指示灯作用见表 5.9。

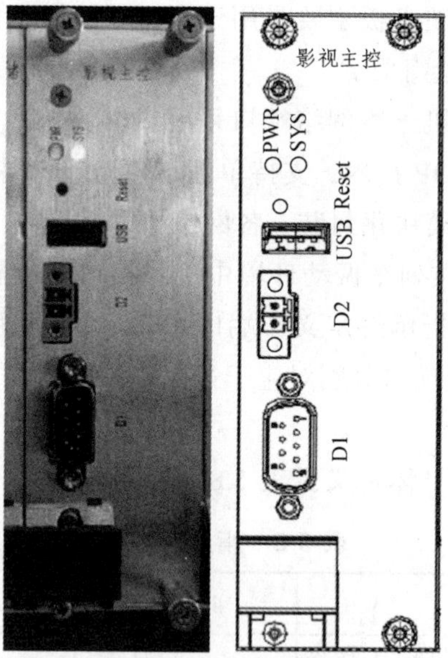

图 5.38　影视主控模块

表 5.9　端口、指示灯作用

端口\指示灯	功能定义
USB	USB2.0 接口，连接 USB 存储设备
D1、D2	预留音频输入端口，接外部音源
RESET	系统软复位
PWR 指示灯	电源指示灯，上电后亮红色
SYS	系统工作状态指示灯，启动后亮绿灯

（2）影视播放、影视存储、交换机、信号发送、电源模块结构及功能与媒体控制器的各模块一致。

3. 车载 2U 稳压电源

每个系统设备箱配有一个采用标准 2U 结构的电源（见图 5.39），将输入的 DC 110 V 电压变换成 DC 24 V 输出，额定功率 600 W，有 1 组 DC 110 V 输入接口和 7 组 DC 24 V 输出接口，为客室吊顶 LCD 显示屏、壁柜 LCD 显示屏、监控屏供电。针对列车应用环境集成了完善的保护单元，可进行过流、过压、短路等保护，可有效屏蔽来自电源前级的各种电磁干扰。

图 5.39 车载 2U 稳压电源外部形态图

车载 2U 稳压电源及电源板不需要日常进行维护，但应该保证设备箱内部风扇正常工作，3U 机箱侧面散热孔不被堵塞，避免 3U 机箱内部局部过热，导致电源故障。风扇工作不正常时，应及时更换风扇。车载 2U 稳压电源及电源板的故障检查方法如下：

（1）观察：打开总电源开关，通过设备的通电指示灯，观察电源的工作状态。

（2）测量：用万用表测量电源输入输出。

（3）配合使用以上两种方法，可以判断出是否是电源故障。

（4）观察 3U 机箱的电源指示灯在上电时，是否亮起，观察 LCD 吊屏、LCD 监控屏是否点亮。如果所有设备供电正常，表明电源工作正常，单个设备不工作表明单个设备有故障，部分不工作或全部不工作才表明电源出现故障。

（5）在换上新电源前，应先测量输入电压是否为 DC 110 V。电源上电后，车载 2U 稳压电源输出为 DC 24 V。空载测量没有问题后，再接入设备箱。

4. 一等车 2U 功放

本功放接收 3 路 MP3 信号，1 路视频伴音信号，1 路收音机音频信号和 1 路广播信号。正常工作时将 MP3 信号、伴音信号和收音机音频信号输出至音频分线盒，形成 5 路音频频道。

5. 二等车 2U 功放

本功放接收 1 路伴音信号和 1 路广播信号。正常工作时将伴音信号输出。当广播系统进行全列车人工广播时，广播控制触点闭合，所有输出信号全部改为广播信号输出。

6. 系统监控屏

系统监控屏作为整个系统的监控终端，安装于 5 车的机械师室，主要用于列车工作人员监控管理娱乐系统，具有音视频监控，账号管理，音视频素材更新，系统维护等功能（见图 5.40）。

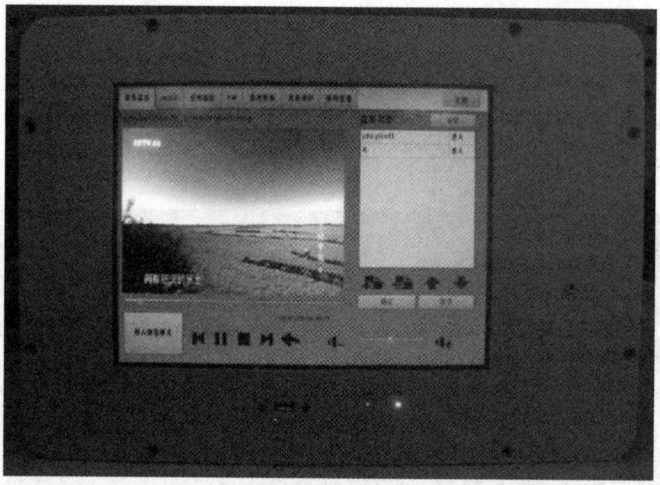

图 5.40　系统监控屏

7. 吊顶电视

每个客室各有两组 15 英吋车载液晶显示终端，连接到系统机箱的差分信号发送模块，将差分的视频信号转换为标准 RGB 信号，驱动 LCD 输出画面。主要播放影视主控存储和实时下发的视频节目，另可播放动画、图片和文字。

液晶面板采用 Sharp LQ15X1LG98，LED 背光彩色液晶屏，内置高分辨率驱动板卡，行频 30 ~ 94 kHz，场频 56 ~ 75 Hz，可以实现同步自动检测。最佳分辨率为 1 366 × 768。前面板设防护面板，均不设任何控制按键，不设扬声器。设有淡蓝色电源指示灯，有遥控功能，当液晶电视无 VGA 信号时自动进入蓝屏待机状态，此时电源指示灯为黄色；当检测到有 VGA 信号输入时，自动开机播放画面，此时电源指示灯为蓝色。

8. 壁挂电视

壁挂电视为单体 LCD 显示终端，嵌入到车厢墙体，其电气参数与吊顶电视相同。

CHR380B 型动车组
旅客信息系统

二、CRH380B 型动车组影视系统

CRH380B 型动车组影视系统包括音频娱乐系统和视频娱乐系统，完整的音频/视频娱乐系统在 VIP 车、一等车、二等车以及餐车上安装。乘客在旅途中可以进行音频/视频方面的娱乐和 WiFi 上网，音频/视频娱乐系统包含 4 个子系统。

（1）音频系统。包括 3 个 MP3 播放器、1 个 FM 收音机、视频伴音通道和音频播放的必要元件（座椅里的控制单元、耳机插座以及相关的线缆，仅一等车有），安装于一等车。

（2）视频系统。包括 1 个中央视频娱乐单元（VER）、每个车厢各 1 个 CCT，除 VIP 车的其他各车均有车顶电视。

（3）VIP 车 VIP 娱乐单元（VEU）系统。每个 VIP 座位上的 VEU 和其控制面板以及相关的电缆。

（4）WiFi 服务系统。包含安装在每节车的 1 个 WiFi 路由器和安装在 BC09 车的 1 个 VER 中的服务器。

音频/视频娱乐系统是旅客信息系统（PIS）的一个子系统。音频/视频娱乐系统与 PIS 系统的接口如下。

（1）MP3 播放器通过 PIS 系统控制器来控制。

（2）FM 收音机通过系统控制器控制。

（3）装有电视的二等车的音频信号（背景音乐）通过扬声器系统播放。

（4）音频系统和背景音乐音量能通过系统操作终端来控制。

（5）VIP 车乘客通过 VEU 面板来选择收看自己想要的节目。

（6）VIP 车可以通过 VEU WiFi 上网，其他车厢可以通过自备设备 WiFi 上网。

1．一等客室内系统设备

在一等车设置车顶电视和座椅控制器，视频信号通过车顶电视播放，一等车的乘客可以通过座椅上的音频控制面板选择收听视频伴音或者背景音乐。

2．二等客室内系统设备

在二等车设置车顶电视，电视伴音通过扬声器播放。

如何操作 CRH380B 型动车组旅客信息广播系统

3．乘务员室内系统设备

乘务员室设置音视频系统的主机，音视频系统的监控屏。监控屏的作用主要是监控一等车、二等车的车顶电视的播放情况。

4．商务车室内系统设备

在商务车每个座椅内设有内置式显示器，乘客可以通过触摸屏选择想看的节目，节目源通过局域网发送给每个终端设备。商务车内每个座椅上设有乘客的服务呼叫按钮，并在车厢的走廊处设置服务呼叫控制面板便于乘务员响应呼叫服务。

【任务实施】

CRH380A 型动车组视频装置检查作业。

修程：二级修

检修周期：6 万千米/60 天

供电条件：有电

作业人数：1 名机械师

人员分工：1 号负责所有作业内容，详细见作业步骤

作业时间：15 分钟/辆

注意事项：

（1）作业人员应按规定穿戴劳保用品。

（2）作业时防止磕碰伤。

作业工具：通用钥匙、头灯、万用表、毛刷、耳机，干净白布。

作业内容、标准见表 5.10。

表 5.10　作业内容、标准

序号	作业项目	作业内容、标准	作业图示
1	工前准备		
1.1	人员准备	1 名作业者（1 号）按规定穿戴劳保防护用品（工作服、劳保鞋、安全帽）	
1.2	工具、物料状态确认	1 号清点配送的作业工具及物料	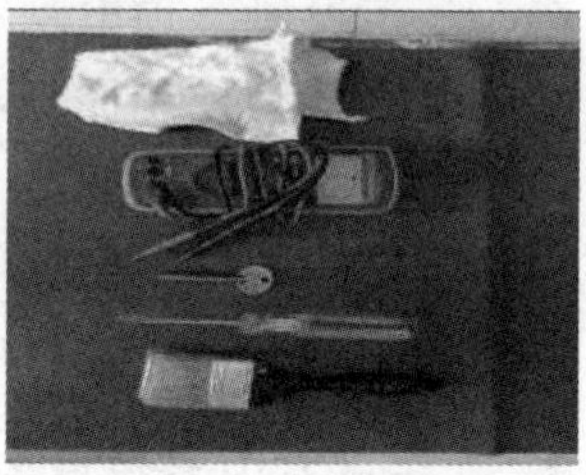
1.3	作业手续办理	（1）1 号同工长联系“申请有电作业”； （2）工长确认作业车组号及股道正确，停放制动已施加，送电完毕后到现场值班室领取有电作业牌，办理有电作业手续； （3）工长通知 1 号可以开始有电作业	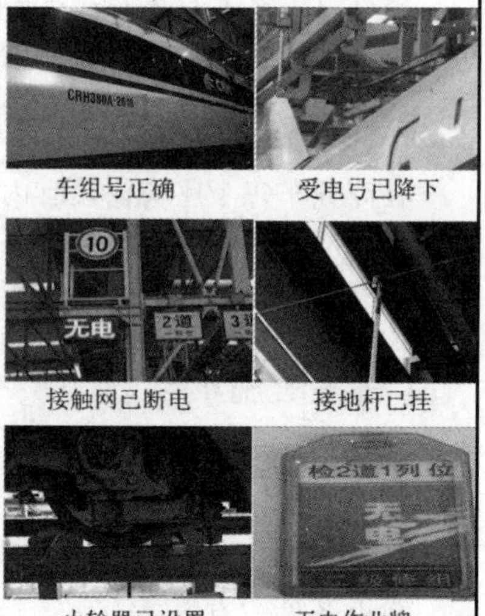

续表

序号	作业项目	作业内容、标准	作业图示
2	通电前检查		
2.1	LCD 屏幕及配电柜清洁	用柔软的干净白布清洁 LCD 屏幕，用毛刷清洁配电柜风扇及机柜内的灰尘，机壳表面沾有灰尘时，用干净白布擦拭（注：严禁使用酒精或以石油为基料的清洁剂）	 LCD 屏幕
2.2	主机柜检查	检查影视系统各设备及主机柜内产品安装紧固，配电柜内电气元件无烧损、变色；各安装螺栓齐全、紧固，无缺失、松动、脱出；防松标记清晰，无错位	 主机柜
2.3	检查安装状态	检查显示屏与车顶板、端板间安装状态良好，无松动、晃动现象，连接处牢固，无裂纹、变形损坏。 当系统长期不使用时，应定期（如每周/每月）对系统进行点检。在列车运行之前的准备工作时，也可以进行点检	 LCD 屏幕
3	系统上电检查	投入主控钥匙开通视频系统总电源，检查全部设备电源指示灯工作正常，自检测指示工作正常，检查视频显示情况，音频输出情况，关闭影视系统总电源。重复以上操作 3 次，系统工作状态正常，开通总电源进行下步作业	
4	通电检查		
4.1	风扇检查	检查主机柜风扇运转正常	
4.2	电压测量	检查电源输入输出在允许的波动范围之内。用万用表测量输入电压（189 号），测量输出电压（163A、164A、163B、164B、163C、164C、163D、164D、163E、164E、163F、164F、163G、164G）。确认额定输入电压：DC 100 V，波动范围：70～150 V，额定输出电压：DC 24 V（可调），控制范围：23～25 V	 主机柜

续表

序号	作业项目	作业内容、标准	作业图示
4.3	检查相应时间	检查从打开电源到系统开始播出节目，响应时间不大于 5 s	
5	检查视频、音频效果	检查车厢内全部 LCD 播放一体机正常播放，画面清晰。检查全系统只播放 1 路视频节目，系统的视频及其伴音做到同步播出	
6	检查耳机音质	检查一等座车座椅耳机各频道音频输出。耳机播出立体声伴音，音质清晰，无杂音，耳机音量可手工调节	
6.1	检查主机按键功能	操作影视主机按键，可以进行播放、暂停、快进、快退、节目选择，功放具有音量的调节功能	
6.2	模拟插播广播	模拟插播广播，视频伴音、音频自动转为暂停，广播结束后，音视频自动切换为原来的状态	
6.3	关闭设备	关闭影视系统电源，拔取主控钥匙	
7	完工确认	检查确认各车柜门锁闭良好，用手按压确认柜门无松动	
8	整理工具物料	1 号将工具和物料整理齐全，确认作业区周边卫生干净无杂物	
9	办理销号手续	1 号通知工长作业结束	

【任务自检】

1. 简述 CRH380A 型动车组影视系统功能。
2. 简述 CRH380A 型动车组影视系统的硬件配置及其功能。
3. 简述 CRH380A 型动车组影视系统视频检查作业过程。
4. CRH380B 型动车组影视系统由哪几个子系统组成？并简述各自功能。

任务五　动车组烟火报警系统维护与检修

【任务描述】

（1）熟悉 CRH380A 型动车组烟火报警主机的结构及部件功能；

（2）能够熟练使用 CRH380A 型动车组烟火报警系统。

【背景知识】

高速动车组的安全防护工作是不容忽视的重要工作。高性能的烟火报警系统作为保障动车行车安全的重要组成部分，可以大大减少火灾事故的发生，有效降低火灾造成的损失。

CRH380A 型动车组烟火报警系统全列只设一台烟火报警主机，每车厢设一个车厢控制器，客室、司机室、电气柜、厨房、卫生间及其他重点防火区域设置感烟探测器。烟火报警系统各设备布置如图 5.41 所示。

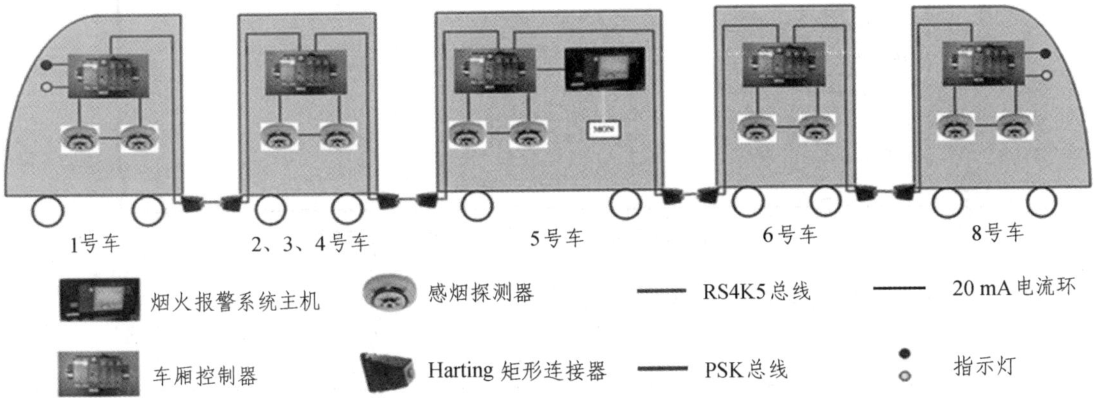

图 5.41　CRH380A 型动车组烟火报警系统设备布置情况

一、烟火报警主机

烟火报警主机采用菜单驱动监视和控制所有的系统功能，结构构成如图 5.42 所示。

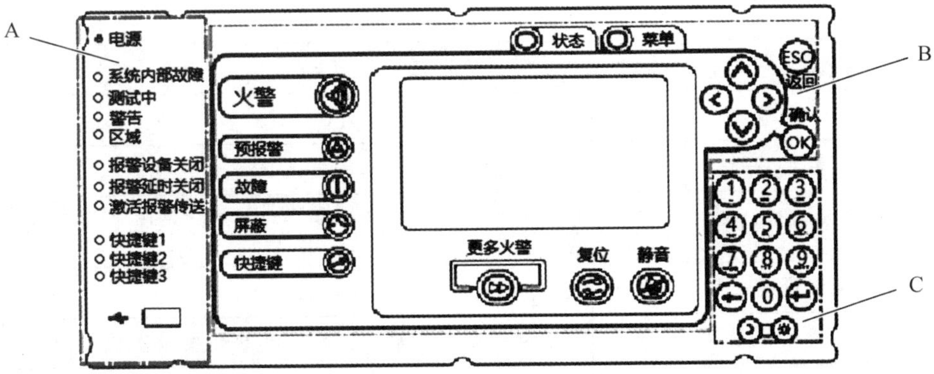

图 5.42　烟火报警主机

烟火探测系统是基于菜单操作的系统。通过不同的菜单，用户可以进入到系统的所有功能。整个控制盘分为 3 个部分：

A = 系统指示灯

B = 操作控制

C = 数字键盘

A 部分（见图 5.43）：系统指示灯。

火灾安全卫士——
烟火报警系统
（CRH380A 型动车组）

图 5.43 烟火主机控制盘的系统指示区域

系统指示灯部分包括下列指示灯（见表 5.11）：

表 5.11 系统指示灯

<table>
<tr><td>1</td><td>Power 电源</td><td></td></tr>
<tr><td></td><td>绿色常亮</td><td>控制面板电源正常</td></tr>
<tr><td>2</td><td>系统内部故障</td><td></td></tr>
<tr><td></td><td>黄色闪烁</td><td>系统存在一个严重的硬件故障</td></tr>
<tr><td>3</td><td>测试</td><td></td></tr>
<tr><td></td><td>黄色常亮</td><td>至少有一个区域被设置在测试模式</td></tr>
<tr><td>4</td><td>警告</td><td></td></tr>
<tr><td></td><td>黄色常亮</td><td>系统至少存在一个警告</td></tr>
<tr><td>5</td><td>区域</td><td></td></tr>
<tr><td></td><td>黄色常亮</td><td>系统至少有一个探测器或区域被屏蔽了</td></tr>
<tr><td></td><td>黄色闪烁</td><td>系统至少有一个探测器或区域处于故障状态（优先于屏蔽状态显示）</td></tr>
<tr><td>6</td><td>报警设备关闭</td><td></td></tr>
<tr><td></td><td>黄色常亮</td><td>至少一个报警输出，比如到警铃的输出被关闭了</td></tr>
<tr><td></td><td>黄色闪烁</td><td>至少一个报警的输出有故障</td></tr>
<tr><td>7</td><td>报警延时关闭</td><td></td></tr>
<tr><td></td><td>黄色常亮</td><td>报警延时功能关闭</td></tr>
<tr><td>9</td><td>快捷键 1-快捷键 3</td><td></td></tr>
<tr><td></td><td colspan="2">LED 发光颜色由系统配置决定</td></tr>
<tr><td>10</td><td>USB</td><td></td></tr>
<tr><td></td><td colspan="2">USB 连接口</td></tr>
</table>

B 部分（见图 5.44）：操作控制。

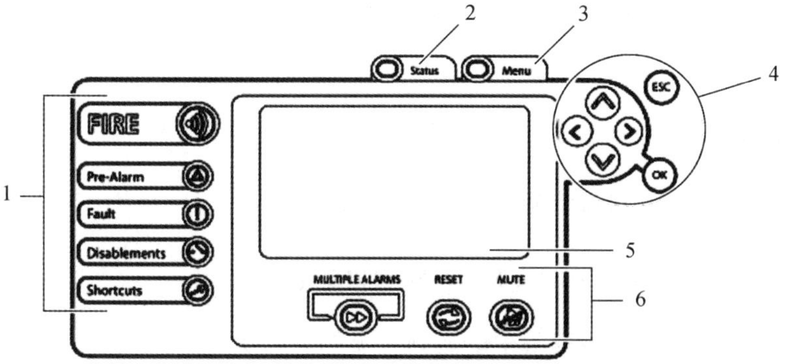

图 5.44　烟火主机控制盘操作控制区域

1．主要指示灯

Fire alarm 火警

按火警键直接进入火警清单。

指示内容：

红色闪烁灯光　　系统存在未被消声的火警

红色常亮灯光　　所有被确认消声的火警

Pre-Alarm 预报警

按预报警键直接进入预报警清单。

指示内容：

橙色闪烁灯光　　系统存在未被消声的预报警

橙色常亮灯光　　所有被确认消声的预报警

Fault 故障

按故障键直接进入故障清单。

指示内容：

黄色闪烁灯光　　系统存在未被消声的故障

黄色常亮灯光　　所有被确认消声的故障

Disablements 屏蔽

按屏蔽键直接进入屏蔽清单。

指示内容：

橙色常亮灯光　　系统至少存在一个被屏蔽功能的部件

Shortcuts 快捷键

按快捷键直接进入用户设定的清单。

指示内容：

橙色常亮灯光　　快捷清单和对应的指示灯（快捷键 1，快捷键 2 和快捷键 3）由定义文件定义。

2. 状　态

这个键直接进入系统状态，包含报警（火警和预报警），维护（故障和警告）以及屏蔽（活动的和周期性的）。

3. Menu 菜单

这个键直接进入主菜单和系统功能入口。

4. Navigation and Command Keys 导航和命令键

箭头键用于菜单的操纵和多选菜单的选择（见图 5.45）。

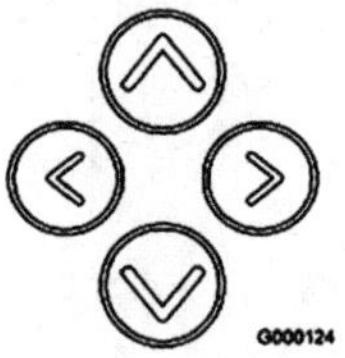

图 5.45　箭头键

ESC 返回

返回键用来返回最开始的屏幕。

OK 确认

确认键用来选中一个多选菜单或者接受一个功能。确认键同样用来显示一个选中项目的详细情况。

5. 显示屏

数字字母显示屏是一个带背光的 4.3″，480 × 272，16 位彩色屏幕。

6. 报警键

多个报警

按此键在不同的报警之间滚动，如果 30 s 内没有键操作，将返回到第一个火警的地方。

复位键

该红色按键用来复位一个选定的报警或者复位一个屏蔽项。

静音键

该绿色按键用来静音（确认）一个报警。

C 部分（见图 5.46）：数字键。

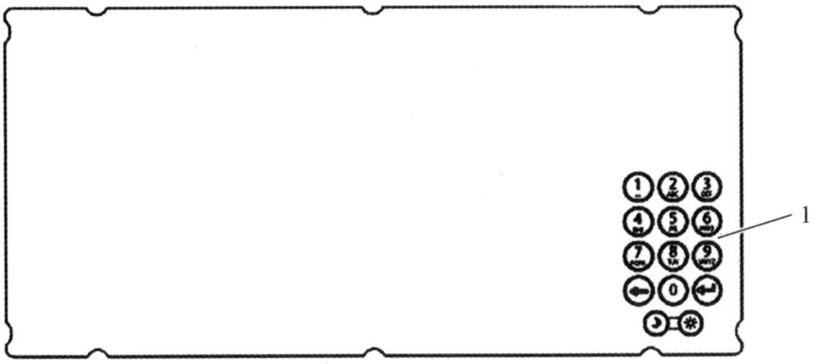

图 5.46　烟火主机控制盘数字键

数字键键 0-9

数字键用来向系统输入信息。

删除键

这个键用来删除文字显示中的字符。

回车键

这个键用来确认一个多选菜单或确认一个功能项。回车键还可以用来从一个选定的项目中选择详情。

白昼模式

设置控制盘指示灯的亮度/对比度到白昼模式。

夜间模式

设置控制盘指示灯的亮度/对比度到夜间模式。

二、感烟探测器

感烟探测器分点式和吸气式，实物如图 5.47 所示。

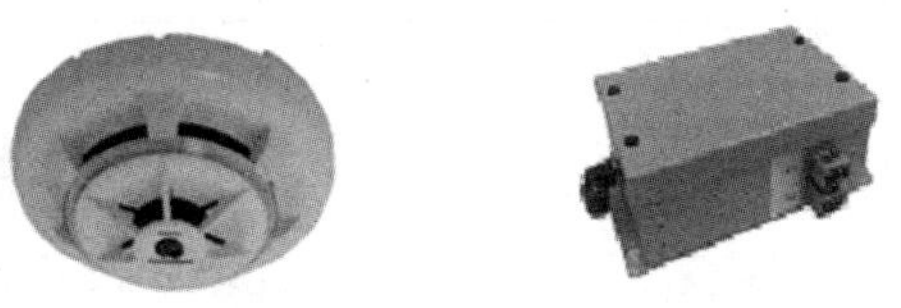

点式探测器　　吸气式探测器

图 5.47　感烟探测器

【任务实施】

CRH380A 型动车组火灾、紧急蜂鸣器功能检查作业。

修程：二级修

检修周期：3 万千米/30 天

供电条件：有电

作业人数：2 名机械师

人员分工：1 号负责司机室操作，2 号负责操纵按钮；详细分工见作业步骤

作业时间：5 分钟/辆

注意事项：

（1）作业人员应按规定穿戴劳保用品。

（2）无电作业前应确认动车组受电弓已降下，接触网已断电，接地杆已挂，止轮器已设置。

（3）作业时防止磕碰伤。

（4）作业过程中作业工具、材料及配件定置摆放。

工具清单：主控钥匙，通用钥匙，对讲机。

作业内容、标准见表 5.12。

表 5.12　作业内容、标准

序号	作业项目	作业内容、标准	作业图示
1	工前准备		
1.1	人员准备	2 名作业者（1、2 号）按规定穿戴劳保防护用品（工作服、劳保鞋、安全帽）	
1.2	工具、物料状态确认	1 号清点配送的作业工具及物料	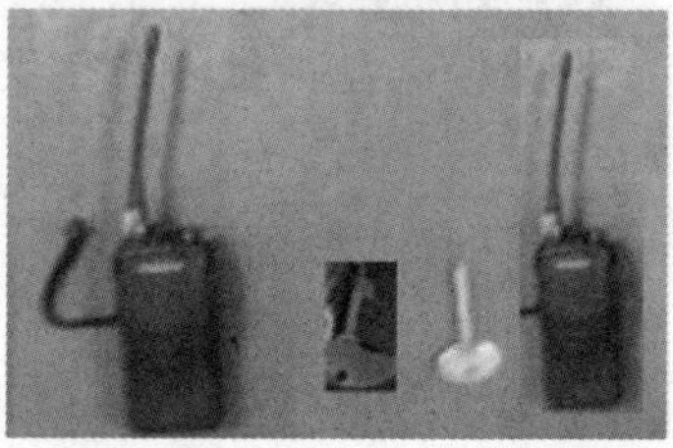
1.3	作业手续办理	（1）工长确认作业车组号及股道正确，停放制动已施加，送电完毕后到现场值班室领取有电作业牌，办理有电作业手续。 （2）工长通知 1 号可以开始有电作业	

续表

序号	作业项目	作业内容、标准	作业图示
2	升弓送电		
2.1	升弓送电，闭合 VCB	1 号插入主控钥匙右旋，将 BV 手柄至快速位，旋转受电弓升起旋钮。待在 MON 屏确认受电弓升起后，按压 VCB 合，完成送电	
2.2	打开蜂鸣器	1 号将蜂鸣器切断开关（BZS）打到常位，确认单元显示灯及事故显示灯没有亮灯、蜂鸣器不鸣响	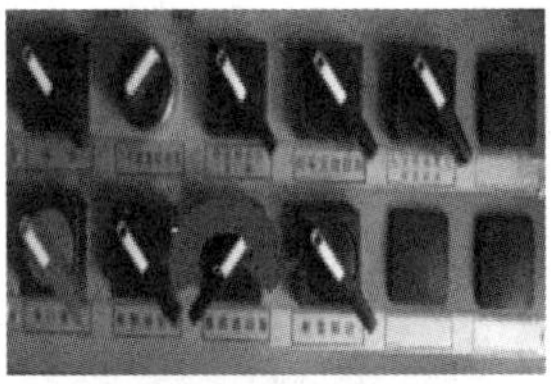 转换配电盘  故障显示灯
3	火灾蜂鸣器功能检查		
3.1	车端“火灾”“紧急”按钮功能检查	2 号按压车内“火灾”“紧急”按钮后通知 1 号，1 号在司机室确认蜂鸣器报警，单元表示灯“火灾”闪亮，MON 屏弹出火灾或紧急报警信息。（行驶状态栏下方火灾、紧急报警，具体车号火灾、紧急报红）	 MON 屏报警信息
3.2	配电柜“火灾”“紧急”按钮功能检查	2 号按压组合配电柜（1，0 车运行配电柜内）火灾、紧急复位按钮复位后通知 1 号，1 号在司机室确认蜂鸣器未报警，“火灾”“紧急”熄灭，通知状态画面变为白色	 配电柜复位按钮
3.3	依次试验	2 号逐辆对火灾、紧急蜂鸣器功能进行检查，1 号对司机室进行确认	
4	换端试验	1 号将制动手柄移至“拔取”位置，将主控钥匙左旋拔出。至另一端司机室进行上述检查项目	
5	完工确认	1、2 号检查确认配电柜闭合良好	
6	整理工具物料	1、2 号将工具和物料整理齐全，确认作业区周边卫生干净无杂物	
7	办理销号手续	1 号通知工长作业结束	

【任务自检】

1. 简述 CRH380A 型动车组烟火报警系统的基本布局。
2. 简述 CRH380A 型动车组烟火报警主机功能。

参考文献

[1] 中国铁路总公司. 高速动车组技术（上）[M]. 北京：中国铁道出版社，2016.

[2] 中国铁路总公司. 高速动车组技术（下）[M]. 北京：中国铁道出版社，2016.

[3] 中国铁路总公司劳动和卫生部，中国铁路总公司运输局. CRH2C 二阶段 CRH380A（L）型动车组机械师[M]. 北京：中国铁道出版社，2015.

[4] 孙帮成. CRH380BL 型动车组[M]. 北京：中国铁道出版社，2016.

[5] 王德志. 蓄电池原理及使用[M]. 北京：中国铁道出版社，1989.

[6] 中国铁路总公司. CRH380A 型动车组专项修作业指导书. 2015.

[7] 中国铁路总公司. CRH380B 型动车组专项修作业指导书. 2016.